A

L'INDUSTRIE DES SOIES

INDICATEUR UNIVERSEL

LYON. — IMPRIMERIE D'AIMÉ VINGTRINIER,
QUAI SAINT-ANTOINE, 35

A

L'INDUSTRIE DES SOIES

INDICATEUR UNIVERSEL

CONTENANT

LA NOMENCLATURE GÉNÉRALE DE TOUS LES MEMBRES ACTIFS
DE L'INDUSTRIE DES SOIES EN FRANCE ET A L'ÉTRANGER, AVEC LA
CLASSIFICATION DE CHACUNE DES BRANCHES COMMERCIALES ET
MANUFACTURIÈRES QUI S'Y RATTACHENT, ET LES
RENSEIGNEMENTS GÉNÉRAUX QUI
PEUVENT L'INTÉRESSER

AVEC UNE PARTIE SPÉCIALE

POUR LES VILLES DE LYON, SAINT-ÉTIENNE

ET L'ANGLETERRE

PAR

Ed. FOUCAULT

DIRECTEUR

DU DÉPÔT GÉNÉRAL DES ÉCHANTILLONS DES SOIES
DE MM. LES COURTIERS IMPÉRIAUX POUR LA SOIE, PRÈS LA BOURSE DE LYON
(PALAIS DU COMMERCE)

SE TROUVE A LYON
Chez l'Auteur, au Palais du Commerce
Et chez le Concierge principal.

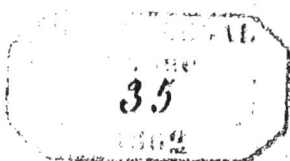

1862

NOTE EXPLICATIVE.

Le point le plus important, dans un ouvrage composé d'une agglomération compliquée se reproduisant à chaque pas sous une même forme de noms et d'indications, c'est une classification normale de toutes ses parties constitutives.

A cet effet, il paraissait nécessaire de scinder, par chapitres parfaitement distincts, les matières formant des groupes naturels. C'est ce qui explique *les couleurs distinctives* adoptées pour chaque partie, et une pagination particulière pour chacune d'elles; cet assemblage forme comme autant de tomes réunis dans un même volume, qui ne comporte d'ailleurs qu'une seule table des matières, indiquant la page et le chapitre ou la partie.

Ed. F.

PRÉFACE.

Ce n'est point sans hésitation que je me suis décidé à offrir à l'Industrie des Soies un ouvrage renfermant des lacunes, sans doute regrettables; mais un premier pas était nécessaire vers le but que j'espère atteindre, et j'ai la ferme confiance que de nouveaux efforts, des relations extérieures devenant chaque jour plus nombreuses, plus faciles et plus suivies, me fourniront tous les éléments désirables pour une nouvelle édition.

En abordant ce travail, j'ai désiré mettre à exécution une pensée suggérée par le besoin que la pratique démontre chaque jour, d'embrasser sous un seul coup d'œil et groupés, soit par localité, soit par industrie, tous les agents du commerce des soies, ce qui vient former le corollaire d'un établissement pratique créé dans ce sens sur la place de Lyon.

N'entre-t-il pas, en effet, dans la progression des efforts partout mis en œuvre, l'intention de rendre plus faciles tous les rouages du Commerce et de l'Industrie, et de faire de toutes parts une lumière nécessaire? Cependant, une certaine réserve m'a été dictée par des conseils éclairés, et m'a fait modifier sensiblement le plan de mon travail. J'ai dû me renfermer dans une stricte nomenclature indicative, à laquelle le sort alphabétique a seul présidé, et cette restriction a écarté conséquemment certaines notices qui auraient pu être considérées comme inégalement favorables, ou tout au moins indiscrètes.

J'en appellerai néanmoins, pour l'édition qui suivra celle-ci, aux conseils bienveillants, aux indications sérieuses, aux renseignements plus complets qui tendront à mener à bien mes laborieuses recherches, pour un travail nouveau établi sur un plan analogue, mais que l'expérience et de nombreux moyens d'action auront favorisé en lui donnant de nouveaux éléments d'intérêt et d'utilité.

Puissé-je, à ce début, avoir obtenu toute l'indulgence que je sollicite, de ceux à qui j'ai l'honneur d'offrir le résultat de mes premières investigations.

Ed. FOUCAULT,

Lyon, le 6 janvier 1862.

VILLE

DE

LYON

TRIBUNAL DE COMMERCE.

—

Président : VIDAL (Alexis), rue de l'Impératrice, 40.

Juges :

MM. LOUVIER (J.-Pierre), quai Castellane, 4.
  MONTESSUY (Juste-Antoine), place de la Comédie, 25.
  BIÉ (Paul), quai de Retz, 1.
  COLPART (Eugène), cours des Chartreux, 27.
  JANGOT (Jean), pl. du Gouvernement, 5.
  TROUVÉ (Justin), quai Castellane, 1.
  VIVIER aîné (Henri), place Bellecour, 34.
  POURCHET (Antoine), rue du Garet, 9.
  PERRET (Jean-Baptiste), quai St-Antoine, 35.
  REBATEL (Amand), rue Impériale, 11.

Juges suppléants :

MM. OSMONT (Jean-Charles), rue des Capucins, 5.
  BEAUCOURT neveu (César), rue Ste-Elisabeth, 76.
  DE ST-JEAN (Jean-Baptiste), rue Mercière, 22.
  CHAMPAGNE aîné (Joseph), quai d'Orléans, 11.
  TRESCA (Louis), rue Impériale, 3.
  JAILLARD (Pacôme), rue Pizay, 16.

Greffier : M. Paturle (Benoît-Ad.), r. Pomme-de-Pin, 8.

Commis-greffiers | M. Barrat (Joseph), cours Lafayette, 9.
assermentés : | M. Buchet (Claude), q. de l'Hôpital, 6.

Huissiers-audien- | M. Baron (Joseph), rue Impériale, 28.
ciers : | M. Bret jeune (Ant.), rue St-Pierre, 6.

ORGANISATION.

Juge Questeur............ M. Louvier.

Juges pour les enquêtes. MM. Montessuy et Bié.

Juges certificateurs..... Colpart.

— Jangot.

— Trouvé.

— Vivier.

— Osmont.

— Jaillard.

Juges pour parapher les livres. MM. Pourchet.

— Perret.

— Rebatel.

— Beaucourt.

— De St-Jean.

— Champagne aîné.

— Tresca.

SECRÉTARIAT DE LA PRÉSIDENCE.

MM. Bernard (Louis-Joseph), secrétaire, rue St-Joseph, 33.
Gabrone (François), sous-secrétaire, q. St-Vincent, 29.

AUDIENCES.

(*Au palais du Commerce*).

Lundi, mardi, jeudi et vendredi, à 5 heures du soir.
Mercredi matin, 1ʳᵉ et 2ᵉ chambres du conseil, à midi.

Le Greffe du Tribunal, qui est situé au Palais du Commerce, est ouvert tous les jours non fériés, les mardis et vendredis, de 8 heures du matin à 5 heures du soir, sans interruption, et les autres jours, de 8 heures du matin à 4 heures du soir, sans interruption.

Le Secrétariat de la Présidence, où existe la Comptabilité des faillites, est situé au Palais du Commerce; il est ouvert tous les jours non fériés, de 10 heures du matin à 3 heures du soir.

M. le Président donne audience tous les jours non fériés, à 11 heures et demie, au Secrétariat.

CHAMBRE DE COMMERCE.

—

Président : M. Brosset aîné, o. ✱ fabr. de soier., r. Royale, 23.

Membres :

MM. Arlés-Dufour, g. ✱ com.-soieries, port St-Clair, 19
Aynard (F.-H.), ✱ manufacturier, r. Impériale, 19
Desgrand, march. de soie, r. du Garet, 9
Fougasse aîné, ✱ com. soieries, q. de Retz, 9
Faure (Bruno), ✱ march. rouennier, r. Ferrandière, 33
Galline (Oscar), banquier, r. Impériale, 13
Girodon aîné, fabric. de soieries, q. de Retz, 3
Guérin, r. Puits-Gaillot, 31
Jame (H.), ✱ (secrétaire-trésor), march. soie, r. Désirée, 4
Lyonnet, épicier-drog., r. Bât-d'Argent.
Meynier, ✱ fabric. de soieries, p. r. des Feuillants, 9
Michel (A.), ✱ teintur. en soie, r. Vaubecour, 13
Monterrad (A.), fabric. soieries, r. Royale, 29

Tisseur, secrét.-arch., r. de la Reine, 10

CONSEIL DES PRUD'HOMMES.

Au Palais du Commerce.

Président : M. BONNET (Jules), rue Pizay, 16.
Vice-président : M. THEVENET (Jean-Ant.), r. Romarin, 3.

SECTION DE LA SOIERIE.
(Fabricants).

MM. FAVROT (Jean),   rue des Capucins, 31.
BOIS (Antoine),   gr. rue des Feuillants, 1.
TIBAUD (Charles),   rue du Griffon, 10.
BINOUX (Jacques),   pl. Croix-Pâquet, 1.
BELLON (Joseph),   rue du Griffon, 8.
GOURD (Adrien),   quai de Retz, 1.
SILVENT (Alexandre),   rue Pizay, 11.
GAUTHIER (Jules),   port St-Clair, 27.
BRUNET-LECOMTE,   pl. Tholozan, 24.

(Chefs d'atelier).

TRAY (Claude),   mont. du Chem.-Neuf, 16.
MASSARD (Benoît),   Grand'Côte, 98.
CARBONNEL (Pierre),   pl. St-Georges, 44.
DUCHON (Joseph), rue de la Citadelle, 5.
MONDON (Barthélemy-Marie), cours Vitton, 21.

DESPAROS (François),   rue Duquesne, 72.
BERTHIER (Simon),   place Rouville, 5.
DOVAR (Jean Claude),   rue d'Ivry, 9.
THEVENON (Melchior),   passage Lamure, 7.

DORURE.

(*Fabricants*).

MM. SIMÉAN (Claude),   pl. Sathonay, 4.
COURTET (Jules),   rue St-Marcel, 30.
GIRERD (Louis),   rue Bât-d'Argent, 12.

(*Chefs d'atelier*).

FERRA (Emmanuel-Charles),   rue de Vauzelles, 24.
BLANQUET (Stanislas),   rue Grôlée, 41.
LECOQ (Hippolyte),   rue Madame, 41.

BONNETERIE, TULLE.

(*Fabricants*).

GUBIAN (Jean-Baptiste),   rue des Capucins, 18.
CHAMPALLIER (Jean-Pierre),   rue du Griffon, 9.

(*Chefs d'atelier*).

DEVAUX (Claude),   rue Cuvier, 155.
FONTAINE (Jean-Baptiste),   rue Dumont, 8.

CHAPELLERIE.

(Fabricants).

NOYER (Charles),   cours Lafayette, 6.
FOURNIER (Paul),   rue Ferrandière, 46.
ANDRÉ (Ferdinand),   rue St-Joseph, 22.

(Chefs d'atelier).

COMBE (Jean-Marie), ✳   rue de la Barre, 2.
SOUBRA (Barthélemy), rue de l'Arbre-Sec, 35.
CHARMETTE (Paul), rue Voltaire, 65.

Conservateur des Echantillons et Dessins :

M. ROUSSY(Philib.), vérificateur des plaques pour la Jacquard,
rue Charlemagne (Brotteaux), 78.

PASSOT, médecin, quai St-Antoine, 24.
RAMBAUD, bâtonnier de l'ordre des avocats.

STARON-SAINT-MARCEL, secrétaire en chef, cours Vitton, 15.
SEYNARD (Pierre), secrétaire-adjoint, q. de l'Archevêché, 17.
PARCEINT, huissier, rue St-Pierre, 35.

CAISSE DE PRÊTS.

GRAND-CLÉMENT (François-Antoine), agent comptable, quai
St-Antoine, 22.

BANQUIERS.

—

Audra-Fauvel (Vve), Schlenker et Cie, rue Pizay, 11.
Aynard et Ruffer,   rue Impériale, 19.
Comptoir d'escompte de Lyon,
      Collet (A.-F.) et Cie,   rue St-Côme, 9.
Comptoir de Lyon, banques et recou-
      vrements, Roussy et Cie,   rue d'Algérie, 18.
Comptoir d'escompte des Brotteaux,
      banque et recouvrements,
      Verlonjus et Cie,   rue de Sèze, 25.
Cote (Marius) et Cie,   r. de l'Impératrice, 34.
De Riaz-Audra et Cie,   rue de la Bourse, 2.
Droche, Robin et Cie, comptr lyonnais. rue Lafont, 16.
Evesque et Cie,   r. Puits-Gaillot, 31.
Galline (P.) et Cie,   rue Impériale, 13.
Guérin (Vve) et fils,   rue Puits-Gaillot, 31.
Guyon et Cie,   rue du Garet, 3.
Joannon (Antonin), banque et comm., quai Tilsitt, 13.
Lebreton, Vidal et Cie,   rue Pizay, 14.
Morel (P.),   r. Bât-d'Argent, 18.
Morin-Pons (Vve) et Morin,   rue Impériale, 12.
Palluat (Henri) et Cie,   rue du Griffon, 13.
Pierron (E.), opérations financières, rue St-Dominique, 4.
Quisard et Cie,   rue Puits-Gaillot, 33.
Vitta (J.),   place Tholozan, 19.
Vouillemont frères et Cie,   rue de la Platière, 9.

AGENTS DE CHANGE.

—

MM. Louchon (Joseph),   rue Puits-Gaillot, 15.
Duclot (Ennemond),   rue Impériale, 22.
Legat (Jean-Jacques),   rue Impériale, 10.
Page (Frédéric),   place de la Bourse, 3.
Descours (Laurent), ✻   rue Impériale, 1.
Bonnardel (Emile),   rue Impériale, 9.
Devienne (Gilbert),   rue Puits-Gaillot, 7.
Demoustier (Romain),   rue Gentil, 19.
Guillard (Jean-Pierre),   rue Grenette, 40.
Magnin (Adolphe),   rue Impériale, 15.
Laforge (Edouard),   rue Impériale, 18.
Bizot (Jules),   rue Pizay, 5.
Saunier (François),   rue Impériale, 10.
Thomas (Louis),   rue de la Bourse, 39.
Caillat (Victor),   rue de la Bourse, 10.
Bontoux (Adolphe),   rue Impériale, 10.
Rozier (Antoine),   rue Puits-Gaillot, 13.
Sevelinge (François),   rue Neuve, 32.
Serullaz (Hippolyte),   place de la Bourse, 2.
Bonnet (Gabriel),   rue de la Bourse, 14.
Steiner-Pons (Edouard).   place de la Bourse, 3.
Bouchard (Pierre-Louis),   rue Impériale, 24.
Teillard (Etienne),   rue Neuve, 18.

Monier (Jules),	rue Impériale, 6.
Savoye (Louis),	rue Impériale, 19.
Waldmann (Emile),	rue de la Bourse, 47.
Bouchardy (Louis),	place des Cordeliers, 3.
Marieton (Vincent),	rue Impériale, 24.
Charpine (Charles),	rue Gentil, 21.
Ferrand,	port St-Clair, 19.

CHAMBRE SYNDICALE.

Syndic : M. Laurent Descours. ✻

Adjoints au Syndic : MM. Louchon, Page, Devienne, Demoustier, Bizot, Bontoux.

M. Holstein (René), agent comptable, palais du Commerce.

COURTIERS POUR LA SOIE.

Noms.	Adresses.	Boîtes.
POIDEBARD (V.), *syndic*,	r. St-Dominique, 8,	r. Puits-Gaillot, 2.
TROUBAT (L.),	r. Malesherbes, 45,	p. d. Terreaux, 1.
DELCROIX (N.),	quai St-Clair, 2,	r. P.-Gaillot, 2.
BESSON (F.-L.-M.),	rue Impériale, 83,	id. 25.
EYMARD (V.),	cl. d. Chartreux, 40,	id. 21.
SÈVE (C.-L.),	rue Royale, 6,	id. 2.
FINAZ (A.),	rue d'Algérie, 2,	id. 25.
ARMAND (Ch.),	quai d'Albret, 37,	id. 23.
RAYNAUD (L.),	rue d'Algérie, 10,	rue Impériale, 1.
GUERRIER (J.-J.F.),	pl. de la Miséricorde, 3,	rue P.-Gaillot, 27.
DUCLAUX (C.-J.),	r. de la Platière, 9,	id. 25.
JARROSSON (P.-M.),	cours Morand, 19,	id. 2.
PONTHUS-CINIER (J.-C.),	quai Castellane, 2,	id. 25.
JOANNON (E.),	quai d'Albret, 23,	id. 25.
REVERDY (A),	rue P.-Gaillot, 25,	id. 25.
BRISSON (H.),	r. Constantine, 11,	id. 27.
ROQUE (M.),	r. de Jarente 21,	id. 27.
MAZEIRAT (P.-A.),	quai de Bondy, 2,	id. 25.
SOUZY (C.-J.),	r. du Commerce, 11,	id. 21.
BERGERET (F.),	cours Morand, 10,	id. 25.

CONDITION UNIQUE ET PUBLIQUE DES SOIES

—

Rue St-Polycarpe, 7 *.

—

La gestion de cet établissement est confiée à un Directeur comptable et responsable, nommé par le Ministre du commerce, sur la présentation de la Chambre de commerce, et qui exerce ses fonctions sous l'inspection d'une Commission administrative, composée du président et de cinq membres de ladite Chambre.

COMMISSION ADMINISTRATIVE.

MM. BROSSET, O ✳, président de la Chambre de commerce.
JAME (Hippolyte), ✳, membre et secrétaire de la Chambre de commerce.

DESGRAND,
GIRODON ✳,   } membres de la Chambre de commerce.
GUÉRIN (L.),
MONTERRAD (A.),

Directeur,   M. GAMOT (Charles-Médéric), ✳.
Sous-Directeur, M. PERRET (Adrien).

———

* Cet établissement, créé par un décret du 23 germinal an XIII, a pour destination de ramener toutes les soies qu'on y dépose à un degré uniforme d'humidité. Elles sont pesées à leur entrée en Condition et au moment de leur sortie. Le poids auquel la dessication les a réduites fait foi entre le vendeur et l'acheteur. Une ordonnance royale du 23 avril 1841 a complètement changé le procédé de conditionnement prescrit par le décret de fondation, et celui qui est actuellement suivi a pour base la dessication absolue de la soie.

Les opérations de la Condition des soies de Lyon sont assujéties aux dispositions déterminées par le Gouvernement, sous l'administration de la Chambre de commerce de Lyon, laquelle délègue en outre, chaque mois, deux commissaires choisis, l'un parmi les marchands de soie, l'autre parmi les fabricants d'étoffes de soie, pour surveiller l'exploitation.

MAGASIN GÉNÉRAL DES SOIES

ou

DOCK LYONNAIS.

—

Siége social : Place des Pénitents-de-la-Croix, 4.

—

Cet établissement existe en vertu de la loi du 28 mai 1858, il a été autorisé par décret impérial du 29 octobre 1859 et a commencé à fonctionner au mois de juillet 1860.

Notre ville est redevable de sa fondation à une Société anonyme composée d'éléments essentiellement lyonnais, et qui compte, parmi ses actionnaires, les notabilités de la finance et du commerce des soies.

Elle est administrée par un Conseil de douze membres, indépendamment d'un directeur, et surveillée par un comité de trois censeurs.

Le but de ses fondateurs a été de doter notre ville d'un établissement qui lui rendît les mêmes services que rendent les docks au commerce anglais, et faciliter surtout l'importation directe, à Lyon, des soies de provenance asiatique qui, jusqu'ici, ne parviennent guère à nos mouliniers et fabricants qu'après avoir passé par les mains de l'importateur anglais, du marchand de soies de Londres et de celui de Lyon, d'où résulte pour nos fabriques, vis à vis de celles anglaises, une infériorité qui déjà s'était fait sentir sur les marchés où les produits anglais se vendent concurremment avec les nôtres et qui, par suite du traité avec l'Angleterre, se produira désormais sur notre propre marché.

Les opérations du Dock des soies de Lyon consistent :

1° A recevoir en dépôt les cocons, soies et toutes matières soyeuses de toutes provenances, et à les tenir exposées dans des magasins spéciaux où elles pourront être facilement et rapidement visitées.

2° A délivrer aux déposants qui en font la demande, des warrants transmissibles par voie d'endossement et escomptables comme la lettre de change, à laquelle la loi les a assimilés, avec cette différence, toutefois, qu'ils ont sur la lettre de change le privilége d'être acceptés par la Banque avec deux signatures, et même avec une seule lorsqu'ils sont accompagnés du bulletin de garantie que la Société est autorisée à émettre en addition au warrant.

3° A faire des ventes publiques volontaires, non seulement de cocons, de soies et de toutes matières soyeuses, mais de tous les produits mentionnés au tableau annexé à la loi de mai 1858. Ces ventes ont lieu à des époques indéterminées, à la volonté des vendeurs et dans les termes de la susdite loi.

CONSEIL D'ADMINISTRATION.

Président,   M. ARLÈS-DUFOUR, C ✻, ancien négociant, membre de la Chambre de commerce, du Conseil général et du Conseil municipal, censeur de la Banque.

Vice-Président, M. AYNARD (Henri), ✻, banquier, ancien président du Tribunal de commerce, membre de la Chambre de commerce, censeur de la Banque.

Membres, MM. Charton (Paul), marchand de soies.

Denavit (Joseph), marchand de soies, ancien juge au Tribunal de commerce.

Durand (Eugène), fabr. d'étoffes de soie.

Girodon (Adolphe), ✻, fabric. d'étoffes de soie, membre de la Chambre de commerce.

Monterrad (Amédée), ancien fabricant d'étoffes de soie, memb. de la Chambre de commerce.

Roz (Charles), marchand de soies.

Roudotz (Natalis), O ✻, ancien membre de la mission de France en Chine, délégué de la Chambre de commerce à Paris.

Saint-Olive, ancien fabricant d'étoffes de soie, président du Conseil d'administration du Mont-de-Piété, censeur de la Banque.

Vernes (Félix), banquier à Paris.

Censeurs.

MM. Dugas (Prosper), marchand de soies.

Teissier (Emilien), ✻, directeur de la succursale de la Banque de France à Lyon.

Tresca (Edouard), fabricant d'étoffes de soie.

Directeur.

M. Philippe (Victor), ancien négociant, ancien administrateur de la Banque de France, membre de la Société des Économistes de Paris.

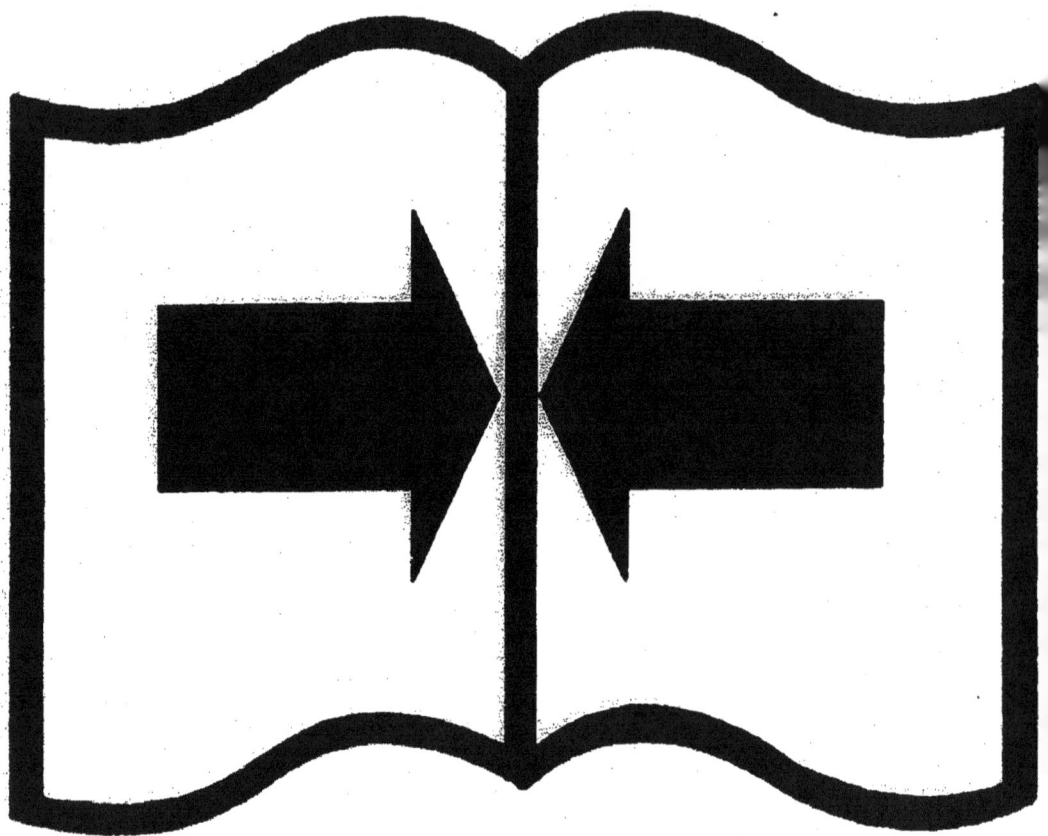

Reliure serrée

Aucun échantillon ou partie d'échantillon ne sort sous aucun prétexte de l'Établissement.

. . . .

MM. les chefs de commerce ou leurs représentants sont admis dans l'Établissement accompagnés d'un courtier, ou sur la présentation d'une carte personnelle délivrée par le syndic de la Compagnie.

MM. les Etrangers qui désirent visiter l'Établissement doivent s'adresser au directeur, et sont invités à inscrire sur un registre spécial leur nom, profession et le lieu de leur résidence.

Président de la Chambre syndicale :

Vve POIDEBARD,   rue Saint-Dominique, 8.

Directeur du Dépôt Général :

Ed. FOUCAULT,   rue Impériale, 39.

MOULINIERS ET OVALISTES.

AILLAUD,   rue Ney, 33.
ALIBERT,   rue Vendôme, 126.
BEDON,   rue de la Madeleine, 41.
BERRY,   rue des Fantasques, 12.
BERTHET,   rue Suchet, 113.
BLACHER,   rue Sainte-Elisabeth, 130.
BONARDEL,   rue de Vendôme, 112.
BOREL,   rue des Fantasques, 12.
BOUGNARD,   chemin du Sacré-Cœur, 62.
BRECQUE,   rue St-François-d'Assise, 13.
BRUSSETTE,   cours Lafayette, 57.
BRUNEL (Vve),   rue Juiverie, 4.
CANARÈS,   rue de Vauban, 85.
CAMILLE FERCIER,   rue Bossuet, 65.
CHAREYRE fils aîné et Cie,   rue Imbert-Colomès, 14.
CHAREYRE (Florian),   rue Tête-d'Or, 104.
CHAUMAT,   rue des Fantasques, 12
CLAUDY,   angle des r. Boileau et Cuvier.
CLÉZALLE,   rue Sainte-Elisabeth, 120.
COMBET,   rue d'Aguesseau, 16.
COMBIER,   rue de Sèze, 104.
COUDERC,   chemin du Sacré-Cœur.
COURRATON,   montée des Carmélites, 10.
CRAPONNE fils,   id   10.

Blanc et Lombard,	rue Pizay, 19.
Bouer (J.) et Cie,	rue Désirée, 14.
Boule (E.) et Kitz,	rue Romarin, 33.
Bouniols (E.),	rue Terraille, 22.
Briollet,	rue Désirée, 19.
Brun fils,	id. 2.
Brochier et Casati.	id. 6.
Cacciniga,	rue Puits-Gaillot, 1.
Carail et Chatoux,	rue Désirée, 4.
Causse et Champagne,	rue Désirée, 16.
Ceresole, Pittaluga, Mongenet et Cie,	
maison à Turin,	place Tholozan, 19.
Charrin et Cie, maisons à Marseille	
et à Constantinople,	place de la Comédie, 25.
Chartron père, fils et Monnier,	rue de l'Arbre-Sec, 10.
Chavanne (J.) et Cie,	rue Désirée, 13.
Choen (Moïse),	rue Lafont, 16.
Chomel et Péricaud,	rue Pizay, 16.
Cobelli et Pirjantz,	petite r. des Feuillants, 2.
Cochard et Cie,	rue Royale, 6.
Cohen, Montessuy et Cie,	rue Puits-Gaillot, 15.
Comi (Ch.),	rue St-Polycarpe, 10.
Conrad frères,	rue Ste-Catherine, 11.
Corrompt (J.),	rue Victor-Arnaud, 13.
Coumert, Jaillard et Cie,	rue Pizay, 16.
Court (J.-B.),	rue Désirée, 9.
Creton et Taperin, maisons à Paris	
et à Londres,	quai de Retz, 5.
Critopoulo frères,	rue de l'Arbre-Sec, 18.
Curtis (L. et B.) et Cie,	rue Impériale, 17.
Davison et Streiff,	rue du Griffon, 5.
Denavit (J.) et Cie,	rue Lafont, 14.
Deprandière (R.) et F. Maurel,	rue Puits-Gaillot, 17.

Derusst (Vve) Gauthier et Cie,	rue du Griffon, 14.
Desgeorge (F.) et Cie,	rue Puits-Gaillot, 19.
Descrand p. et fils, maisons à Paris, Marseille, St-Etienne, Londres et Bâle,	rue du Garet, 5.
Desgrand (L.) et Cie, maisons à Marseille, Londres, St-Etienne, Bâle, Crefeld et Milan,	rue Lafont, 22.
Desplagnes (J. et E.) frères,	rue du Griffon, 3.
Domenget (L.),	rue Désirée, 21.
Droche, Robin et Cie,	rue Lafont, 16.
Ducarre (P.) et Cie,	rue Pisay, 14.
Dugas (P.),	place Tholozan, 22.
Dumollard et Gonssollin,	rue de l'Arbre-Sec, 20.
Dunod (J.-B.),	rue Constantine, 9.
Durand frères,	g. r. des Feuillants, 1 et 3.
Durieux-Duperray,	petite r. des Feuillants, 4.
Durieux (V.) aîné et Cie,	place de la Comédie, 25.
Dussourd (T.),	rue de l'Arbre-Sec, 16.
Evesque et Cie,	rue Puits-Gaillot, 31
Faessler-Petzi (J.-U.),	rue Romarin, 3.
Ferrieu et Cie, maisons à St-Etienne et Marseille,	rue Lafond, 14.
Fisher frères,	rue Désirée, 2.
Fonnier (E.),	place Tholozan, 21.
Forrer et Vergnier,	rue Bât-d'Argent, 17.
Ganot et Cie,	rue Puits-Gaillot, 11.
Garcin (Jh-V^r),	rue du Griffon, 13.
Garlon, Chaste et Pearson,	rue Désirée, 21.
Gassier (H.),	rue Romarin, 33.
Gignoux (C.) et Cie,	place Tholozan, 19.
Grisillon, Rollet et Cie,	rue Puits-Gaillot, 17.
Guérin (Vve) et fils,	id. 31.

Veyrin père et fils,	rue du Griffon, 11.
Vitta (J.),	place Tholozan, 19.
Vouillemont (A.),	id. 19.

DÉCHETS DE BOURRE DE SOIE.

—

Choen (Moïso),	rue Lafond, 16.
Clerc (C.),	pl. de la Victoire, 25.
Comi,	rue St-Polycarpe, 10.
Dobler, Varnery et Morlot,	quai Saint-Clair, 14.
Dunod (J.-B.),	rue Constantine, 8.
Duon et Andrieux,	rue des Capucins, 31.
Françon (J.-B.),	rue Terraille, 7.
Fornier (E.),	place Tholozan, 21.
Gibert et Cie,	rue Royale, 21.
Lardon (P.),	rue Désirée, 19.
Montagny,	rue Grenette, 43.
Olph-Gaillard et Cie,	place des Capucins, 3.
Paradis et Cie,	rue Vieille-Monnaie, 33.
Pasquet et Cie,	id. 33.
Rambaud, Thoral et Sestier,	quai de Retz, 7.
Renevier et Sabatier,	rue du Griffon, 7.
Rey (de Tournon),	rue des Capucins, 18.
Seux (Ant.) et Cie,	rue Désirée, 4.
Tavernier (J.-P.), directeur de la Société lyonnaise des Déchets,	rue Ste-Catherine, 7.

ESSAYEURS DE SOIE.

—

Bouvet et Cie,	rue du Griffon, 6.
Brun (J.),	rue Désirée, 19.
Chaillon (F.),	rue St-Claude, 7.
Cornet,	rue Désirée, 12.
Deville (Mme),	rue Lorette, 4.
Duvivier (L.),	rue du Griffon, 14.
Fayolle,	rue Puits-Gaillot, 17.
Féval ,(Mme),	rue du Griffon, 17.
Francin (Vve),	rue Désirée, 17.
Hubaut (H.) et Spale,	rue St-Claude, 4.
Humblot (L.),	petite r. des Feuillants, 3
Luquin-Besson (F.),	rue Désirée, 21.
Martin-Bernard (Mme),	rue du Griffon, 5.
Martin sœurs,	rue de l'Arbre-Sec, 26.
Marton (Vve),	rue Lorette, 1.
Marty (Vve),	rue Pizay, 11.
Mercier et Ollier,	pl. de la Comédie, 25.
Moulin (Mlle),	rue Désirée, 17.
Passebois (F.),	rue Terraille, 14.
Rillieux,	rue du Garet, 9, et qu. de Retz, 6.
Sautel,	rue Terraille, 18.
Second (Vve),	rue Désirée, 8.
Solichon (Vve),	rue du Griffon, 12.
Villard,	rue Désirée, 11.
Voisin (L.),	rue du Griffon, 5.

BOLOUP, VILL. et Cᶦᵉ, façonnées, rue Puits-Gaillot, 7.

BOISSET et DEPRELLE, gilets, place Croix-Pâquet, 9.

BONNARD (Ch.) et Cᶦᵉ, galons, velours et gilets, rue des Capucins, 27.

BONNARDELLE et HAVILLE fils, châl. et bordures, rue Romarin, 3.

BONNARDET et MONFRAY, gilets, cravates, nouveautés, rue Victor-Arnaud, 19.

BONNET (C.-J.) et Cᶦᵉ, unies noires, rue du Griffon, 8.

BONNEVAY aîné et A. MIETTON, ornements d'église, art. brochés, rue Romarin, 16.

BORDET et DUCHESNE, gil., nouv., rue Romarin, 21.

BOREL et FAVROT, nouveautés, rue des Bouchers, 16.

BOUTEILLE (C.), châles, rue Coysevox, 3.

BOUVARD père et fils, orn. d'église, ameublement, rue Royale, 33.

BOUVIER et GUÉNEAU, unies, rue du Griffon, 3.

BOYRIVEN fr. et Cᶦᵉ, pour voitures, pl. Croix-Pâquet, 5.

BOZONET aîné, châles, rue des Capucins, 12,

BRACHET et MICHALON, robes, rue Lafont, 20.

BREBAND, SALOMON et Cᶦᵉ, unies et façonnées, rue Royale, 29.

BRÉS et FORTALIS, unies et façonn., petite r. des Feuillants, 2.

BREYTON frères, châles, châtelaines, nouveautés et cravates, rue Romarin, 27.

BRIERY (P.), châles, bordures, rue Romarin, 12.

BRIERY jeune, bordures p. châles, rue des Capucins, 29.

BRISSON fr., peluches et galons, pl. des Terreaux, 2.

BROSSET aîn. et DE BOISSIEU, soieries, rue Royale, 23.

BRUN (J.), peluches et galons, rue Terraille, 18.

BRUNET-LECOMTE, DEVILLAINE et Cᶦᵉ, foulards et nouveautés, pl. Tholozan, 24.

BUFFE, unies, gr. rue des Feuillants, 5.

BUREL oncle, neveu et Cie, orne-
  ments d'église et gilets, rue St-Polycarpe, 14.
BUSSY (A.), unies, rue Romarin, 16.
CAFFAREL (F.), unies, rue des Capucins, 9.
CAGEAR et GUINAND fils, velours, place Croix-Pâquet, 9.
CAMUS (G.), velours, rue Royale, 34.
CAQUET-VAUZELLE et COTE, unies,
  nouveautés, gr. rue des Feuillants, 6.
CARRIER et Cie, foulards, rue du Griffon, 8.
CAVALLI, BORGNIS et Cie, unies, rue du Griffon, 8.
CHABOUD (E.) et BETTO, orn. d'égl., rue Romarin, 12.
CHABOUD aîné, id. rue Désirée, 4.
CHAMPAGNE jeune et Cie, unies, rue Royale, 21.
CHAMARD, BOLLUD et Cie, vel. un., gr. rue des Feuillants, 2.
CHAMPILLON et ROUVEURE, velours, gr. rue des Feuillants, 1.
CHANAY (A.), florence, pl. Croix-Pâquet, 2.
CHANEL (J.), pl. Croix-Pâquet, 11.
CHANDELIER (J.-C.) peluc. p. chap., rue Thomassin, 4.
CHAPOT-CHINARD, châles, pl. Croix-Pâquet, 2.
CHAPUY (E.), pour parapluies, rue Saint-Polycarpe, 8.
CHARBIN et TROUBAT (F.), velours, place Tholozan, 27.
CHARBONNET, VILLATE et CHARPILLON,
  nouveautés, popelines, rue Pizay, 9.
CHARDINY, BOURDON et MARTIN, unies
  noires et armures, pl. Tholozan, 18.
CHARVET (A.), unies, rue Romarin, 10.
CHAVANNE (J.), id. rue Romarin, 1.
CHAVENT (A.) et Cie, un's, rue Puits-Gaillot, 2.
CHAZOTTIER, MICOL et TRIQUET, ve-
  lours unis, rue Lorette, 4.
CHENEVIER, DURESSY et Cie, châles,
  crêpes de Chine, façonnées, rue des Capucins, 19.
CHEVALLIER et FONTAINE, cravates, rue St-Polycarpe, 16.

CHUARD fils et neveu, nouveautés,   gr. rue des Feuillants, 4.
CIRLOT et FRACHON, châles,   rue des Capucins, 21.
CLÉMENT et GAY jeune, velours,   pl. Croix-Pâquet, 11.
CLEB, crêpes,   rue Puits-Gaillot, 33.
COCHAUD, ADAM et Cie, unies,   rue du Griffon, 17.
COLIN et BERGER,   rue des Capucins, 26.
COMBET (J.), taffetas,   rue Rosier, 3.
CORBET (P.), velours façonnés,   rue Vieille-Monnaie, 8.
CORNU (G.), pour parapluies,   rue des Capucins, 15.
CORROMPT (J.) et fils, foulards,   rue Victor-Arnaud, 13.
COSTE (E.) et LASSALVY, unies,   gr. r. des Feuillants. 8.
COUDERC (P.), cravates, cols,   pl. Croix-Pâquet, 2.
COURTET (J.) et Cie, orn. d'église,   rue St-Marcel, 30.
DAMIRON et Cie, châles,   rue des Capucins, 6.
DARIER (S.), unies,   rue Romarin, 8.
DAVID et SCIPION, taffetas noirs,   rue du Griffon, 9.
DELON frères, velours et peluches,   gran. r. des Feuillants, 4.
DERBEZ et VERNAY, unies, façonnées,
    nouveautés et peluches, quai de Retz, 6.
DEROGNAT et NEYRET, galons, gilets,
    et velours, place Tholozan, 21.
DESCHAMPS (P.) BACHELU (A.) et Cie,
    robes, place Croix-Pâquet, 3.
DESGRAND (F.), unis et façonnés,   rue Terraille, 22.
DESMARQUET(F.) PRENAT et Cie, gilets, place Croix-Pâquet, 11.
DESQ (P.) et Cie, pour modes,   rue Puits-Gaillot, 23.
DOLBEAU-BARRET, galons, velours,
    unis et façonnés, rue Romarin, 10.
DOLBEAU (L.) ROCHE et Cie, façon.,   gran. r. des Feuillants, 6.
DONAT (A), nouveautés et gilets,   place Croix-Pâquet, 3.
DOREY (J.) et Cie, foulards,   rue des Capucins, 27.
DUBANCHET (M. S.), gilets,   rue des Capucins, 26.
DUBOIS jeune, foulards,   rue Puits-Gaillot, 23.

Dubourg et Cie, unies, rue Vieille-Monnaie, 35.

Dubreuil (F.), taffetas noirs, rue Puits-Gaillot, 21.

Ducellier jeune, velours, rue Romarin, 31.

Dufêtre (F) et Cie, pour parapluies, rue St-Polycarpe, 14.

Dumaine et Perrat, unies, rue du Griffon, 11.

Dumas (J.-C.), id. rue Désirée, 5.

Dumond (A), id. rue Puits-Gaillot, 2.

Dumond (F.) et Bertholon, robes, rue Puits-Gaillot, 27.

Duplan et Secrétant, pr ameuble. rue des Capucins, 19.

Duplomb (J.), pour parapluies. Impasse St-Polycarpe, 2.

Dupont et Barrelon, velours unis,

satin et armures, rue Victor-Arnaud, 17

Durand frères, nouveautés, foulards

et crêpes, gran. r. des Feuillants, 1.

Durand et Lacroix, cols, cravates, rue Romarin, 31.

Durieux (F.) fils, pour parapluies, rue St-Polycarpe, 5.

Dussus fils, velours, rue Coysevox, 1.

Dutel et Blangard fr. dorures, or-

nements d'église, rue du Griffon, 5.

Duvert dit Giscard et Cie, v. et gil. place Croix-Pâquet, 2.

Edant et Godemard, façonnées, rue des Capucins, 19.

Emery (Léon), unies et façonnées, rue Bât-d'Argent, 17.

Faidides (Michel), unies, place Croix-Pâquet, 8.

Favre (G.) et Cie, cravates, rue Romarin, 3.

Favre (M.), velours, rue St-Polycarpe, 8.

Favre, Cécillon et Millon, châles, rue Pizay, 4.

Favrot frères, foulards, rue des Capucins, 31.

Ferteau jeune, ornements d'église, rue Ste-Catherine, 8.

Flandrin (A.), unies, rue Impériale, 1.

Floret (A.), gilets et cols, rue St-Polycarpe, 10.

Font, Chambeyron et Benoit, v. u. place Tholozan, 25.

Fontaine (F.), gilets, galons et nou. rue des Capucins, 18.

FORTOUL (P.) et Cie, unies, armures,
cravates et taffetas noirs, impasse Lorette, 1.
FORNAS et BASSIEUX frères, velours, rue Puits-Gaillot, 29.
FOURNIER (Etienne), ornem. d'égli. rue Désirée, 6.
FRANÇOIS et TRIPPOZ, velours, quai de Retz, 8.
FRANÇON et Cie robes, rue du Griffon, 3.
FURNION fils aine, gilets, rue du Griffon, 10.
GAILLARD (Gustave), fantaisies en
tous genres, place Tholozan, 19.
GAILLARD (J.) et Cie, soieries, pelu-
ches, nouveautés, rue Royale, 27.
GAILLARD et TRILLAT, Châles, rue Vieille-Monnaie, 33.
GALLAND (F.), fichus et cravates, pl. Croix-Pâquet, 5.
GALLE (Aimé) et Cie, unies et nouv. gr. rue des Feuillants, 3.
GALLÈRE et C. PICARD, soieries, rue de l'Arbre-Sec, 19.
G..RCIN et RUBELIN, velours, rue Victor-Arnaud, 19.
GARNIER, CARRABIN et Cie, velours, rue Puits-Gaillot, 17.
GAUTHIER (J.) et Cie, velours, place Tholozan, 27.
GELLIN (Charles), châles, rue des Capucins, 12.
GILLOT et GAUTHIER, nouveautés, rue Ste-Catherine, 13.
GINDRE et Cie, satins unis, rue Puits-Gaillot, 2.
GIRARD neveu, QUINSON et Cie, ve-
lours unis en tous genres, rue Impériale, 8.
GIRARD oncle et neveu, taffetas, flo-
rences, lustrines et armures, rue des Capucins, 26.
GIRARD (C.) et Cie, soieries, rue Lafont, 14.
GIRERD jeune, unies, petite r. des Feuillants, 6.
GIRERD frères, ornements d'église, rue Bât-d'Argent, 12.
GIRAUD (A.) et Cie, nouveautés et
unies noires, rue du Griffon, 12.
GIRAUD frères, unies, place Tholozan, 19.
GIRODON (A.), nouveautés, quai de Retz, 3.
GIVERNAUD (P.) et fils, taffetas, place Croix-Pâquet, 11.

Godemard, Delacroix et Bourdeyron,
pour ameublement, petite r. des Feuillants, 9.
Gondre et Cie, velours, place Tholozan, 18.
Gonnard (P.), armures, place Croix-Pàquet, 3.
Gonnon (C.) et Cie, unies et nouv., rue Impériale, 2.
Gonon, Boissier et Cie, galons et vel., rue Impériale, 28.
Gourmand et Poix, gilets, cols et
nouveautés, rue Coysevox, 4.
Gourd et Pelet, châles, rue Lafont, 8.
Gourd, Croizat fils et Dubost, façon., quai de Retz, 1.
Grand frères, pour ameublement, rue Impériale, 7.
Grataloup (J,) et Magnin, unis, rue du Griffon, 3.
Grivet (J.), foulards, rue Royale, 19.
Gueydan, Chavassieux et Cie, gilets, rue des Capucins, 18.
Guiboux (J.) et Cie, pr orn. d'église, place des Carmélites, 6.
Guillermain et Cabaud, ornements
d'église et passementerie, rue St-Pierre, 27.
Guillet et Berthozat, côte St-Sébastien, 26.
Guinet (J.) et fils, unis, façonnés et
nouveautés, rue Lafont, 18.
Guinet (A.) et Cie, unies, rue du Griffon, 13.
Guise et Cie, velours, rue des Capucins, 16.
Guitard (A.) id. rue Romarin, 21.
Guyot (S.), cravates, rue St-Polycarpe, 16.
Heckel (Louis) aîné et Cie, satins
unis et armures, place Tholozan, 18.
Imbert, Bouillod et Cie, gilets, châles,
cravates, foulards, rue du Plâtre, 4.
Jacque (I.-L.), velours, place Tholozan, 19.
Jametton (A.) et Cie, unies, rue Vieille-Monnaie, 30.
Jandin (C.) et A. Duval, foulards, rue Royale, 21.
Janin et Falsan, velours, rue Puits-Gaillot, 2.
Jarrin (L.), châles, rue des Capucins, 29.

JOURDAN, VERCHÈRE et Cⁱᵉ, foulards, rue des Capucins, 22.

JULLIEN, BEDDAT et Cⁱᵉ, taffetas, rue du Griffon, 17.

JURIEU fils, DOMENJON et TERRA, châles,
foulards, nouveautés, rue St-Polycarpe, 9.

KUISTER (S.), unies et façonnées,
gazes pour fleurs, rue Lafont, 14.

LABAUME frères, taffetas noirs, rue des Capucins, 24.

LABORÉ, RODIER et Cⁱᵉ, façonnées et
nouveautés, rue du Garet, 5.

LACHARD et BESSON, crêpes de Chine, rue de l'Arbre-Sec, 18.

LACOMBE(E.) et PIOTET, taffetas, nouveautés et armures, rue Impériale, 5.

LACROIX-MARTIN (J.), unies, rue Désirée, 16.

LAFONT et Cⁱᵉ, unies, faç. et arm. gran. r. des Feuillants, 8.

LAGIER (A.) et CLERGEON, p' parap., rue St-Polycarpe, 10.

LAGUAITE et DAVID, soieries noires et
nouveautés, quai de Retz, 1.

LAMY (A.), nouveauté, rue Romarin, 1.

LANÇON (Adolp.), art. pour le Levant,
ornem. d'église et ameublement, quai St-Clair, 11.

LAPLACE, pour parapluies, rue St-Polycarpe, 5.

LARRIVÉ et Cⁱᵉ, armures, petite r. des Feuillants, 6.

LE MIRE père et fils, pour ameuble-
ment et ornements d'église, gran. r. des Feuillants, 1.

LEMPEREUR et DESPINAY, nouveautés,
armures et florences, rue Pizay, 22.

LOSNIER-ASTIER, cravates, rue Romarin, 20.

LOTIRON, velours, galons, rue du Plâtre, 3.

LYON (A.) et Cⁱᵉ, unis et façonnés,
nouveautés, place Croix-Pâquet, 1.

MAGNILLAT (J.), pour parapluies, rue des Capucins, 31.

MAIRE (P.), unies, rue Romarin, 16.

MAISON(Cl) et CHEVALLIER(G), broch. petite r. des Feuillants, 4.

Mantelier (Pierre), châles, place Croix-Pàquet, 1.

Mantoux (J.-M.) et Cie, gilets, rue du Griffon, 11.

Manuel (Fél.), unies et façonnées, rue du Griffon, 7.

Martel, Geoffray et Valansot, crav. quai de Retz, 7.

Martin (J.-B.) et P., peluches pour
           chapellerie, quai de Retz, 3.

Martin (P.), pour parapluies, rue St-Polycarpe, 5.

Martin et Dolbeau, façon. et châles, rue Coustou, 6.

Mathevon et Bouvard, gilets, robes,
    nouveautés, ameublements et
    ornements d'église, place Tholozan, 26.

Mathon (A.), étoffes p^r chapellerie,
    gazes et petits satins p^r modes, rue de la Bourse, 33.

Mauverney et Dubost, unies, place Tholozan, 21.

Mazel, Aldinger et Cie, florences, rue du Griffon, 17.

Menet (Jh.) et S. Duringe, taffetas
    noirs, unis, velours, nouv., rue Lafont, 4.

Mercier, Vuillemot et Neyret,
           nouveautés, gilets, rue Romarin, 1.

Marmet (C.-L.), ornem. d'église, rue des Capucins, 21.

Merle frères et Cie, unies et nouv. rue Impériale, 7.

Meurer (Ch.) et Roche (J.), foulards, place Tholozan, 18.

Michel frères, unies, rue Royale, 27.

Michel (J. et P.), foulards, place Tholozan, 21.

Million et Cie, velours et taff. noirs, rue Impériale, 36.

Million (J.-L.) et Cie, unies, quai St-Clair, 12.

Millioz (J.) et Cie, façonnées, place Croix-Pàquet, 5.

Misset, satin et coiffes p^r chapeller. rue Palais-Grillet, 12.

Mollard et Michoud, unis et taffet. gran. r. des Feuillants, 1.

Monestier aîné, art. d'Avignon, rue Impériale, 2.

Monnet (A.) p. et fils aîné, unies, rue Impériale, 7.

Monnet et Sestier, feutres p^r chap. rue des Capucins, 22.

Montessuy (A.) et Chomer (A.), crèp. place de la Comédie, 25.

Moras (Edouard), nouveautés,   rue Romarin, 31.
Moreau (J.), châles,   rue des Capucins, 14.
Morel-Patel fils, unies noires,   rue Impériale, 1.
Morel (J.-B.), gilets,   place Croix-Pâquet, 11
Morel et Cie, dorures et soieries
                     pour église, rue d'Algérie, 16.
Morier et Grosset, velours,   rue Lafont, 18.
Morin et Bost aîné, meubles, orne-
        ments rich., art. du Levant, rue Désirée, 14.
Mousset (L), velours unis,   rue Pizay, 14.
Munch et Cie, nouveautés.   rue Mulet, 12.
Murat aîné et Villelongue, taff. n. rue St-Polycarpe, 18.
Naime, Chaffanjon et Cie, unis et faç. rue Puits-Gaillot, 33.
Nicolas (F.), cravates,   rue Royale, 20.
Nouveau et Carrayron, orn. d'égl., rue St-Polycarpe, 14,
Nouvellet, unies,   rue Puits-Gaillot, 4.
Paivet (Pierre), velours, taffetas, rue Royale, 22.
Pin (A.) et Cie,   place Croix-Pâquet, 11.
Pinet, foulards,   rue des Capucins, 19.
Pansut, ornements d'église,   rue Coysevox, 1.
Parenthou, velours, nouveautés,   rue Romarin, 10.
Pascal et Tabard, unies,   place Croix-Pâquet, 5.
Patin aîné et Cie, pour parapluies, rue des Capucins, 22.
Peleat (Louis), grenadines, gazes,
                     nouveautés, place Tholozan, 25.
Penet aîné,   id.   rue St-Polycarpe, 14.
Perrachon (G.), crêpes,   rue des Capucins, 14.
Perret (A.) et Peysson, unies,   place Croix-Pâquet, 3.
Perret, Fabre et Cie, nouveautés, rue Coustou, 4.
Perriollat (S) fils et Dumoulin, unies, rue du Griffon, 15.
Perrod et Place, unies noires,   place Tholozan, 27.
Philippon et Cie, unies,   rue Pizay, 16.
Piaget et Roux,   id.   place Croix-Pâquet, 11.

PIERRY (L.), velours,   rue des Capucins, 26.

POLLARD et MARINIER, armures,   rue des Capucins. 20.

PONCET, LENOIR et Cⁱᵉ, unies,   place Tholozan, 26.

PONSON (G.), unies, robes, nouv.,   rue Victor-Arnaud, 21.

POUJOULAT (F.) et Cⁱᵉ, unies,   rue des Capucins, 22.

PRADEL cadet et fils, foulards écrus,
    imprimés et faç., serges,   rue Ste-Marie, 5.

PRADEL père et fils, foulards,   rue Romarin, 8.

PRADÈRE et Cⁱᵉ, foulards, couvert.,   rue de l'Arbre-Sec, 40.

PRAMONDON, VEYRET et CORONT, ameu-
  blements, étoffes de bourre de s.,   quai St-Clair, 5.

PRAVAZ (Joseph), crêpes,   rue St-Polycarpe, 16.

PUGIN frères, gilets et cravat. nouv.   rue de l'Arbre-Sec, 19.

RAVE (A.) aîné, pour parapluies,   rue Lorette, 2.

RAVE (C.-E.),   id.   place Croix-Pàquet, 3.

RAY jeune et Cⁱᵉ, foulards impr.,   place Croix-Pàquet, 2.

REBEYRE et Cⁱᵉ, châles,   rue Vieille-Monnaie, 43.

RÉGNÉ, pour parapluies,   rue des Capucins, 29.

RAYNAUD, JOSSERAND et BARY, soieries,
    nouveautés, rue du Griffon, 5.

RENAUDIN (F.) et LANDRU, pʳ parapl.,   rue St-Polycarpe, 10.

RÉROLLE (G.) et Cⁱᵉ, foulards,   rue des Capucins, 29.

REVAY cousins,   rue des Capucins, 29.

REYNIER, DREVET et BOSSON, châles,
  robes, châtelaines et fichus,   rue du Griffon, 12.

RIBAUD aîné et Cⁱᵉ, unies,   rue Désirée, 4.

RIBOLET et MONGRENIER, velours faç.   rue de Thou, 1.

RIBOUD frères, velours.   rue des Capucins, 20.

RIBOUD (J), PRAVAZ (H) et Cⁱᵉ, crêpes,   rue Lafont, 14.

RICHARD et RAFFIN, unies,   rue Impériale, 3.

RICHEROT, VILLEFRANCHE et Cⁱᵉ, vel. gran. r. des Feuillants, 1.

RIVIÈRE (J.-L.), velours,   rue Romarin, 9.

RIVOIRO.T, PERRAUD, GUIGNARD et Cie,
châles, rue Impériale, 4.
ROBIN (Oc'on), velours, rue St-Polycarpe, 8.
ROCHE et DIME, robes et châles, rue du Griffon, 3.
ROCHE (A.) et Cie, velours, place Croix-Pàquet, 4.
RONZE et VACHON, unis et façonnés,
velours, nouveautés, rue Impériale. 9.
ROSET (Auguste), unies, place Tholozan, 18.
ROSSET, RENDU et Cie, grenadines,
gazes et marabouts, petite r. des Feuillants, 9.
ROUGIER et Cie, unies et façonnées, rue du Griffon, 8.
ROUSSET (Louis), velours, rue des Capucins, 9.
ROUSSET (J.), foulards, rue Victor-Arnaud, 21.
ROUX (J.), id. rue Puits-Gaillot, 21.
ROUX, CHAMBON et Cie, châles et gren. rue Puits-Gaillot, 27.
ROYBET et NAQUIN, châles, petite r. des Feuillants, 9.
RUBY et Cie, foulards, gran. r. des Feuillants, 4.
RULLIAT, velours, rue Lorette, 2.
SALOMON, gazes, rue Pizay, 5.
SANDOZ(U.), PERRIN et Cie, foulards, rue Puits-Gaillot, 21.
SANIÈRES aîné, velours, rue Puits-Gaillot, 17.
SAUVAGE (R) et CAMEL fr., unis, nouv. place Tholozan, 18.
SAVOYE, RAVIER et CHANU, unies, fa-
çonnées et nouveautés, place Tholozan, 22.
SCHULZ fr. et BÉRAUD, nouveautés,
châles, rue du Griffon, 10.
SERRA fils, nouveautés, montée des Carmélites,14.
SEUX-MATHEVON, velours, taffetas,
pour église et ameublement, rue Romarin, 10.
SERVANT, DEVIENNE et Cie, unies et
façonnées, rue des Capucins, 23.
SÈVE et Cie, velours, rue Impériale. 4.
SISLEY, PÉLISSIER et Cie, nouveautés, quai de Retz, 3.

Sevène, Barral et Cie, satins, arm.,
robes, gilets, nouveautés, rue Impériale, 1.

Sibert et Delafond, velours en tous
genres, gilets, nouveautés, rue Pizay, 11.

Silo cousins et Cie, foulards, nouveautés, gazes, façonnés, place Tholozan, 19.

Soiderquelx (F.-O.), broderies or,
argent et soie, pour églises,
ameublem., bannières, ten-
tures et écussons mortuaires, rue d'Algérie, 2.

Solard (S.-V.), velours, rue St-Polycarpe, 16.

Solichon (A.), unies et brochées
pour orn. d'église et ameubl., rue Romarin, 17.

Sorlin et Cie, unies, rue du Griffon, 9.

Sprécher et Gouttebaron, châles. rue des Capucins, 26.

Suchard, pour parapluies, rue St-Polycarpe, 10.

Tabard (G.-F.) et Cie, p. parapl., rue St-Polycarpe, 12.

Tapissier fils et Debry, nouveautés
et taffetas noirs, pl. Tholozan, 26.

Tapissier jeune et Paul Huttel,
unies, rue Terraille, 18.

Teillard (C.-M.), unies, rue Royale, 29.

Thevenet fils et Drivet, un. et faç., rue du Griffon, 14.

Thevenet et Roux, robes et châles, rue Romarin, 3.

Thevenet-Monnet (A), crav. noir., rue Romarin, 14.

Thevenin (F.), foulards écrus, rue Lafont, 4.

Tholon et Vernon, p. parapluies, rue St-Polycarpe, 8.

Thomasset (J.), nouveautés, rue de l'Arbre-Sec, 27.

Thouveret (E.) et Cie, nouveautés
façonn., art. pour le Levant, gr. rue des Feuillants, 6.

Tibaud et Monnet jeune, florences, rue du Griffon, 10.

Trapadoux (A.) et Cie, foulards,
nouveautés, rue Puits-Gaillot, 29.

Tresca (J.-E.) et Cie, unies et faç , quai St-Clair, 14.

Trévoux frèr., soieries, nouveaut., rue de l'Impératrice, 32.

Trouvé, Paule et Coudurier,
soieries, nouveautés, rue Impériale, 1.

Turge (P.-G.), de Berthe et Cie,
châles et robes, rue des Capucins, 31.

Valansot et Lafond, façonnées, place Tholozan, 21.

Valansot (M.), taffetas noirs, unies
et velours, rue Puits-Gaillot, 4.

Valliend et Garin, gilets, satins,
armures et nouveautés, pl. Croix-Pâquet, 1.

Valuy et Framinet frères, unies, pl. Tholozan, 24.

Vanel (Louis), pour orn. d'église, rue St-Polycarpe, 10.

Vermorel, Fayolle, Maurel et Cie,
unies, velours et armures, gr. r. des Feuillants, 10.

Vermorel (C.), pour parap., rue Désirée, 1.

Vernis, châles à façon, mont. des Carmélites, 10.

Verpillat (Irénée), unies, gr. rue des Feuillants, 4.

Vert (G.), place Croix-Pâquet, 5.

Verzier (H.) et Cie, unies et faç., rue Pizay, 22.

Vial et Drogue, unies et nouv., pl. Croix-Pâquet, 11.

Villard et Jakson, velours et taff., rue Royale, 33.

Villy (A.) et Cie, foulards, pl. Croix-Pâquet, 1.

Vincent, Tabard et Cie, taffetas et
armures, rue du Griffon, 9.

Vivier et Truchot, gilets et nouv., rue du Garet, 3.

Volozan (J.) fils, pour parapluies, rue St-Polycarpe, 5

Yemeniz, brochées et ameublem., rue Royale, 6.

FABRICANTS DE TULLES ET DENTELLES.

—

Agnellet frères, tulles,		rue Centrale, 33.
Abragon (Vve), tulles,		rue Vieille-Monnaie, 35.
Aubert (J.) fils aîné, tulles,		rue du Griffon, 7.
Aubert (Joseph) fils,	id.	rue des Capucins, 6.
Aubert jeune et **Berthier**, tulles et		
	dentelles,	rue des Capucins, 15.
Audouard (A.), dentelles,		rue Impériale, 45.
Baboin (Aimé),	tulles,	rue Royale, 33.
Barthe (J.) et Cie,	id.	rue St-Polycarpe, 10.
Basset et Cie,	id.	rue Puits-Gaillot, 21.
Bellet et **Guillot**,	id.	rue Royale, 20.
Bellet aîné et **Testart**,	id.	rue Gentil, 1.
Berthoud (J.-F.),	id.	rue Vieille-Monnaie, 35.
Bertet (J.-B.),	id.	rue St-Polycarpe, 12.
Berthiaud et **Michaud**,	id.	rue des Capucins, 22.
Beyssac frères, tulles et dentelles,		rue Longue, 17.
Biscornet, dentelles,		rue de l'Impératrice, 34.
Blain (F.), tulles,		rue de l'Arbre-Sec, 15.
Bonnardel (J.) et **Boirayon**, dent.,		rue Impériale, 35.
Boucharlat jeune, tulles,		rue Rozier, 3.
Boyer (Vve), dentelles,		rue Terme, 14.
Breul et Cie, guipures,		rue Centrale, 27.
Broche (Ph.) et **Mathéoud**, tulles,		pet. rue des Feuillants, 2.

Bruchon (J.-M.) et Jacquin (F.-C.),

            tulles et dentelles,   rue Mulet, 18.

Brunier (Alph.), tulles,   quai St-Clair, 10.

Champallier (A.), dentelles,   rue du Griffon, 9.

Champagne (A.), tulles,   rue Pizay, 7.

Chapeaux (Mme), dentelles,   rue Royale, 18.

Charvet (A.), tulles,   rue Romarin, 10.

Clerc,   id.   quai St-Clair, 11.

Cochet (Michel) et Cie, tulles,   pl. de la Comédie, 25.

Dalmais et Cie, tulles et chenilles, petite r. des Feuillants, 6.

Depagne,   id.   id.   4.

Desportes et Desbriat, tul. et chenill. rue des Capucins, 11.

Dethel (Vve), tulles et dentelles, rue Royale, 19.

Dognin et Cie, dentelles,   rue Puits-Gaillot, 1.

Dolfus-Moussy et fils, tull. et dent., rue Lafont, 8.

Dubied (G.) et Cie, dentelles,   rue du Plâtre, 8.

Dubroeucq et Caron, tulles,   rue Romarin, 31.

Duchamp (J.) et Cie, dentelles, rue Impériale, 34.

Dujast (Mme) (A.-P.),   tulles, quai St-Clair, 7.

Dumas et Sparvie,   id. rue Romarin, 29.

Dunand et Jeullien,   id. rue Puits-Gaillot, 29.

Dutroncy (E.),   id. rue Grenette, 11.

Falcot et Cie,   id. pl. Croix-Pâquet, 8.

Farabel père et Jangot, id. rue des Capucins, 16.

Garnier (P.),   id. rue Pizay, 7.

Garnier (J.) et Cie, tulles et dent., pet. rue Longue, 1.

Geay (P.) et Cie, tulles,   rue du Griffon, 3.

Gentet et Cie, dentelles,   rue St-Dominique, 2.

Gourgaud (J.) et Cie, dentelles. rue Royale, 18.

Gubian (J.-B.),   id. rue des Capucins, 18.

Gwinner, Ribollet et Geissler, crêp. rue de la Bourse, 18.

Hadet-Bataille, dentelles,   rue de l'Impératrice, 99.

Hervilly et Cie, tulles et dentelles, rue Bât-d'Argent, 10.

Idril,	tulles et dentelles,	quai Saint-Clair, 13.
Jallat (J.) et Cie,	tulles,	rue des Capucins, 13.
Juvenet (H.),	id.	id. 24.
Jarnieux frères,	id.	id. 26.
Lelarge et Cie (Mme),	dentelles,	rue Terme, 10.
Liénard et Chataloup,	tulles.	rue Gentil, 11.
Manigot et Cie,	id.	pl. St-Clair, 2.
Marion frères,	id.	pl. Tholozan, 26.
Merneis (Vve),	id.	rue Royale, 29.
Morel (Ch.),		rue Puits-Gaillot, 3.
Nicod, Baume et Mennard,	dentell.,	rue Impériale, 37.
Passeaud (T.),	tulles,	rue St-Polycarpe, 16.
Péju (C.),	id.	rue de la Bourse, 33.
Pichoz,	tulles et dentelles,	rue St-Pierre, 4.
Prost (Mme),	tulles,	rue Puits-Gaillot, 25.
Pulliat (J.),	id.	rue des Capucins, 18.
Rabatel, Hebrard et Cie,	dentelles,	rue Impériale, 11.
Raffard et Gonnard,	dentelles,	rue Désirée, 2.
Raymond et Cie,	id.	rue Bât-d'Argent, 10.
Reboulet fils,	id.	rue Impériale, 24.
Renoir et Costadou,	tulles et dent.,	rue de l'Impératrice, 13.
Revol fils aîné et Bossu,	tulles,	rue Romarin, 3.
Richard (H.) et Cie,	tulles,	rue Impériale, 3.
Rieu et Ferlat,	id.	id. 6.
Roque (C.) et Cie,	id.	r. des Capucins, 12.
Royané (S.),	dentelles,	rue Pizay, 3.
Saunier-Bonnard,	tulles,	rue Impériale, 44.
Serviant et Cie,	dentelles,	rue St-Côme, 7.
Sublet (F.),	tulles,	rue des Capucins, 13.
Touchebœuf (A.),	tulles,	quai de Retz, 9.
Verdaulon (Vve) et fils,	dentelles,	quai St-Antoine, 36.
Vial (E.),	tulles,	rue des Capucins, 13.
Viard (J.-B.),	tulles,	id. 25.

Vidalin (Vve), tulles et dentelles,   rue du Garet, 2.
Vilson et Farabel, tulles,   rue Vieille-Monnaie, 43.

SOIES A COUDRE ET A BRODER.

Aîné (fr.), (pour dentelles),   quai de Retz, 4.
Boffard (B.) (à coudre),   quai de Retz, 12.
Conrad frères (p. dentelles),   r. Ste-Marie-des-Terreaux, 5.
Degabriel et Picolet fils (soie
    retordue pour la dorure),   rue Bât-d'Argent, 9.
Delay, Lafont et Bouchu
            (mercier),   ang. des r. Tupin et Mercière.
Durieux (J.) (à coudre),   rue et pl. de la Bourse, 41.
Germain frèr. et Cie (à coudre,
       pour l'Allemagne),   rue Ste-Catherine, 3.
Granjon et Flajollet (à coud.)   rue Centrale, 38.
Jaricot (Vve) et fils (à coudre,
       pour l'Allemagne),   rue Puits-Gaillot, 21.
Pelletier (E) et Cie (à coud.),   rue Impériale, 26.
Séon (Léon), successeur de
   Séon-Maron et Cie (à coud.)   palais du Commerce, rue de la
                                 Bourse.

PASSEMENTIERS

(Fabricants.)

—

André-Boget et Cie,	rue Grenette, 12.
Belet fils et Cie,	rue Centrale, 28.
Bonnamour aîné,	rue Grenette, 31.
Divat Magdinier,	rue de la Bourse, 41.
Fleury-Marin,	rue Neuve, 18.
Gelet (C.) et Cie,	rue du Plâtre, 8.
Grand (Mlle),	pl. des Cordeliers, 8.
Lafitte,	rue Centrale, 38.
Martin frères,	rue Constantine, 15.
Méhier (Ch.),	rue St-Pierre, 39.
Nicod,	rue Lanterne, 28.
Papon (Vve),	rue des Forces, 2.
Rivier,	rue Bât-d'Argent, 2.
Rosa (Mme),	rue Tupin, 16.
Sonthonnax (A.),	rue Centrale, 3.

—

PASSEMENTIERS

(Marchands.)

—

Andriat (P.),	pl. Saint-Paul, 5.
Bessac (L.),	pl. de la Miséricorde, 3.

Bonnamour jeune,	rue Grenette, 31.
Bonnin (Victor) et Cie,	rue de l'Impératrice, 91.
Brunit-Maréchal fils jeune,	quai de Retz, 12.
Budillon,	rue de l'Impératrice, 36.
Chabrier et Liénard,	rue Centrale, 33.
Chalvet et Vedrenne-Dossens,	pl. des Terreaux, 1.
Clémenso (C.) et Cie, dorure, four- niture militaire,	rue Impériale, 17.
Dolbeau-Barret,	rue Romarin, 10.
Dunand et Cie,	rue Saint-Pierre, 4.
Duplatre,	rue de la Poulaillerie, 21.
Duport et Cie,	rue des Forces, 4.
Durret (P.),	rue de l'Impératrice, 99.
Escoffier (P.) et Dzsalla,	rue d'Algérie, 6.
Fore (Vve),	rue St-Côme, 5.
Gaillard jeune,	rue Mercière, 51.
Gaillard aîné,	rue Palais-Grillet, 30.
Gifflet,	rue de l'Arbre-Sec, 20.
Girerd frères,	rue Bàt-d'Argent, 12.
Jacob,	rue des Marronniers, 6.
Jaillard père et fils, fab. dorure,	rue Impériale, 12.
Léoutre-Figuet,	rue St-Côme, 2.
Mattan,	rue Grôlée, 48.
Million,	rue Impériale, 36.
Pannisset et L. Lebreuvoir,	pl. Kléber, 3.
Parriel (A.).	rue Tholozan, 12.
Perret-Gros,	rue Poulaillerie, 20.
Peyrot frères,	rue Impériale, 47.
Rochard-Corcelette,	rue Poulaillerie, 6.
Rochette et Cie,	rue Ste-Catherine, 13.
Tholon et Gay,	rue Impériale, 48.

COMMISSIONNAIRES EN SOIERIES.

—

ALESMONIÈRES, COLIN et COSSÉ,	rue Victor-Arnaud, 13.
ALONZO (J.-B.) et MARCHESSOU,	petite r. des Feuillants, 2.
ANRÈS (A.-H.),	rue Impériale, 1.
APPOLD SCHULTHESS et Cie,	quai de Retz, 1.
ARLÈS-DUFOUR (C.) et Cie,	pl. Tholozan, 19.
AUFFH (C.-A.), ORAT STURMER et Cie,	rue Puits-Gaillot, 5.
AVRIL, DE GOURNAY et GUYOT,	rue Puits-Gaillot, 2.
BACOUEL et POGNON,	pl. Croix-Pâquet, 2.
BARBAN (J. V.) et Cie,	rue des Capucins, 19.
BÉCUS, représentant de la maison BENAZECH, TRINQUESSE et BASSAGET, rue du Mail, 23, à Paris,	rue Puits-Gaillot, 21.
BERNELIN (J.),	rue Désirée, 4.
BIÉ DE COLLOGNY et Cie,	quai de Retz, 1.
BINOUD et VIOLLET,	place Tholozan, 21.
BLOCH et PONCET,	quai St-Clair, 8.
BONNET et Cie,	rue Lafont, 20.
BONNET, THOMAS frères et JULMASSE,	rue de Thou, 1.
BOUFFARD, FEBRIER et Cie,	rue Puits-Gaillot, 5.
BOULEAU et PETHOYON,	quai St-Clair, 16.
BOURDELIN et LABORDE,	id. 12.
BORDET (A.) et DUCHESNE,	rue Romarin, 21.
BOYD (J.-C.) et Cie,	quai St-Clair, 10.
BRADHURY et Cie,	rue Victor-Arnaud, 5.
BROCHOT et LAVESVRE,	pl. Saint-Clair, 2.

Brolemann et Cie,	rue Impériale, 4.
Brun (J.) aîné père et fils,	rue Bât-d'Argent, 18.
Brunswich,	rue Romarin, 18
Buy-Fleuride (Vve),	rue de l'Impératrice, 97.
Brown (Jacques),	rue Impériale, 50.
Candy (Ch.) et Cie,	rue d'Algérie, 18.
Carrand (Et.) et Gulliot,	rue St-Pierre. 25.
Chastel, Valioud et Cie,	quai St-Clair, 8.
Charrin et Cie,	rue Centrale, 11.
Choen (M).	rue Lafont, 16.
Chombre et Billon,	rue de la Bourse, 15.
Christ Jay et Hess, de New-York,	rue Impériale, 3.
Channel jeune et Cie,	place Tholozan, 19.
Chartier (Ch.),	rue Royale, 14.
Charpine (Prosper) frères,	rue Royale, 13.
Chappuis (Horace),	rue Vieille-Monnaie, 16.
Chandeler (Richard), mais. à Paris et à St-Etienne,	quai St-Clair, 2.
Clerqué (G.),	rue des Capucins, 15.
Claudé-Chaninel,	rue St-Côme, 7.
Clave, Fabra et Guix,	quai St-Clair, 3.
Clément (J.),	quai de Retz, 5.
Cook, Son et Cie,	quai St-Clair, 3.
Cochard (Henry) et Cie,	rue Victor-Arnaud, 5.
Creton et Taperin,	quai de Retz, 5.
Curtis (L.-H.) et Cie,	rue Impériale, 17.
Dambmann (C.-F.) et Cie,	rue Lafont, 22.
Defrasse et Dehesdin,	rue Désirée, 2.
Delorière (A.),	place Croix-Pàquet, 1.
Delphin (L.),	place Tholozan, 27.
Delestang (Fleury)	rue Désirée, 2.
Dequinsieux (A.),	rue Victor-Arnaud, 7.
Deroux-Dauphin (François,	rue du Berry, 2.

DEVARENNE (G.),	rue St-Polycarpe, 8.
DEYME (Victor),	quai St-Clair, 12.
DIETZ (Charles),	rue Victor-Arnaud, 21.
DOMBRE, CHEYSSON et Nos,	rue Victor-Arnaud, 3.
DUBERLE (Alph.),	rue des Augustins, 13.
DUCELLIER jeune,	rue Romarin, 31.
DUGROLÈS (F.) et DUPRÉ,	rue Romarin, 8.
DUMAS frres, SCHNEIDER, BUSSIÈRES et	
LACHARD,	rue Constantine, 15.
DUNCAN et CHARPENTIER,	rue de la Bourse, 14.
DUQUAIRE (Paul), FASSY et Cie,	quai St-Clair, 8.
ELLIS EVERINGTON et Cie,	quai St-Clair, 1.
ESPAGNAC, AUBANEL et DELEUSE,	rue Puits-Gaillot, 1.
FAESSLER-PETZI (J.-U.)	rue Romarin, 3.
FÉLIX (A.),	rue Constantine, 9.
FIGLI DI JIULIO, FORTIS et BRESSI,	
(maison à Milan et à Vienne),	rue royale, 23.
FOUGASSE aîné et Cie,	place des Terreaux.
GAGNET frères et Cie,	rue Victor-Arnaud, 11.
GAISMAN (H.),	quai St-Clair, 4.
GANEVAL et Cie,	rue des Capucins, 6.
GEORGE HOOPER, CARROZ et TABOURIER,	rue des Capucins, 16.
GESELL (G.),	rue Impériale, 17.
GIGNOUX (C.) et Cie,	Place Tholozan, 19.
GILLY (N.) et Cie,	p. des Pén.-de-la-Croix, 8.
GIRARD, OUDOUARD et Cie,	place Croix-Pâquet, 5.
GIRERD oncle, neveu et DALMAZANE,	rue du Griffon, 13.
GLAIRON (P.),	rue des Capucins, 24.
GOUBILLON (Ant.),	pl. de la Miséricorde, 2.
GOURJU et Cie,	rue du Griffon, 7.
GRAETZER et HERMANN,	place St-Clair, 7.
GUIOT et Cie,	quai St-Clair, 1.
HAMOT (F.), (A) BERTEAUX et Cie,	place Tholozan, 19.

Hauzer (Del),	rue Romarin, 18.
Recht, Lilienthal et Cie,	quai St-Clair, 8.
Herbez et Bouche,	quai St-Clair, 13.
Hieropoulo (N.-K.),	rue Royale, 15.
Hsnegay et Bissuel,	rue Royale, 22.
Hogard et Cie,	quai de Retz, 4.
Hoschedé, Blemont et Cie,	rue Victor-Arnaud, 13.
Immerwahr (Louis),	rue des Capucins, 16.
Klein (Isidore),	rue Dubois, 44.
Lacombe (Henri) et Cie,	rue des Capucins, 12.
Lallemand frères,	quai St-Clair, 9.
Landron, Franglet et Cie,	rue de Thou, 5.
Lebrun (Gustave),	rue d'Algérie, 25 et 27.
Ledoux (A.), Farcy et Cie,	rue Puits-Gaillot, 2.
Legoux (A.) et Cie,	quai St-Clair, 2.
Lindenfelder, Philippe et F. Basset,	rue des Capucins, 3 et 5.
Liot (J.) et Otto Petsche,	rue Royale, 13.
Loeschigk, Wesendouck et Cie,	rue de la Bourse, 35.
Londe fils, Baillie, Vanden, Abcele et Cie,	quai Castellane, 1.
Louvet et Robert,	quai de Retz, 8.
Luppé, Trouillet et Cie,	rue des Capucins, 22.
Mac Intyre, Buchanan et Cie,	quai St-Clair, 2.
Macé (S.) et Cie,	Place Sathonay, 6.
Marcilhacy, Arbelot et Cie,	rue de Berry, 2.
Marix, Picard frères,	rue Puits-Gaillot, 9.
Martini (Ph.),	quai St-Clair, 7.
Mas (Louis) et Cie,	place Tholozan, 22.
Mas (Léon),	rue Pizay, 9.
Mayet, Dupont et Cie,	place des Cordeliers, 5.
Mayot et Poncet (rubans).	place St-Nizier, 2.
Mazard, Clarel, Crux et Olivetti,	rue Puits-Gaillot, 5.
Mercier (J.-B.), Franc et Benoit,	quai St-Clair, 12.

MILL (L.) et DEROY,	quai St-Clair, 6.
MOLY (Lis),	p. des Pén.-de-la-Croix, 3.
MOMESTIER aîné,	rue Impériale, 2.
MONNIN (Gabriel),	rue Lafont, 14.
MONTAT-GENEVIER,	rue Victor-Arnaud, 3.
MONTIGNY et MANNE,	quai St-Clair, 7.
MORA (J.),	rue des Capucins, 21.
MORA (A) et J. MATHIEU,	place Croix-Pàquet, 5.
MORAND, VILLETTE et DUMONT,	rue Romarin, 1.
MORET et PAYEN,	gran. r. des Feuillants, 1.
MORRISSON, DILLON et Cie,	p. des Pén.-de-la-Croix, 5.
MOYSE et Cie,	rue Terme, 12.
MURDOCH'S, NEPHEWS et SLATER,	quai St-Clair, 4.
MUNCH et Cie,	rue Mulet, 12.
MURON (C.) et Cie,	place Tholozan, 27.
NEUVILLE, MAS, SAUNOIS et Cie,	rue impériale, 4.
OLIVIER, PERSONNAY et LAMAIGUÈRE,	rue Impériale, 5.
OMER-CHEVAL,	rue Victor-Arnaud, 13.
PALABI, SOLER (Y.-G.),	pl. des P.-de-la-Croix, 5.
PASSAVANT frèr., MAUS et Cie,	place Tholozan, 24.
PAWSON (J.-F.) et Cie,	quai St-Clair, 10.
PAYEN (L.) et Cie,	petite r. des Feuillants, 5.
PATEL et Cie,	rue Vieille-Monnaie, 17.
PATRICOT cousins,	rue Lafont, 4.
PERRIER et ROZET,	rue Neuve, 30.
PERDRIX (Emile), CHEVALIER et Cie,	rue Impériale, 4.
PERRISSIN et GAUTHIER,	rue Royale, 22.
PETIT (Louis),	rue Victor-Arnaud, 13.
PIAUD frères et Cie,	rue Impériale, 6.
PICARD (Isidore),	rue Pizay, 5.
PICARD (Gustave) et Cie,	rue Royale, 14.
PLANTARD (J.) et Cie,	place St-Clair, 9.
PLATZMANN, BERRY et Cie,	rue Impériale, 19.

POLIMICE, CANDEBAT et VACHET,	rue du Commerce, 9.
PONSIN, GUIBET et AMAURY,	rue des Capucins, 20.
PRÉGRE frères et Cie,	place des Terreaux, 6.
PROUVIER (Jh),	gran. r. des Feuillants, 6.
PRUDHOMME frères,	rue Royale, 14.
GUILLION (J.-B.),	id. 8.
RAJON et A. CHICOTOT,	place Sathonay, 5.
RAMIÉ (A.) et Cie,	place Croix-Pâquet, 5.
RATTIER et ROCHE,	rue Puits-Gaillot, 4.
RAVET et MONTESSUIT,	rue Royale, 33.
RÉGIS (G.),	rue des Capucins, 7.
RIBAUD aîné père et fils,	rue Désirée, 4.
ROBIN (Michel),	rue Royale, 13.
RODIER et Cie,	rue Victor-Arnaud, 5.
ROESCH (L.),	rue Puits-Gaillot, 19.
RYLANDS et fils, maisons à Manchester et à Londres,	quai St-Clair, 9.
SAUVAGE frères et LEPROVOST,	rue Impériale, 1.
SCHÉNÉEGANS (G.) et PEYRE,	rue Vieille-Monnaie, 8.
SCHWEHR, STRAUSS et Cie,	rue des Capucins, 25.
SERVOZ frères,	rue Impériale, 9.
SILVE et GELLON,	rue Grenette, 2.
SOIDERQUELK (F.-O.),	rue d'Algérie, 2.
SORCHAN, ALLIEN et DIGGELMANN,	place Tholozan, 24.
STEWART (A.-T.) et Cie,	rue de la Bourse, 8 et 10.
TAVERNIER frères, HUET et Cie,	place Tholozan, 20.
TERRA (J.) et Cie,	rue Impériale, 15.
THOURON frères et DESPRÉS,	quai de Retz, 8.
TISSOT aîné,	rue Désirée, 1.
TRESCA (L.) et Cie,	rue Impériale, 3.
TRÉVOUX aîné et jeune,	rue St-Pierre, 39.
TROLLIET (C.),	place St-Clair, 6.
VERDUN (Amédée),	gran. r. des Feuillants, 4.

Verneau, Dobilly et Cie,	rue Victor-Arnaud, 7.
Veyrier, Peuple et Cie,	rue Terraille, 18.
Vouillemont (A.),	place Tholozan, 19.
Vue, (F.) et Defrasse,	rue Désirée, 2.
Vulliermet père, fils et Cie,	rue Victor-Arnaud, 7.
Warburg (R.-D.), et Cie,	quai St-Clair, 3.
Wedèles (M.) et Oppé,	rue Désirée, 2.

SOIE, FIL ET COTON POUR REMISSES.

Baril,	rue Rozier, 3.
Beaumont,	Grande-Côte, 93.
Durand,	rue Vieille-Monnaie, 15.
Gavin et Desvignes,	montée St-Sébastien, 26.
Jacquetant,	rue Vieille-Monnaie, 43.
Jochs,	Grande-Côte, 65.
Martel,	côte St-Sébastien, 20 bis.
Moussy (Mme),	rue Vieille-Monnaie, 17.
Paul (S.) et Tournier,	rue de Lorette, 1.
Perret jeune,	rue des Forces, 4.
Rambaud-Thoral et Sestier,	quai de Retz, 7.
Riondet (Vve),	rue du Commerce, 1.
Roux et Berthier,	rue Terme, 10.
Sagnon fils,	montée St-Sébastien, 18.
Seigle-Goujon,	rue Terraille, 13.
Vincent,	rue Vieille-Monnaie, 31

TEINTURIERS EN SOIES.

—

Baugé frères,	quai St-Vincent, 27.
Berthet et Budin, crêpes,	quai Castellane, 8.
Berthier f., couleurs,	quai St-Vincent, 34.
Bicais et Perrochet, noirs,	quai Pierre-Scize, 110.
Bonnet (B.) et Cie, couleurs,	quai Castellane, 7.
Brossard, noirs,	rue des Prêtres, 20.
Bruyas, Grataloup et Cie, noirs,	place de la Butte.
Charvet (J.-M.), couleurs,	rue du Tupin-Rompu, 8.
Charvet et Randu, id.	quai St-Vincent, 59.
Chavanne, noirs,	quai Pierre-Scize, 52.
Christophe (E.), noirs,	id. id. 17.
Clapit, id.	cours d'Herbouville, 60.
Collomb et Carrajat, noirs,	quai St-Vincent, 21.
Doublier (J), spécial. pr crêp. de Ch.	rue Cuvier, 16.
Drevon, noirs,	cours d'Herbouville, 58.
Dufour et Guillot, couleurs,	id. id. 8.
Dufour et Deperdussin, id.	quai Castellane, 8.
Durand (N.), noirs,	r. St-Pierre-le-Vieux, 2.
Dyen, id.	rue des Gloriettes, 36.
Filliat (E.) et Cie, noirs,	cours d'Herbouville, 69.
Fournier, couleurs,	rue Lafayette, 85.
Galvin neveu, Roche et Rossignol, noirs,	quai Pierre-Scize, 43.
Gay, couleurs,	avenue de Noailles, 9.
Gillet et Pierron, noirs,	quai de Serin, 8.
Giraud, couleurs,	rue Commarmot, 5.
Giraud (C.) et Cie, noirs,	quai de Serin, 78.

GUINON, MARNAS et BONNET, couleurs, rue Bugeaud, 2.

GRIMAUD-PERRAUD, noirs, cours d'Herbouville, 46.

IMBERT (J.), couleurs, id. id. 55.

JANIN fils, couleurs, quai St-Vincent, 56.

LARPIN gendre et fils, couleurs, rue St-Marcel, 11.

MAROT (E.), couleurs, rue Tavernier, 3.

MARTINAND frères, noirs, quai d'Albret.

Mas et GRANGE, noirs, rue Lafayette, 37.

MERAY (J.-C.), noirs, rue Tavernier, 3.

MICHEL, id. quai des Etroits.

NOUVEAU et Cie, id. quai Pierre-Scize. 67.

OGIER, noirs. rue St-Clair, 50.

PARET, CORRON et TOUSSAINT, couleu. rue Godefroy, 29.

PAYET et Cie, id. quai St-Vincent, 59.

PERRIER, id. quai Fulchiron, 40.

PÉTRÉ (E.), id. rue Monsieur, 12.

PIATON et MICHEL, noirs, quai Fulchiron, 31.

PIGNARD, id. quai Pierre-Scize, 48.

PIGNAUD fils, couleurs, rue du Tupin-Rompu, 4.

PINET (A.-B.) aîné, couleurs, quai d'Albret, 1.

PINET (J.-L.), id. rue Tavernier, 8.

PITRAT et CORNU, id. Cours d'Herbouville, 63.

PONCET, noirs, quai St-Vincent, 12.

RAMEL frères, couleurs, rue de la Vieille, 13.

RENARD frères, id. quai Pierre-Scize, 54.

RICHARD et PERRET, couleurs, à Fontaines.

SATTIN et DESPIERRES, id. cours d'Herbouville, 67.

SAVIGNY et BUNAND, id. rue Monsieur, 29.

THOMAS, id. quai St-Vincent, 12.

TRIQUET (L.), id. rue Thomassin, 47.

ULDRY (J.), id. rue Saint-Clair, 1.

VILLET (Vve), fils et RENARD, couleu. quai Castellane, 12.

VINDRY, noirs, quai St-Vincent, 5.

DESSINATEURS POUR LA FABRIQUE.

—

ALLARDET (J.),	fabrique,	côte St-Sébastien, 26.
ANDRÉ (Mlle),	broderie,	rue de l'Annonciade, 30.
ARPIN et MELTON,	id.	rue Victor-Arnaud, 21.
BALANÇA (P.),	fabrique,	rue du Griffon, 12.
BERNICA,	id.	rue Romarin, 3.
BERTHET (J.),	id.	gr. r. des Feuillants, 3.
BINE,	id.	pl. du Perron, 4.
BINE et RAVERAT,	id.	rue Romarin, 8.
BLÉCHY et RANJIN,	id.	rue Rozier, 3.
BONAVIA,	id.	rue Vieille-Monnaie, 35.
BOURCHANIN,	id.	rue des Capucins, 22.
CONTI et POGNAN,	en broderie,	rue du Commerce, 44.
COTTET (A.),	fabrique,	cours d'Herbouville, 9.
COURTEFOY et COMBE,	id.	pl. Croix-Pâquet, 3.
DALLY (Jules-César).	en broderie,	pl. Sathonay, 6.
DARDEL (C.-J.),	fabrique,	rue Royale, 13.
DESPORTES (A.),	id.	rue des Capucins, 18.
DRAGUET fils,	id.	pl. Impériale, 55.
DUPARCHY,	id.	rue Vieille-Monnaie, 35.
FAYOLLE (A.),	id.	rue Puits-Gaillot, 31.
FINAND-BONY (Mme),	en broderie,	rue Poulaillerie, 28.
GAY (M.).	id.	quai Castellane. 5.
GRAND (P.),	fabrique,	impasse Gonard.
GRIMAUD (Mlle),	en broderie,	rue Madame, 4.

Guillot (E.),	fabrique,	rue Monsieur, 7.
Imbert et Bergeret.	id.	place Tholozan, 21.
Jameton (E.),	id.	rue Saint-Polycarpe, 9.
Joannard,	id.	rue Vieille-Monnaie, 39.
Kauffmann,	id.	quai d'Albret, 21.
Lacombe (J.-P.),	id.	rue St-Marcel, 35.
Lauras (Mlle),	en broderie,	pl. Bellecour, 23.
Luiset (F.),	fabrique,	quai de Retz, 18.
Métra (J.),	id.	cours Morand, 23.
Metroz,	en broderie,	rue Bourbon, 8.
Moulin (L.),	fabrique,	pl. Croix-Pàquet, 5.
Pegay,	id.	rue du Commerce, 16.
Polme (J.),	id.	pl. Croix-Pàquet, 11.
Pompasky (C.),	en broderie,	rue de la Bourse, 53.
Reybaud (J.),	fabrique,	rue des Capucins, 22.
Rostain,	id.	rue Imbert-Colomès, 37.
Roy jeune et Cie,	en broderie,	rue St-Jean, 68.
Saignemorte,	fabrique.	rue Coustou, 4.
Saint-Prix (Mme),	en broderie,	rue d'Algérie, 7.
Sepp,	id.	rue de la Fromagerie, 1.
Schmerber et Bouillé,	fabrique,	rue du Théàtre, 2.
Siau,	id.	rue Impériale, 5.
Storck (Mlle),	en broderie,	rue du Plàtre, 7.
Tardieu,	id.	Grande-Rue, 16 (Guillot).
Vernet,	fabrique,	rue du Griffon, 10.
Vincent (Mme),	en broderie,	rue St-Dominique, 7.

CARTONNIERS POUR LA FABRIQUE.

—

Audet,	petite r. des Feuillants, 4.
Bernard (P.),	rue des Capucins, 21.
Blanchet (G.),	rue Vieille-Monnaie, 30.
Bourdin (J.-C.),	rue Désirée, 9.
Colrat (R.),	rue Romarin, 13.
Doncieux,	rue du Griffon, 13.
Drut (S.),	rue de l'Arbre-Sec, 27.
Gacon,	rue Dauphine, 2.
Gourdiat (S.),	rue Coysevox, 3.
Nina,	rue des Capucins, 17.
Monin aîné et Cie,	rue St-Polycarpe, 16.
Ratery (J.),	rue des Capucins, 7.
Richard (A.),	rue Coustou, 5.
Sailla r	rue Saint-Pierre, 14.
Voisin (J.),	rue Romarin, 7.
Voisin fils,	pet. rue des Feuillants, 2.

———

LISEURS DE DESSINS.

—

Agnès (J.),	r. Tables-Claudiennes, 18.
Bavoux (P.-F.),	rue Imbert-Colomès, 18.

BERTHOLIER (J.),	rue du Commerce, 24.
BONDET (V.) et Ci,	r. Tables-Claudiennes, 33.
BOUVET (A.),	r. Camille-Jordan, 1.
BOYER,	r. Tables-Claudiennes, 18.
CHAMBION,	rue Vieille-Monnaie, 18.
CHARLES (J.),	rue Imbert-Colomès, 25.
CONDAMIN (J.-B.),	rue Camille-Jordan, 3.
DALOZ,	rue Vieille-Monnaie, 12.
DUFOUR (J.),	pl. des Bernardines, 4.
FIX (P.),	rue Imbert-Colomès, 16.
GARIN (L.),	r. Tables-Claudiennes, 33.
GAUTHIER frères,	id. 20.
GIRARDANT et FAVIER,	rue du Commerce, 14.
GIRAUD (H.),	rue Pouteau, 11.
GUIGNARD (N.),	rue Camille-Jordan, 3.
GUIGUEZ,	rue Bodin, 6.
JAILLET,	Grand'Côte, 59.
JACQUET,	rue du Commerce, 18.
JAQUIS (E.),	côte des Carmélites, 10.
JUND,	rue Vieille-Monnaie, 19.
LUQUIN (C.),	rue du Commerce, 22.
MAIGRE (J.-F.),	rue de l'Annonciade, 18.
MATHIEU,	rue Vieille-Monnaie, 23.
MAUREL,	place du Perron, 2.
MAUREL (F.),	rue Imbert-Colomès, 16.
MEUNIER et FAURE,	id 14.
MOLAT (Mme),	r. Tab.-Claudiennes, 33.
MONNIER (A.),	rue Vieille-Monnaie, 19.
MOULIN,	pl. du Perron, 2.
PARRIN,	id. 1.
PROST (E.),	rue Vieille-Monnaie, 19.
RANDON,	id. 23.
REVEL (F.),	pl. du Perron, 1.

Richard,	r. Tabl.-Claudiennes, 18.
Richard,	rue Camille-Jordan, 3.
Rigalier,	rue Imbert-Colomès, 18.
Salles (F.),	rue du Griffon, 3.
Troissard,	rue Imbert-Colomès, 18.
Vincent,	id. 18.

—

IMPRIMEURS SUR ÉTOFFES.

—

Bret (J.) dit Monfray,	rue Baraban, 6.
Bonny,	cours d'Herbouville, 69.
Charrasse,	pl. Impériale, 53.
Delay et Cie,	rue de Vendôme, 240.
Gandy,	rue Palais-Grillet, 42.
Guttin jeune,	mont. de la Boucle, 57.
Jurien,	rue St-Jérôme, 3.
Misset (L.),	rue Palais-Grillet, 12.
Monfrey,	rue Monsieur, 9.
Montel et Leroy,	rue Bugeaud, 62.
Pain,	rue de Marseille, 65.

DÉGRAISSEURS POUR LA FABRIQUE.

—

ARCHIREL,	rue Ste-Catherine, 17.
ARMAND (Mme),	rue Terraille, 7.
BERLIER,	Grand'Côte, 1.
BEVOZ et BESSENAY,	rue Terraille, 13.
BOUVERY,	rue de Thou, 4.
BUGE,	petite r. des Feuillants, 5.
CHAVEL (Mme),	rue des Capucins, 22.
COL (Mlle),	rue Vieille-Monnaie, 31.
COLLOMBET,	rue du Commerce, 28.
DUMET (Vve),	rue Tupin, 4.
DUPUIS (J.),	rue du Griffon, 7.
FESNEAU,	id. 7.
LYON (J.),	rue Lorette, 1.
MAGAT (A.),	rue Neuve, 13.
MARÉCHAL,	rue du Griffon, 8.
PEYOT,	rue Désirée, 13.
POIZAT (J.),	pl. Croix-Pâquet, 2.
REYNARD,	rue Désirée, 21.
RIBOULET,	rue de la Monnaie, 16.
THEVENET,	r. Tables-Claudiennes, 33.

APPRETEURS, MOIREURS ET CYLINDREURS D'ÉTOFFES.

—

ALLARD-DELORME,		rue des Capucins, 12.
AMBLARD,		rue Vieille-Monnaie, 19.
BABOIN,	tulles,	Ste-Elisabeth, 81.
BACHARACH (M.),	tulles,	r. Tabl.-Claudiennes, 14.
BACHARACH aîné,		rue Malesherbes, 17.
BACONNIER et BRUGUIER, chinage en		
	tous genres,	rue St-Polycarpe, 12.
BERNARD,	tulles,	r. Tables-Claudiennes, 8.
BIGEX, DÉLY et Cie,		pl. des P.-de-la-Croix, 6.
BON père et fils,		rue Vieille-Monnaie, 8.
BON et Cie,		pl. Croix-Pâquet, 3.
BONNET (H.),		rue Tronchet, 4.
BONNY,	chineur,	cours d'Herbouville, 69.
BORGET,		rue Duquesne, 29.
BOURRILLON,	chineur,	rue de la Martinière, 9.
BRODURIER frères,	décatisseurs,	rue Mulet, 1.
BROSSARD fils,	châles,	rue de Sèze, 19.
CAPATEL (J.), cylindreur , plieur,		
	moire antique,	rue Puits-Gaillot, 19.
CARRIOT et FUTIN,	satin,	rue Victor-Arnaud, 1.
CHABOTEL,		rue Désirée, 7.
CHABOT (A.), moireur et cylindreur,		rue Vieille-Monnaie, 41.
CHEVALIER,	gaufreur,	rue Impériale, 40.
CLÉMENT (J.),	tulles,	quai d'Albret, 15.
CLÉMENT (F.),	id.	rue de Sèze, 135.

Clerc et Cie,		rue du Griffon, 5.
Couturier (Vve),		rue Grôlée, 6.
Dalmont,		rue des Capucins, 13.
Dangain (A.),	moireur,	place St-Clair, 5.
Dangon,	tulles,	rue des Fantasques, 11.
Dervaux (H.),	tulles,	rue de Sully, 71.
Dessales,		rue Vieille-Monnaie, 21.
Dumont et Garnier,		rue Godefroy, 18.
Duport et Cie,		rue Monsieur, 39.
Faisant (C.) et Perrier,		rue Vieille-Monnaie, 35.
Faure (G.),		côte St-Sébastien, 22.
Ferrand (J.),		pet. r. des Feuillants, 4.
Flanchard (Mme), gaufreuse pour		
	rubans,	rue Dubois, P.
Gally,		rue du Commerce, 41.
Gantillon (D.), foulards et moire		
	antique,	quai d'Albret, 15.
Garde (J.),		rue Désirée, 8.
Gauthier,		rue du Commerce, 41.
Gay (V.),		pl. des Capucins, 2.
Gay père et fils,		quai Castellane, 1.
Gerin, Pevoud et Charpy, châles,		place Louis XVI, 8.
Geynet et Fayard,		rue Coyzevox, 2.
Guillerme (Vve) et Cie,		rue des Capucins, 27.
Guillermet et Cie, décatisseurs,		rue de Vauban, 4.
Jarrier,		rue du Garet, 2.
Lacour,	tulles,	rue Imbert Colomès, 12.
Landry jeune,		rue Vieille-Monnaie, 19.
Lapierre (L.),		rue du Commerce, 36.
Larrivé, Jaboulay et Declerieux,		rue Coysevox, 2.
Marchand (J.-R.),		pet. r. des Feuillants, 2.
Margand et Cie,		r. Ste-Marie-d.-Terreaux, 3.
Molard (Vve) et Poulat,		rue Vieille-Monnaie, 20.

Monfray (A.),	chineurs,	rue Monsieur, 9.
Monfray père et fils,	chineur,	rue Madame, 47.
Monnet et Veuillot,		rue Vieille-Monnaie, 19.
Montant (C.),	tulles,	rue des Capucins, 6.
Moreau,		rue Vieille-Monnaie, 39.
Musset,	tulles,	rue Duquesne, 29.
Odobez (L.),	tulles,	rue de Créqui, 33.
Orcéaux (J.-P.),		rue Victor-Arnaud, 19
Penet (J.),	tulles,	r. Tables-Claudiennes, 8.
Perrier,	moireur,	pl. St-Clair, 9.
Perrier (M.),		rue Vieille-Monnaie, 35.
Philippon,	tulles,	rue Bossuet, 94.
Picot (B.),	gaufreur,	rue Monsieur, 11.
Plantin (P.),		rue Vieille-Monnaie, 35.
Robin (F.),	tulles,	rue Royale, 15.
Rossillon,	tulles,	avenue de Vendôme, 11.
Rozet,		rue Vieille-Monnaie, 14.
Ruchier (A.),		id. 13.
Ruel, tulles,		rue Masséna, 56.
Tavernier et Favre,	moireurs,	rue Rozier, 3.
Termoz (L.), neveu,		rue Vieille-Monnaie, 12.
Termoz (F.),		rue des Capucins, 6.
Thevenin,	tulles,	rue de Sully, 74.
Thiébaud et Cie,		r. St-Marie-d.-Terreaux, 2.
Vanhout et Vollat,		rue Vieille-Monnaie, 19.
Vanhout,	rubans,	rue du Commerce, 18.
Vernay et Cie,		rue Mont-Bernard, 29.
Vignet frères,	moireurs,	id. 32.
Voland frères et cousins,	gaufreurs,	quai Castellane, 13.

PLIEURS.

—

ACHARD,	rue Rivet, 12.
ACHARD (Vve),	rue Tholozan, 8.
AMIET,	place de la Visitation, 3.
ANDRIVET (C.),	quai Fulchiron, 26.
ARGENTIER,	rue du Chariot d'or, 7.
ARNAUD,	rue de Chabrol, 14.
AUZEBY neveu,	cours d'Herbouville, 63.
BALLAND,	rue Bossuet, 65.
BARBIER,	clos Chaumet, 8.
BARET,	rue d'Ivry, 31.
BARNOUD,	rue d'Austerlitz, 16.
BAVOUX,	rue du Mail, 32.
BELLON,	place Colbert, 9.
BLANC,	rue St-Vincent-de-Paul, 5.
BRET,	rue d'Austerlitz, 21.
BRUNET,	rue Dumenge, 15.
BOISSON,	rue Jacquard, 28.
BONNET (M.),	place de la Visitation, 1.
BONNET,	rue Bouteille, 15.
BUFFARD,	rue Borlin, 13.
BUFFARD (Mme),	rue Projetée, 4.
CAGNON,	place Rouville, 4.
CARBILLON fils.	rue Ferrandière, 22.
CHALON,	rue Dumont, 16.

CHARLANT,	cours Vitton, 17.
CHARLET,	rue du Marché, 5.
CHAVENT (S.),	rue Dumont, 10.
COTTE,	côte St-Sébastien, 11.
DAVID,	rue Pelletier, 4.
DEFANIS,	rue de la Citadelle, 1.
DESCOTE,	rue Chabrol, 16.
DEYRIEU,	rue Duviard, 18.
DIDIER,	rue Cuvier, 163.
FAYOLLE,	rue du Mail, 23.
FERNAUD,	petite rue de Cuire, 1.
GAGEA,	rue Tête-d'Or, 45.
GAGNON,	rue Prunelle, 8.
GAILLARD,	rue Pelletier, 6. »
GARÇON (Vve),	rue de Flesselles, 23.
GENOD (E.),	rue Ste-Elisabeth, 51.
GENTAY,	rue Bodin, 11.
GIROUD (J.),	rue Dumenge, 13.
GROS (A),	Grande-Côte, 41,
GUERRIER (T.),	rue Neuve, 10.
GUYOT (C.),	rue St-Pothin, 17.
GUY (M.),	cours d'Herbouville, 32.
HENRY,	rue de Flesselles, 20.
JOURNAUX,	rue des Chartreux, 26.
KIER,	quai St-Pierre, 77.
LAPOSE (A),	rue du Bon-Pasteur, 41.
LARDET,	rue de la Citadelle, 3.
LASSARA (J.),	cours des Tapis, 1.
LASSAUZAY,	rue Rast-Maupas, 14.
LHODEY (F.),	rue du Bon-Pasteur, 21.
MARTIN (J.-M.),	rue d'Austerlitz, 10.
MARRON et DUCHÈNE,	Grande-Côte, 114.
MERCIER,	rue du Bon-Pasteur, 9.

Monand,	rue Ste-Clotilde, 16.
Monpouilloux (C.),	rue Tholozan, 19.
Monnet (J.-M.),	rue Dumenge, 10.
Mouton (J.-L.),	rue Duviard, 1.
Mouton (J.-P.),	Grande-Côte, 7.
Nicolas,	rue Rivet, 7.
Perret (A.),	rue des Fantasques, 8.
Perret	rue Bodin, 7.
Perronnet,	rue Rast-Maupas, 10.
Petit-Jean (P.),	rue de la Visitation, 5.
Piéguier,	rue Imbert-Colomès, 15.
Pinet,	rue Tête-d'Or, 59.
Pittaval,	rue Audran, 5.
Poyard,	place St-Louis, 14.
Pramondon (Mme) jeune,	grande rue des Feuillants, 6.
Richard,	rue Ste-Elisabeth, 55.
Roland,	rue de l'Epée, 16.
Ronchaud,	rue de la Terrasse, 2.
Rousset,	rue Pelletier, 2.
Rousset,	rue du Sentier, 1.
Rousset,	cours d'Herbouville, 34.
Sibut,	place des Tapis, 6.
Souvraz (A.),	rue des Gloriettes, 1.
Suchet,	Grande-Rue(Croix-Rousse),85.
Tisson,	cours des Tapis, 9.
Valette,	rue Imbert-Colomès, 18.
Valous,	rue des Chartreux, 27.
Vera,	rue Ste-Clotilde, 5.
Vitte,	rue d'Isly, 8.
Zacharie (Vve),	rue des Tables-Claudiennes, 8.

MÉCANICIENS POUR LA FABRIQUE.

Allard,	rue Imbert-Colomès, 26.
Arnal (A.),	rue Ste-Blandine, 11.
Baraud,	rue Lebrun, 6.
Barbier (J.-B.),	rue Vieille-Monnaie, 12.
Bigot,	rue de la Citadelle, 1.
Boileau, appareils pour apprêteurs, moireurs, gaufreurs,	avenue de Saxe, 134.
Bonnet,	rue Bodin, 20.
Bret et Cie,	pl. de la Croix-Rousse, 26.
Brouchier,	rue Neyret, 4.
Buffaud,	cours d'Herbouville, 47.
Camarège, pour le moulinage,	rue Cuvier, 51.
Chermette-Dumas,	rue Imbert-Colomès, 27.
Choulet,	rue Vieille-Monnaie, 27.
Combettes (Léonce de), pour filatures, moulinages, machines à mesurer,	rue Lafayette.
Comte,	rue Dumenge, 10.
Côte et Blanc,	r. Tables-Claudiennes, 20.
Coué (L.), pour régulateurs,	pl. Tholozan, 9.
Delamaison,	cours Vitton, 9.
Delaye (F.),	rue Madame, 12.
Delègue,	rue Pouteau, 12.

Depingon,	r. Tables-Claudiennes, 8.
Deronzière,	rue Bodin, 2.
Durand (J.),	r. St-Vincent-de-Paul, 7.
Durochat (G.),	r. Tables-Claudiennes, 23.
Dusillon (Vve),	rue Pailleron, 23.
Fion, éprouvettes, moulinages, Jacquard, machines à rouler,	place du Perron, 1.
Forestier,	r. Mottet-de-Gérando, 12.
Fromentin et Martin,	rue Mazard, 2.
Gache neveu, ourdissoirs, pliage nouveau système,	r. Vieille-Monnaie, 23.
Gache (J.),	id. 15.
Galtier,	rue Bonnel, 43.
Ganty,	rue du Chariot-d'Or, 9.
Gardarin dit Clermont, pour moulinage, machine à vapeur, etc.,	quai St-Vincent, 29.
Gascuel (J.-J.),	r. Tables-Claudiennes, 35.
Gibert (E.),	quai d'Herbouville, 33.
Girard (F.-C.), pour guimpier, tireur d'or et enjoliveur,	rue Palais-Grillet, 14.
Gloppe (D.),	avenue de Saxe, 117.
Guillermin,	rue de la Visitation, 3.
Hubert (A.), métiers de tulle,	rue de Sèze, 98-100.
Jeunet (J.),	r. Tables-Claudiennes, 33.
Loubet,	rue Imbert-Colomès, 16.
Mainvieille,	rue Pouteau, 17.
Marat,	place des Tapis, 5.
Massot,	rue Pouteau, 10.
Mazuchetti (A.),	rue d'Austerlitz, 13.
Morel (D.),	rue des Capucins, 1.
Nayme,	rue de Sèze, 59.
Noel,	rue du Bon-Pasteur, 45.
Pernet,	rue Dumenge, 13.

PICHEREAU,	rue du Commerce, 15.
PUTIGNY frères, métiers de tulle,	rue de Sèze, 82.
REYNOARD,	rue Imbert-Colomès, 7.
RICHARD,	rue Cuvier, 19.
ROECK (L.), et Cⁱᵉ, pour filatures et moulins,	rue du Griffon, 6.
ROUGEMONT,	rue du Commerce, 35.
SALLIER aîné,	place du Perron, 5.
SAUNIER,	rue des Bains, 2.
SORDET,	place Sathonay, 6.
THIÉBAUD (A.) et BURDET, pour filatures, moulins, essais, etc., etc.,	pl. Croix-Pâquet,
TRANCHAT fils,	rue Neyret, 2.
TRIQUET fils, pour le tissage,	rue Imbert-Colomès, 17.
UMBERT,	rue Boileau, 2.
VIEUX (F.),	montée St-Sébastien, 12.
VIEUX aîné,	place du Perron, 4.
WINTER (Henri),	rue Vieille-Monnaie, 2.

USTENSILES POUR LA FABRIQUE.

ALIBERT,	rue du Commerce, 4.
BARJOT,	rue Flesselles, 20.
BAVET,	Grand'Côte, 88.
BERNEL (J.-B.),	rue de Flesselles, 24.
BOSSON,	r. St-Vincent-de-Paul, 13.
BOURDELIN,	cours Vitton, 3.
BROSSIER,	rue Vieille-Monnaie, 9.

Brun,	rue Duviard, 5.
Bully,	Gr.-Place (C.-Rousse), 2.
Caïr,	Grand'Côte, 3.
Callombant,	rue Sainte-Rose, 5.
Camet,	rue Madame, 41.
Cavaillon,	rue St-Vincent-de-Paul, 2.
Chapuis (N.),	Grand'Côte, 61.
Charelle,	rue Pailleron, 10.
Charnier,	pl. du Perron, 3.
Chauvel (F.),	rue Bodin, 2.
Chavany,	cours Vitton, 41.
Collombant,	r. St-Franç.-d'Assise, 12.
Curvat fils, cordier pour la fabriq.,	r. du Bon-Pasteur, 12.
Demard et Cie,	rue du Mail, 23.
Desmard neveu fils,	rue Bodin, 9.
Desmard (L.),	rue d'Austerlitz, 21.
Dumortier,	rue du Doyenné, 31.
Gaivallet,	rue de la Charité, 7.
Gauthier, arcades et cordes,	rue Jacquard, 24.
Gindre,	pl. des Bernardines, 6.
Giraud,	rue Ste-Elisabeth, 61.
Gonnard (A.) fils,	r. St-Vincent-de-Paul, 7.
Hayne,	rue du Mail, 1.
Lallier, maillons et verroterie,	rue d'Ivry, 17.
Marque,	rue Grognard, 6.
Muyard,	côte St-Sébastien, 13.
Oysel (J.-B.),	r. Tables-Claudiennes, 2.
Peysselon,	rue d'Austerlitz, 10.
Richard (B.),	Grand'Côte, 51.
Tartavez,	rue Vieille-Monnaie, 10.
Tissot,	rue St-Georges, 10.
Verchera (Vve),,	rue Calas, 15.
Vial aîné, fabric. maillons,	rue Dumenge, 6.

VIAL (J.), fabric. maillons,	rue du Commerce, 30.
VIDAUD,	rue de Sèze, 8.
ZIPERLIN,	rue d'Ivry, 23.

FABRICANTS DE PEIGNES A TISSER

AUZET neveu,	rue Montbernard, 45.
BAL fils et Cie,	côte St-Sébastien, 23.
BAL et QUITET,	rue Pouteau, 11.
BAILE fils,	rue Romarin, 17.
BIGÉ,	rue Romarin, 10.
BUGNET (H.),	rue des Capucins, 2.
CHAUTIN,	rue Vieille-Monnaie, 8.
COINT aîné et Cie,	rue Vieille-Monnaie, 39.
DUFRESNE,	rue du Commerce, 12.
DUMAS (B.),	rue Romarin, 13.
GARNIER aîné,	rue du Commerce, 41.
GRAZ et CAZE,	rue Puits-Gaillot, 19.
MARDIENNE (P.),	rue des Capucins, 12.
MENIN,	rue du Griffon, 3.
PERRET (Vve) et NOEL,	rue des Capucins, 16.
PÉTREMAND et DUMAS,	rue Vieille-Monnaie, 20.
PICHON,	place Croix-Pâquet, 11.
RIVOIRE (B.),	montée St-Sébastien, 18.
SIMOND,	rue du Mail, 12.
VION, COINT et Cie,	rue des Capucins, 22.

TOURNEURS POUR LA FABRIQUE.

—

CHAPELLE (Vve),	rue Vieille-Monnaie, 26.
CHAPELLE fils aîné,	rue Vieille-Monnaie, 26.
CHAPELLE fils jeune,	rue des Capucins, 17.
DEGRAVEL (J.),	rue du Mail, 39.
DELOY,	rue Célu, 6.
DEVAUX,	rue Bodin, 6.
DOYONNAX,	rue du Commerce, 31.
FAVROT (Vve),	rue Neyret, 12.
FUTIN (X.),	r. Tables-Claudiennes, 13.
GALAND (E.),	rue du Mail, 28.
GARÇON,	Gr.-Rue, 2 (Cr.-Rousse).
GUY-PERRET fils.	cours Vitton, 34.
JACQUEMET,	rue Vieille-Monnaie, 28.
JOMAND,	rue du Commerce, 22.
LACROIX,	Grand'Côte, 106.
MILLIET, rouleaux pour apprêteurs,	rue Duquesne, 43.
NICOD,	rue Bodin, 2.
PERON père,	rue des Fossés, 13.
PERON fils,	place Morel, 2.
PERRIN (Vve),	r. Tables-Claudiennes, 29.
PICHON (H.),	rue Vieille-Monnaie, 29.
TOURNIER,	rue Grognard, 4.
TRAMBOUZE,	rue Imbert-Colomès, 9.
VITTENET,	rue Ponteau, 8.

FABRICANTS DE NAVETTES.

—

Anjou,	rue Dumond, 14.
Bacus,	rue Cuvier, 60,
Bertholon (P.), et rast. p. pliage,	rue Vieille-Monnaie, 10.
Berton (F.),	rue Bodin, 5.
Conte (E.),	place des Bernadines, 4.
Coquet (B.),	Grand'Côte, 43.
Durand,	rue Tholozan, 4.
Fayet (A.),	rue des Fossés, 11.
Ferrand,	rue Chaumais, 2.
Flachet,	rue Perrot, 5.
Gras cadet,	cours Vitton, 9.
Jamet (E.),	rue du Mail, 18.
Lacroix (Vve),	place Klébert, 7.
Magat,	montée St-Sébastien, 18.
Murat,	montée St-Sébastien, 10,
Nivon (P.),	rue Imbert-Colomès, 31.
Odet,	rue du Bon-Pasteur, 19.
Orelle aîné, navettes en cuivre, breveté s. g. d. g.	rue de Flesselles, 10.
Orelle cadet,	rue Dumenge, 11.
Poncet,	rue de la Citadelle, 2.
Poutet (J.),	Grand'Côte, 45.
Rigot (F.),	rue Dumenge, 15.
Serre fils,	rue du Mail, 38.

FABRICANTS DE BATTANTS.

—

BERT,	rue Magneval, 18.
BLIN,	r. St-Vincent-de-Paul, 3.
DERNY,	rue Neyret, 11.
DUBOIS,	rue Dumenge, 10.
GIBOZ,	rue Villeneuve, 1.
KENLY,	rue du Bon-Pasteur, 2.
LAGRANGE,	r. Mottet-de-Gérando, 11.
MARÉCHAL,	rue du Mail, 30.
MOSNIER,	côte St-Sébastien, 11.
MOUGEOLE,	rue de Sully, 102.
PALAIS,	rue Dumont, 7.
RASSAT,	rue Boileau, 7.
VAISSE et DERNY,	rue Imbert-Colomès, 12.
WIDMER-CORBAZ, battants broch.,	rue de Sèze, 80.

—

TUYAUX POUR LA FABRIQUE.

—

CATHELAND (A.-P.),	rue du Mail, 1.
CLASIS aîné,	rue du Mail, 15.
DOUSSIN, tuyaux et cartons surfins,	rue Impériale, 44.
GARRICHON,	Gr.-Place, 26 (Croix-R.).
REY (C.),	rue du Bon-Pasteur, 23.
ROUX (P.),	rue Saint-Clair, 42.

—

ÉPINGLIERS POUR LA FABRIQUE.

———

BAL (J.-B.),	rue Pouteau, 11.
BRAISAZ,	montée St-Sébastien, 11.
BRUYÈRE,	rue Vieille-Monnaie, 14.
FOURNIER,	rue du Mail, 29.
LABLANCHE,	r. St-Vincent-de-Paul, 13.
LALIGANT,	rue Cuvier, 52.
LESPINASSE,	rue Célu, 7.
ROSSAT,	rue Imbert-Colomès, 18.
TAROURIET,	rue de Cuire, 4.
VAGINEY (L.),	Grand'Côte, 21.

———

FERS ET PINCES POUR VELOURS.

BILLION,	Grand'Côte, 61.
BLATEYRON,	rue Vieille-Monnaie, 43.
CHUPIN et Cie,	rue Camille-Jordan, 3.
GRANDJEAN (V.),	r. Tables-Claudiennes, 27.
LAFOI,	rue des Capucins, 26.
PICHON,	pl. Croix-Pâquet, 11.
RICHE (L.),	rue d'Austerlitz, 10.
SAINT-PAUL,	rue Pouteau, 20.

———

RASEURS DE VELOURS.

—

BAILLY,	place Tholozan, 19.
BILLAND,	petite r. des Feuillants, 5.
BOULOT-CUZIN (Mme),	petite r. des Feuillants, 5.
CAMPICHE,	rue du Griffon, 8.
CONVERT (Mmes),	place Tholozan, 20.
GURSET,	petit. r. des Feuillants, 5.
MARTHOUD,	place Tholozan, 19.
PORCHER,	impasse St-Polycarpe,
REY et RABILLOUD,	place Tholozan, 21.

———

ÉCOLES POUR LA FABRIQUE.

—

AUDIBERT,	à la Martinière.
BERT père et fils,	rue Saint-Marcel, 36.
CORNY,	rue du Mail, 28.
DUFOUR (Mme),	rue des Fantasques, 12.
GIBARDY,	rue Imbert-Colomès, 5.
MAISIAT,	à la Martinière.
PEYOT (F.),	place Croix-Pàquet, 5.
RADISSON,	pl. Sathonay, 3.
VIGNOUD (A.),	r. des Capucins, 13.

———

EXPERTS DE COMMERCE.

—

BELLAY aîné,	rue Bât-d'Argent, 11.
BOURRU (Etienne),	quai de l'Hôpital, 1 *bis*.
BUSSY,	rue de la Martinière, 9.
DARGÈRE, syndic de faillites,	place des Cordeliers, 12.
GRIZARD-DELAROUE (A.), syndic de faillites,	rue Puits-Gaillot, 15.
GUINARD (P.), id.	rue de la Bourse, 6.
LEGER (J.),	rue Constantine, 2.
PATRY (J.-R.),	rue Impériale, 28.
ROLLAND (Henri) fils, synd. de faill.,	rue de la Bourse, 35.
RICHARD (J.-H.), id.	rue Mulet, 2.
TATU (Joseph),	place Impériale, 53.
VALLIÈRE (Jacques) père, agréé près les tribunaux,	rue Pomme-de-Pin, 4.
VASSERAT (Ed.),	rue Ste-Catherine, 11.

VILLE

DE

SAINT-ÉTIENNE.

TRIBUNAL DE COMMERCE.

Place Mi-Carême, 3.

Président : M. Guérin (Auguste), rue Royale, 9.

Juges : MM. Clozel (J.-E.),   rue des Jardins, 20.
— Cholat (Pierre),   gr. rue de la Bourse, 23.
— de Bronac (James),   rue de Foy, 3.
— Gérinon (Pierre) fils, gr. rue de la Bourse, 30.
— Janicot (Edouard),   rue Royale, 5.
— Pailard (Victor),   rue des Jardins, 24.

Juges suppléants : MM. Béal (Louis), rue de la Paix, 13.
— Donzel,   rue Royale, 6.
— Neyret,   rue Ste-Catherine, 6.
— Valancogne (J-P), r. des Jardins, 13.
— Vernay-Caron, pl. Notre-Dame, 1.

Greffier : M. Gondre,   place Mi-Carême, 3.

CHAMBRE DE COMMERCE

Grande rue de la Bourse, 38.

Président : M. DE BOUCHAUD, à Terrenoire.

Vice-président : M. GÉRIN,   rue Royale, 9.

Membres : MM. BRUNON-LUBIAT, r. du Grand-Moulin, 2.
— COLOMB,   gr. rue de la Bourse, 28.
— ESCOFFIER, pl. Chavanne, à la Manuf. d'arm.
— PALLUAT,   rue de la Paix, 10.
— PHILIP-THIOLLIÈRE, gr. rue de la Bourse, 13.
— VIGNAT,   rue du Chambon, 3.

Secrétaire : SILVESTRE,   rue de la Loire, 2.

CONSEIL DES PRUD'HOMMES.

—

A l'Hôtel-de-Ville.

—

Président : M. FAURE (A.), commiss. en rubans, r. Royale, 8.

Vice-président : M. BOUGY (P), marchand quincaillier, rue de la Loire, 37.

Membres : MM. BOURLIER (J.-B), marchand tailleur.
— CHALEYER (F.), fabricant de velours.
— CHARLES (Cl.), liseur de dessins.
— CONTE (A.), chef d'atelier de passement.
— COSTE (Ph.), menuisier.
— FRAISSE (J.), fabricant de velours.
— GALLEY (L.), menuisier.
— GOUILLOUX (M.), chef d'atelier de passem.
— GUÉRIN (G.),   id.
— JAVELLE (A.), graveur.
— LAROCHETTE (A.), imprimeur lithographe.
— LAVERGNE (L.), entrepreneur.
— MALBERT (J.), plâtrier,
— MESUREAUX (P.), charpentier.
— MEYRIEUX-PALLE, canonnier.
— MILLIANT (A.), teinturier.
— MIRAMONT (J.), mécanicien.

Membres :   MM. Mondon (G.), mécanicien.
—   Peyret (B.), fabricant de rubans.
—   Penel (E.), fabricant de lacets.
—   Pichon (J.-M.), imprimeur-lithographe.
—   Pupil (B.), fabricant d'armes.
—   Rivet (J.-J.), ouvrier lithographe.
—   Rivollier (C.), fabricant de rubans.
—   Robichon (A.),   id.
—   Serre (M.), fabricant de rubans.
—   Teyssot (J.), ébéniste
—   Tézenas (A.), fabricant de rubans.
—   Véricel (M.), chef d'atelier de passem.

Greffier :   Michel.

BANQUIERS.

—

Balay frères et Cie,	rue des Jardins, 9.
Béraud, Chavallard et Cie, comptoir d'escompte,	rue de la Bourse, 23.
Bréchignac (G.) et J. Bronac.	rue de Foy, 3.
Faure (C.) et Cie,	gr.-rue de la Bourse, 30.
Girerd-Nicolas et Cie, caisse com.,	gr.-rue de la Bourse, 32.
Raverot et Tranchard,	rue de la Loire, 1.
Succursale de la Banque de France,	place Marengo, 6.

COURTIERS POUR LA SOIE.

—

COURALLY,	place Saint-Charles, 5.
CHAMBOVET,	rue de Foy, 12.
CHAPELON,	place Marengo, 3.
CROZET,	place Marengo, 2.
PAYRE,	pl. de l'Hôtel-de-Ville, 1.
TÉZENAS,	rue Saint-Charles, 4.

—

CONDITION DES SOIES.

—

Grande rue de la Bourse, 38.

—

M. VERRIER, directeur.

MARCHANDS DE SOIES.

Arlès-Dufour (F.),   place Marengo, 9.
Balay frères et Cie,   rue des Jardins, 9.
Boggio (P.) et Cie,   rue Gérentet, 2.
Braun (Théodore) et Cie,   pl. de l'Hôtel-de-Ville, 10.
Bréchignac (P.) et J. Bronac,   rue de Foy, 3.
Chavallard (Ant.), jeune,   rue de la Bourse, 7.
Chavallard (Séb.) et Cie,   rue de la Loire, 14,
Chaverot (Félix),   rue de la Bourse, 6.
Desgrand (Louis) et Cie,   rue de la Bourse, 6.
Desgrand père et fils,   rue de la Bourse, 12.
Desplagnes (J. et E.) frères,   place Marengo, 3.
Duplay-Balay,   rue de Foy, 8.
Durand aîné,   rue Robert, 3.
Durand-Badel et fils,   rue de la Bourse, 23.
Faure (C.) et Cie,   rue de la Bourse, 30.
Ferrieu et Cie,   rue des Jardins, 6.
Fustier aîné,   rue des Jardins, 11.
Gillier (Francisque),   rue de la Loire, 6.
Guérin (Vve), fils et Cie,   pl. de l'Hôtel-de-Ville, 8.
Guichard (Victor) et Eug. Mercier,   rue de la Croix, 3.
Jamen frères,   rue de la Bourse, 32.
Maras (J.-M.),   rue de la Bourse, 21.
Marcel (E.) et Champier,   place Marengo, 7.
Nicolas (L.) et Blanchet,   rue de la Bourse, 32.

Palluat (Henry) et Cie,	rue de la Paix, 10.
Payre (Gilbert),	rue de la Bourse, 22.
Poméon (C.-F.) et Cie,	rue de la Loire, 8.
Teyter,	rue Marengo, 23.
Thiollière et Cie,	rue de la Bourse, 25.
Tranchant fils et J.-J. Épitalon,	rue de la Bourse, 10.
Teissier-Gémier,	rue de Foy, 12.
Vignet (Alphonse),	rue de la Bourse, 9.

ESSAYEURS DE SOIE.

Mesdames,

Arnaud et Primard,	rue des Jardins, 7.
Basset,	rue de la Loire, 1.
Bongrand,	rue de la Bourse, 28.
Cessier,	rue de la Bourse, 26.
Dugenne,	rue de la Bourse, 32.
Foujol,	rue de la Bourse, 1.
Girard,	rue de la Loire, 7.
Lacour,	rue de la Bourse, 20.
Laforest,	rue des Jardins, 2.
Manaud,	rue des Jardins, 11.
Méjasson,	rue de la Bourse, 24.
Millet,	pl. de l'Hôtel-de-Ville, 8.
Paire-Brossard,	rue des Jardins, 2.
Pons,	rue de la Bourse, 34.
Preynat,	rue de la Loire, 11.
Quioc,	rue de la Loire, 10.
Valette,	rue de la Bourse, 34.
Varenne,	rue de la Bourse, 16.

FABRICANTS DE RUBANS ET PASSEMENTERIE.

ACHARD et Cie, rub. unis et lisières
plates, rue de Foy, 8.

ANDRÉ et CHOSSON, faç., passem. pl. de l'Hôtel-de-Ville, 9.

ARNAUD (C.) et FULCHIRON, velours
unis, passementerie, nouv. place Saint-Charles, 14.

AVRIL (A.) fils, vel. et rub. noirs, rue des Jardins, 28.

BALAY (Jules) et Cie, sat. un. et faç., grande-r. Mi-Carême, 10.

BALAY aîné, satins unis, faç. et vel., grande-r. Mi-Carême, 4.

BARALLON et BROSSARD, unis et faç., rue Royale, 3.

BARLET (E.) et Cie, unis et façon., p. de l'Hôtel-de-Ville, 12.

BARLET (P.) et MONTAGNY, façonnés, p. de l'Hôtel-de-Ville, 11.

BARDE et TROUILLEUX, rub. nouv.,
gazes et passementerie, pl. de l'Hôtel-de-Ville, 1.

BARBIER aîné, passementerie, rue de la Loire, 26.

BARBIER jeune, passementerie, rue de la Bourse, 8.

BARAILLER-SABLIÈRE, velours, gal.
et taffetas noirs, rue Royale, 23.

BÉAL et BAILLET, passem. et nouv., rue de la Paix, 13.

BASSON jeune, satins et façonnés, rue de la Bourse, 23.

BROSSY (J. M.) façonnés, rue Gérentet, 4.

BAYARD frères, art. pour chapel., impasse Saint-Honoré.

BRESSON aîné, unis et façonnés, p. de l'Hôtel-de-Ville, 15.

BEAUFILS-FOREST, vel., taff. et gal., place Saint-Charles, 9.

BAYON-GIDROL., pas. et art. de chap., rue Royale, 13.

BÉLINGARD et MERLAT, rubans, pas.,
nouveautés, place Mi-Carême, 3.

Boulin (J.), unis et façonnés, rue des Arts, 6.

Bourgaud frères, rub. unis et faç.,
et petite largeur, rue de Foy, 11.

Boudarel (François), sat., gr., un.,
faveurs, taff., gal., velours, pl. de l'Hôtel-de-Ville, 3.

Bonon frères, velours, rue des Jardins, 12.

Besson frères, taff. unis, nouv., rue des Deux-Amis, 2.

Bonnand (Louis), rubans et velours, rue Gérentet, 8.

Bonnot (J.-B.), unis et façonnés, rue Brossard, 6.

Bizalion père et Cie, vel. et noirs, rue de la Croix, 4.

Bodoy et Jacquemont, rub. nouv., place Marengo, 2.

Brossier-Davaize, rubans velours, rue Praire, 13.

Colcombet (F.) et Cie, unis et faç., rue Royale, 5.

Couzon et David, unis et façonnés, rue de la Croix, 1.

Calemard (Jh.), rubans unis, rue de la Bourse, 22.

Champagnac, façonnés, rue de la Croix, 4.

Chateauneuf (U.), rubans plissés,
satins et taffetas, rue Praire, 21.

Calonnier-Peyron fils, façonnés, rue Royale, 11.

Chaize-Bonnard, velours, rue du Treuil, 12.

Chapon (Jules), rubans, rue Gérentet, 12.

Chapelon et Dauphin, unis et nouv., place Marengo, 3.

Chapelon (Cl.), pas. et art. p'chap., rue de la Bourse, 26.

Chavanne (F.), unis et façonnés, rue Royale, 14.

Crépet (P.), aîné, nouveautés, rue Royale, 13.

Colomb (G.) et G. Granjon, nouv., rue de la Bourse, 4.

Cunit, rubans nouveautés, rue de la Bourse, 23.

Cellard oncle, façonnés, rue de la Bourse, 2.

Chaleyer frères, rub. noirs et vel., rue Saint-Louis, 21.

Côte (François), unis et satin, rue de la Loire, 3.

Côte-Monier fils, velours, noirs et
couleurs, rue de l'Ile, 10.

CHABANIT (Félix), art. pr chapellerie, place St-Charles, 8.
CHOLAT fils, unis,   rue de la Bourse, 23.
COUCHOUD (A.) et BETHENOD, unis,   pl. de l'Hôtel-de-Ville, 12.
CHAPUIS aîné, façonnés, gazes,   rue de Paris, 7.
CHAPUIS-AVRIL, rub. et passement.   rue de l'Ile, 20.
COGNET jeune, velours,   rue St-Charles, 44.
CROSSEGROS (J.-V.), rubans et pass.   pl. Mi-Carême, 4.
CHOREIN et A. MÉJASSON, rubans,   rue St-Louis, 17.
COADON (C.), rubans, velours,   rue de la Loire, 14,
COGNARD (Louis), satins, taff. et fav.   rue des Jardins, 22.
DAVID (A.), velours,   rue de l'Ile, 14.
DAVID (J.-B.), passementerie, velours, rubans unis et nouveautés,
     art. pr chapeller. et chaussures,   rue de la Bourse, 16.
DESCOURS (A.), velours, rubans,   pl. de l'Hôtel-de-Ville, 15.
DEVILLE père et fils, passementerie,
     cordons, taffetas,   rue de Roanne, 5.
DENIS (Ant.), passementerie, haute
     nouveauté, velours unis,   place Marengo, 2.
DUMAREST (J.), chapell. et galons,   rue Balay, 14.
DUMAREST (E.) fils, rubans, velours,   rue de Foy, 2.
DONZEL (L.), rubans et vel. faç.,   rue Royale, 6.
DÉCHORIN-MÉLY, rubans, velours,   rue des Jardins, 29.
DESJOYAUX (A.) et Cie, unis et faç.   rue de la Paix, 1.
DUBREUIL (F.) et SOUCHON, rubans,   rue Gérentet, 8.
DUFOURT (J.), rubans nouveautés,   rue Royale, 11.
DUGNAT, GAUTHIER et Cie, rubans et
     rubans velours,   place Marengo, 13.
DURAND et MARTIN, velours, taffetas
     noirs et galons,   rue de la Bourse, 32.
EGALON (J.), satins unis et façon.,   rue de la Loire, 4.
EPITALON fr., satins et taffetas unis
     et façonnés,   rue de la Bourse, 22.

FAURE (C.) fils, rubans velours,   rue Royale, 4.

FAURE (E.) et E. VINCENT, rubans et galons, rue Gérentet, 12.

FAURE et TILLON jeune, rubans,   rue des Arts, 6.

FAUVIN aîné, rubans,   rue Royale, 9.

FAVIER (Ant.), gazes, fantaisies,   pl. de l'Hôtel-de-Ville, 6.

FAVRE (A.) et Cie, rubans velours, gr. r. du Chambon, 1.

FAVRE-COMETON (Vve) et A. HUGUET, taffetas, rue St-Louis, 41.

FAYOLLE et BRUNON, unis et façon., place St-Charles, 12.

FÈVRE, velours,   rue Tarentaise, 55.

FLEURY père, velours unis,   rue Royale, 9.

FLEURY fils, rubans nouveautés,   rue Royale, 9.

FOURNEYRON (J.) et Cie, rubans nouv. rue du Treuil, 10.

FOURNIER frères, velours,   Valbenoîte.

FRAISSE-BROSSARD fils jeu., velours, rue de la Paix, 6.

FRAISSE-JACQUET, velours, passem., place Marengo, 15.

FRAISSE-GEREST, taffetas, satins unis et façonnés, place Mi-Carême, 3.

FRAISSE-MERLEY, façonnés,   place Marengo, 5.

FRAISSE-FRAISSE (Jules), velours,   rue des Chapes, 1 et 3.

GAUTHIER-PEYRON, rubans,   rue de Paris, 1.

GÉRARD et TAVEAU jeune, velours et passementerie, rue St-Jean, 3.

GÉRENTET et COIGNET, unis et façon. place Marengo, 5.

GIRARD aîné, façonnés,   pl. de l'Hôtel-de-Ville, 7.

GIRAUD J.) et P. LIOGER, satins un. place Mi-Carême, 3.

GARAND je, art. d'Amériq. et satins, place Marengo, 17.

GIRINON fils, passement. nouveauté, rue de la Bourse, 30.

GIRON fr., rubans de velours unis et façonnés, galons, rue Royale, 11.

GOBERT (P.), unis et façonnés,   rue Royale, 1.

GONON et Cie, rubans nouveautés,   rue Royale, 1.

GONON-ARNAUD, art. de chapellerie, place St-Charles, 7.

GRANGÉ (Ch.), rubans velours, rue de la Bourse, 3.

GRENETIER et Cie, passement. nouv. rue de la Paix, 2.

GRIOT (P.) aîné, modes et nouv. rue du Treuil, 10.

GUITTON (Nicolas) et Cie, rubans et
                passementerie, place Marengo, 7.

HENRY et Cie, unis et façonnés, place St-Charles, 9.

HÉRAND (Claude), rubans, rue de la Bourse, 10.

HÉRAUD-FRANÇON, façonnés, rue St-Charles, 41.

JACOB (Denis), rubans, rue de l'Ile, 10.

JANVIER et Cie, gaze unie et façon.,
           taffetas et velours, rue des Jardins, 20.

JANVIER jeune, PALLE et GOBERT, taffetas unis, satins, velours, crêp.,
gazes et nouveautés, place Royale, 26.

JARAY (Cl.), façonnés, place St-Charles, 11.

JOUBERT neveu et Cie, tous genres, rue des Jardins, 4.

JOUCERAND (Claudius), rubans, rue de Foy, 6.

JOUCERAND et Cie, rubans, pl. de l'Hôtel-de-Ville, 11.

JOUCERAND fils aîné, nouveautés, rue de Paris, 1.

JOUCERAND-MASSARDIER, rubans, rue de la Paix, 1.

JOURDAN et Cie, gaze et taffetas, rue de la Croix, 4.

FOURGET (And.), rubans de velours,
          galons, taffetas, rue Traversière, 8.

LACOUR et Cie, façonnés, pl. de l'Hôtel-de-Ville, 10.

LACROIX (Eug.), rubans façonnés,
          taffetas noirs, rue de Paris, 17.

LAFOND (Vve) et Cie, façon. en t. g. rue Gérentet, 4.

LAGARDETTE, rubans, satins, pl. de l'Hôtel-de-Ville, 6.

LARCHER-FAURE et Cie, nouveautés, pl. Marengo, 19.

LARCHER (Ant.) et Cie, façonnés, rue Gérentet, 2.

LARCHER s., Vve CHANDENIER et Cie,
             velours, rue des Arts, 11.

Lévyt père et fils aîné, rubans et
       étoffes unies, rue de Foy, 2.
Lespinasse-Baralier, rubans, rue St-Louis, 6.
Liogier (Aug.) et Cie, unis et façon., pl. Mi-Carême, 1.
Marcelin frères, tissus caoutchouc, rue Montaud, 2.
Marcou (P.) et Cie, rub. de modes, pl. de l'Hôtel-de-Ville, 6.
Martin, rubans et velours. pl. de l'Hôtel-de-Ville, 3.
Merlié (André) fils, unis et façon., rue des Jardins, 11.
Mollin et Vocanson, façonnés, rue du Treuil, 8.
Mondon et Justié, rubans nouv., rue du Treuil, 8.
Montet-Perrien, rubans modes, rue du Treuil, 10.
Mounier fils, façonnés, rue Royale, 12.
Moustier (A.) et Cie, taffetas unis
       et façonnés, rue de la Bourse, 3.
Neyret (J.-B.), rubans pr décorat. rue Ste-Catherine, 6.
Pagnon et Malescourt, rubans unis, place Marengo, 9.
Palix (J.) et Cie, rubans, place Marengo, 4.
Palle et Cie, satins unis et taffetas, place Marengo, 4.
Penet, Lacour et Dufour, rubans
   velours, passementerie, nouv., place Marengo, 9.
Penel (J.-E.), lacets, Valbenoîte.
Perrichon-Paradis, velours, rue Marengo, 6.
Peyret-Lacombe, rubans, mousse-
       lines, nouveautés, place Saint-Charles, 9.
Peyret, Gérin et Cie, unis, façonn.,
       velours, nouveauté, rue Brossard, 9.
Peyronnet et Laprade, rub. et vel., place Saint-Charles, 12.
Philip-Thiollière frères, satin, taf-
       fetas et velours, rue de la Bourse, 13.
Pinatel fils, rub., vel. et passem., rue Brossard, 1.
Policard et Satre, fac. et gazes, rue de Roanne, 3.
Portallier (M.), velours, rue Royale, 3.
Prat (Félix) et Cie, rubans, rue du Grand-Moulin, 4.

PRAT (C.) aîné, velours et passem., pl. de l'Hôtel-de-Ville, 10.

PREYNAT jeune (Vve), rub., taffetas,
passem., galons, chapellerie, rue Neuve, 23.

PREYNAT, ROSIER et Cie, rubans,   pl. de l'Hôtel-de-Ville, 15.

PUPIL et FORISSIER, cordons, ceintures, décorat. et velours faç., rue des Jardins, 14.

RAVEL (Ant.), galons noirs, taffetas
liserés couleurs, rue St-Charles, 5.

REBOURG (Ch.) et Cie, rubans,
nouveautés, velours façonnés, rue Royale, 5.

REVEL aîné et Cie, rubans taffetas,
passementerie, rue Gérentet, 6.

REVOLLIER et RATEROXT, rubans,   pl. Marengo, 13.

REYMOND et Cie, velours,   pl. de l'Hôtel-de-Ville, 5.

REY (C.) et Cie, rubans façonnés, rue Gérentet, 10.

REYNARD-BADINAND, rubans,   rue Royale, 4.

RISPAL frèr., rubans et passement. rue Marengo, 6.

RIVOLIER (Claude), rub. façonnés,
velours façonnés, pl. de l'Hôtel-de-Ville, 13.

ROBERT (A.) et COSTE frèr., rubans,
nouveautés en petite largeur, rue Villedieu, 9.

ROBICHON (L.) et fils, unis, façonn., rue de la Paix, 10.

RONDARD et PERRIN, rubans,   rue Royale, 8.

ROUCHON et Cie, rub. et passement., rue de la Bourse, 32.

SABOT, gaze et taffetas,   rue du Chambon, 10.

SARDAT (Augustin), rubans velours,

SEIGNEUR et Cie, rub. nouveautés, rue de la Bourse, 9.

SEILLON jeune, rubans nouveautés, rue de la Bourse, 2.

SERRE et Cie, unis et nouveautés, pl. du Marché, 1.

SOUHAIT et FOLIBOIS, taffetas, gazes
façonnées, pl. Marengo, 2.

SOULIÉ et VENDE, passementerie,
nouveautés, velours unis, rue Royale, 3.

Soullier (P.) et Cie, rubans unis, rue de la Paix, 10.

Soviche (L.), velours et passem., r. du Marché, 6.

Sovignet (J), passement., cordons,
                chapellerie, rue St-Louis, 23.

Syméon (J.), façonnés,   rue des Jardins, 22.

Tardy (Félix), unis et façonnés, rue de Paris, 9.

Templier (L.) et Cie, rub. façonn., pl. Marengo, 2.

Testenoire aîné, rubans,   pl. Marengo, 2.

Tivet et Vende jeune, velours et
              noirs fins, rue de la Croix, 3.

Tivet (Claude), galons et vel. unis, rue de Paris, 7.

Trouillet fils, velours,   rue St-François, 4.

Troyet (P.) et Cie, rubans nouv., rue Royale, 13.

Vacher (A.), rubans,   rue de Lodi, 5.

Vaillant (P.), rubans façonnés et
           passementerie, pl. Marengo, 5.

Valancogne fils, passementerie, ve-
      lours et chapellerie, rue des Jardins, 11.

Verdelet et Cie, velours,   rue Praire, 21.

Verne (Victor) et Vialleton, unis
          et façonnés, rue de Foy, 10.

Vialleton et Jalabert, unis et fac., rue Royale, 14.

Vincent (J.), unis et façonnés, pl. Mi-Carême, 3.

Vindry et Coulaud, gaz. et passem., pl. de l'Hôtel-de-Ville, 7.

Vindry (P) et Pothin, velours, pas-
      sementerie, nouveautés, rue de Foy, 8.

Zimmermann et Cie, rubans velours, rue Praire, 21.

MATIÈRES POUR LA FABRICATION DES RUBANS.

CHAVALLARD (Sébastien), dépôt de
    soies, fantaisie, cotons, etc., rue de la Loire, 14.
CHAVALLARD (Antoine) jeune, dépôt
    de soies, fantaisie, cotons, etc., rue de la Bourse, 7.

MOULINIERS ET OVALISTES.

FOURNIER,   Valbenoîte.
FARGIER,   rue du Treuil, 5.
GABERT,   Valbenoîte.
LINOSSIER,   rue Robert, 8.
MAYER (Vve),   La Terrasse, 2.
RISPAL,   Valbenoîte.

COMMISSIONNAIRES EN RUBANS.

Anrés (A.-H), rue du Palais-de-Justice, 10, et à Lyon, rue Impériale, 1.

Appold Schulthesse et Cie, rue Gérentet, 2. Maison à Lyon, quai de Retz, 28.

Arlès-Dufour, ✿, et Cie, place Marengo, 9. Maison à Lyon, port Saint-Clair, 19; à Paris, rue du Conservatoire, 11; à Marseille, Bâle et Zurich.

Auffm Ordt, Sturmer et Cie, représentés par A. Courras, rue des Jardins, 13. Maison à Paris, rue Drouot, 16; à Lyon, rue Puits-Gaillot, 5.

Benn (Henri), rue Saint-Charles, 20.

Bernhem (I.), jeune, rue Traversière, 7.

Bertheley fils, représenté par C. Courrally, place Mi-Carême, 4. Maison à Paris, rue Rougemont, 4.

Blancon (Jh.-Ju.-Mie), fils, rue Marengo, 9.

Boggio (P.) et Cie, et négociant en soie, rue Gérentet, 2.

Bonabeau (A.), rubans et autres articles, place St-Charles, 9.

Boras Green et Graham, de Londres, représentés par S. Gondre, rue de la Bourse, 7.

Brioude (Félix), place de l'Hôtel-de-Ville, 9.

Brunon et Cie, rubans, rue de la Paix, 10.

Bruval et Behlé, rue de la Bourse, 8.

Buffe (C.) et J. Augier, rubans et autres articles, place Marengo, 13.

Calliat-Abrial, place Jacquard, 8.

CANDY (C.) et Cⁱᵉ, place de l'Hôtel-de-Ville, 15.

CHANDLER (Richard), représenté par GRUA, rue Brossard, 9. Maisons à Paris et à Lyon.

CHAPON et BONJEAN, place Saint-Charles, 8; représentés à Paris par A. LANGLOIS, rue Richer, 12.

CHATILLON (A) et Cⁱᵉ, rue Royale, 4.

CHOL et Cⁱᵉ, place Jacquard, 5.

CHOLAT aîné, rue de Paris, 17.

COHEN (A. et E), rue Saint-Charles, 9. Maison à Londres, 67, Newgate-Street.

COOK SON et Cⁱᵉ, rue Royale, 3.

COSTE (J.), rue des Jardins, 4.

COURAILLY, place Saint-Charles.

COUSTIÉ (A.), rub., passementerie, velours, pl. St-Charles, 8.

CRÉPET-DESCOURS (Auguste), place Mi-Carême, 7.

DAUPHIN (A.), rue des Jardins, 7.

DOBELIN (Ch.) et Cⁱᵉ, de Paris; représentés par A. COURRAS, rue des Jardins, 13.

DUCREUX (C.), rue Royale, 1.

DUMAREST jeune, rue de la Croix, 9.

DURAND aîné, rue Robert, 3.

DURAND-MOURGUES, place Royale, 26.

DUTILLOY (L.-C.), place de l'Hôtel-de-Ville, 5.

ELLIS, EVERINGTON et Cⁱᵉ, place Mi-Carême, 4.

ESPINSCHIED et ROUGE, achats et ventes de rubans velours et passementerie, à la Commission, rue de la Bourse, 11.

FAURE (A.), rubans, rue Royale, 8.

FAUVAIN (V.) et Charles GROS, rue de la Bourse, 3.

FICKLER et DESOLMES, rubans, passementerie et étoffes de soie, rue Royale, 8. Maison à Lyon, rue Gentil, 12.

GAISMAN (H.), place Marengo, 5.

GAUCHER (J.), place Marengo, 5.

GONDRE (J.), rue de la Bourse, 7.

GRELLOU (Henri), comm.-exportateur ; J. SEIGLE, représentant, rue de la Bourse, 21. Maison à Paris, rue Rambuteau, 84.

GRELLOU (Alexis), comm.-exportateur, représenté par Joannès GUIMARD, rue Mi-Carême, 6. Maison à Paris, rue Saint-Denis, 132, et boulevard Sébastopol, 43.

HARDORFF (G.-A.), rue Brossard, 6 ; représenté à Paris par PÉTREQUIN, rue Faubourg-Saint-Denis, 50.

HARRISON, CHARTERIS et Cie, place Mi-Carême, 5. Maison à Londres, 20, Saint-Paul's — Church-yard.

HERVIEUX et POTARD, rue Royale, 13.

JACOB (P.), rubans, rue des Jardins, 30.

KAHN frères, rue de la Bourse, 8.

LAX frères jeunes, place Marengo, 7.

LÉAF SONS et Cie, représ. par G. BANCEL, r. des Jardins, 13.

LÉVY BERNHEIM, place de l'Hôtel-de-Ville, 10.

LÉVY père et fils aîné, négociants en rubans, rue de Foy, 2.

LOB, rubans, rubans-velours et passementerie de Lyon, 5.

MARTINIER (P.), place Royale, 25.

MEHIER-CÉDIÉ et Cie, place Royale, 5.

MÉRAZZI (T.-B.) et Cie, place Mi-Carême, 1.

MESNAGER frères, représentés par G. LECROS, rue de la Croix, 1. Maison à Paris, rue Mauconseil, 3.

PELLISSIER et SCHOELER, rue du Treuil, 6.

PIOLY (F.) et MAZODIER, place Marengo, 19.

PLATZMAN (H.-C.), BERRY et Cie ; représentés par BIZALION, pl. de l'Hôtel-de-Ville, 5. Maison à Lyon, r. Impériale, 19.

SAMUEL (M.-L.) et Cie, rubans, rue de la Bourse, 8.

SOLÉLIAC frères, place Marengo, 5, export. Maison à New-Yorck.

SOULARY (Alph.), rubans, place Saint-Charles, 5.

SUE (Alex.), place Saint-Charles, 12.

TAMET (Michel) et Cᵢᵉ, comm. en rubans et dépôt de cotons filés, fils glacés et fantaisies de la maison Joanny MAGNIN, place de l'Hôtel-de-Ville, 8.

TEYTER, rue Marengo, 23.

TOWNSEND (Turner) et Cᵢᵉ, rubans, place de l'Hôtel-de-Ville, 10. Maison à Londres.

TEINTURIERS EN SOIE.

—

ANDRÉ et PRAT,	couleurs,	Valbenoîte.
BOUILLEUX,	id.	id.
BRET (Benoît),	id.	id.
BRET frères,	couleurs et noirs,	r. Tréfillerie, q. des Rives.
CHALLANDON,	noir,	rue de la Vapeur.
CHARRIN,	id.	r. Tréfillerie, q. des Rives.
CHAVANNE,	couleurs,	id.
CHEVALLIER,	id.	Valbenoîte.
CHIBOLLON,	id.	rue du Haut-Vernay.
CHILLET (Francis),	id.	Valbenoîte.
CIZERON,	noir,	rue Désirée.
COURTIAL,	id.	r. Tréfillerie, q. des Rives.
CLUCHIER,	id.	Valbenoîte.
DAVID, couleurs sur rub. et flottes,		id.
DEGOUT aîné,	couleurs,	id.
DUPONT, coul. sur cot., laine et soie,		r. Tréfillerie, q. des Rives.

FLACHIL et BUREL,   couleurs,   Valbenoîte.
FRÉCON,   couleurs,   id.
GIRAUD,   noir,   place Ursule.
GUICHARD, coul. sur rub. et flottes,   Valbenoîte.
GONON et PROUAL , couleurs sur
                    rubans et flottes, Valbenoîte.
JACQUET-DAVID,   couleurs,   rue d'Annonay.
JOURNOUD,   id.   Valbenoîte.
JOURNOUD,   noir,   rue du Haut-Vernay.
LALLIER,   couleurs,   r. Tréfillerie, q. des Rives.
LYONNET,   couleurs et noir,   id.
MARÉCHAL,   couleurs et noir,   rue du Haut-Vernay.
MERLAT,   couleurs,   Valbenoîte.
MILLAND et DUCLUSEL,   couleurs,   id.
PARET,   id.   id.
PERRIN,   id.   rue de la Vapeur.
RAND et CORROND , couleurs sur
                    rubans et flc.tes, Valbenoîte.
RENAUDIER,   couleurs,   id.
ROUSSET, coul. sur rub. et flottes,   id.
ROUSSET,   noirs,   rue du Haut-Vernay.
THIOLLIER,   id.   r. Tréfillerie, q. des Rives.
VALLADIER, coul. sur rub. et flottes, Valbenoîte.
VIGNAT,   id.   id.   id.

FABRICANTS DE PEIGNES A TISSER.

CHASSAING,	rue Neuve, 20.
CHASSAING père et fils,	rue du Treuil, 21.
CHOMETTON,	rue de la Croix, 27.
JOLY aîné et Cie,	pl. de l'Hôtel-de-Ville, 3.

Société brevetée qui garantit la régularité des dents ; peignes de velours avec dents d'acier sur les bords. (Cette Société se compose de plusieurs fabricants de peignes réunis).

JOLY jeune et CHARDON,	rue de Paris, 13.
PEILLON,	rue Royale, 4.
PERGIER (G.) fils,	place Marengo, 10.
PLOTTON,	rue Villedieu, 8.

VILLE

DE

LONDRES.

BANQUIERS.

—

Bank of England,	Treadneedle-street.
Bank of Australasia,	8, Austin-friars.
Bank of Ceylan,	29, St. Swithin's-lane.
Bank of South Australia,	54, Old Broad-street.
Bank of British North América,	7, St. Helen's place, Bishopsgate-street.
Barclay, Bevan and C°,	54, Lombard-street.
Barnard, Dimsdale and C°,	50, Cornhill.
Barnett, Hoares and C°,	62, Lombard-street.
Biggerstaff, (W.) and J.	8, West Smithfield.
Bosanquet and C°,	73, Lombard-street.
Bouverie and C°,	11, Haymarket.
British and Australian,	21, Coleman-street.
Brown, Janson and C°,	32, Abchurch-lane.
Bult, J. Son, and C°,	85-6, Cheapside.
Bauer, (A.) and C°,	113, Leadenhall-street.
British Colonial,	50, Moorgate-street.
Call, Marten and C°,	25, Old Bond-Street.
Child and C°,	1, Fleet-Street.
Cocks and Biddulph,	43, Charring-cross.
Colonial Bank,	13, Bishopsgate-street-within.
Commercial Bank of London Loth-bury, and,	6, Henrietta-street, covent Garden.
Coutts and C°,	59, Strand.

Cunliffe, Brooks and C°,   24, Lombard-street.
Cunliffe, Roger,   24, Bucklersbury.
Curries and C°,   29, Cornhill.
Davies, Robert, and C°,   187, Shoreditch.
Denison and C°,   4, Lombard-Street.
Dixon, Brooks and C°,   25, Chancery-lane.
Drewet et Fowler,   4, Princess-street, bank.
Drummond and C°,   49, Charring-cross
De Lisle and C°,   Devon-square Bishopsgate
Dimsdale, Drewett, Fowler, Fowler
                and Barnard,   50, Cornilth.
Feltham (J.) and C°,   42, Lombard-street.
Fullers and C°,   42, Moorgate-street.
Glyn and C°,   67, Lombard-street.
Goslings and Sharpe,   19, Fleet-street.
Hanburys and C°,   60, Lombard-street.
Hankeys and C°,   7, Fenchurch-street.
Herries and C°,   16, St. James's-street.
Hill and sons,   17, West Smithfield.
Hoare and C°,   37, Fleet-street.
Hopkinson and C°,   3, Regent-st., Vaterloo-pl.
Heywood, Kennards and C°,   4, Lombard-street.
Jonian Bank,   6, Great Winchester-str.
Johston (H.) and J. et C°,   15, Bush-lane.
Jones, Lloyd and C°,   43, Lothbury.
Jones and Sons,   41, West Smithfield.
Lubbock and C°,   11. Mansion house-street.
London and County Joint Stock,
                Banking Company, 21, Lombard-street, St.-
                                  George's-pl., Knights-
                                  bridge and Connaught-
                                  Terrace, Edgeware-

LONDON and DUBLIN BANK,   7, Albany - court - vard,
                                             Piccadilly.

LONDON JOINT STOCK,   5, Princes-street , and 60
                                             Pall Mall.

LONDON and WESTMINSTER,   41, Lothburg-Branches ;
                                       1, St.-James' s-square;
                                       213 , High Holborn ,
                                       87, High-street, Whi-
                                       techapel; 4, Stratfort-
                                       place, Oxfort-street; 2,
                                       Wellington-street Bo-
                                       roughand 217 Strand.

MASTERMAN (Peters) and C°,   35 , Nicholas-lane , Lom-
                                             bard-street.

MARTIN, STONE et MARTIN,   68, Lombard-street.
NORTH WESTERN BANK of INDIA,   62, Moorgate-street.
NATIONAL BANK of IRELAND,   13, Old Broad-street.
NATIONAL PROVINCIAL BANC of EN-
                      GLAND, 112, Bishopsgate within.

NATIONAL SECURITY BANK, sir C.-S.
       KIRKPATRICK, BART and C°, 22, Gracechurch-street.

OMMANEY, SON and C°,   40, Charing-cross.
ORIENTAL BANK,   7, Walbrook.
PORKLINGTON and LACY,   60, West Smithfield.
PRAED and C°,   189, Fleet-street.
PRESCOTT, GROTE and C°,   62, Threadneedle-street.
PRICE and C°,   3, King William street.
PROVINCIAL BANK of IRELAND,   42, Old Broad-street.
PUGET and C°,   12, St-Paul's church-yard
RANSON and C°,   1, Pall Mall, E.
ROBARTS, CURTIS and C°,   15, Lombard-street.
ROGERS, OLDING and C°,   20, Clements-lane.

ROYAL BRITISH BANK,	16 , Token house-yard ; Branches ; Strand ; Westminster Bridgerd ; Islington and Holborn.
SHANK (J.)	76, W. Smithfield.
SAPTE, MUSPRATT and C°,	77, Lombard-street.
SCOTT and C°,	1, Cavendish-square.
SMITH, PAYNE and SMITHS,	1, Lombard-street.
SMITHFIELD AGENCY and BANKING COMPANY,	59, West Smithfield.
SPOONER and C°,	27, Gracechurch-street.
STEVENSON, SALT and sons,	29, Lombard-street.
STRIDE (J.-W.),	41, West Smithfield.
TISDALL (T.-G.),	15, id.
TWINING and C°,	216, Strand.
UNION BANK of AUSTRIA,	38, Old broad-street.
UNION BANK of LONDON,	2 , Princess-street ; 14 , Argyll-place; 4 , Pall Mall East, and 14 Fleet-street.
UNITY BANK,	10, Cannon-street; Branches — 1 , New Coventry-street — Leicester square.
WILLIAMS DEACON and C°,	30, Birchin-lane.
WILIS, PERCIVAL and C°,	76, Lombard-street.
YOUNG and C°,	6, Wellington-st. Borough
WEEDON and C°,	38, West Smithfield.

COURTIERS POUR LA SOIE.

—

BALFOUR (Joseph),	7 et 7 1/2, Great Winchester-st.
COMBER (Rich.),	28, Great Winchester-street.
CUTTILL (Rich.-Jas.),	1, Crown court old Broa-str.
DURAND et Cie,	11, Copthall court.
EATON (Hy-Win.),	33, Old Broad-street.
FELLONS et POWELL.	63, Old Broad-street.
FISHER (Samuel),	11 1/2, Union court Old Broad.
HAINES and son,	6, New Broad-street.
HUNT et KING,	10, Angel court Bank.
KILBURN, KERSHAIR and C°,	16, St-Mary axe.
KNOWLES (John-Peter),	30, Austinfriars.
LEKIÉ, DAVID and C°,	Winchester House old Broad-s.
MARLEY (Alb.),	6, Great Winchester-street.
MOLL (John-Peter),	15, Union court old Broad-str.
PRIOR (Stephen),	37, Old Broad-street.
READ (Edn.) and C°,	27, Austinfriars.
RIGG (Rich.),	3, Great Winchester-street.
SPENSLEY (W.),	3, Bishopgate str. Churchyard.
SUDLON (Ed.),	8, Great Winchester-street.
THOMAS MATTHEIR (W.),	7, Austinfriars.
WAITHMAN (Hy) and C°,	23, Old Broad-street.

———

COMMISSIONNAIRES ET MARCHANDS DE SOIE.

———

Arlès-Dufour and Cᵉ,	43, Threadneedle-street.
Balfour (Hy),	7 1/2 Great Winchester-street.
Batt (John),	39, Old Broad-street.
Bordier, Fabris et Cⁱᵉ,	
Brokiwell (T. and Cᵉ,	1, New Broad-street court.
Cassella (A.) et Cⁱᵉ,	
Chapman Lloyd,	27, Broad-street Buildings.
Cohen (W.) and Cᵉ,	1, Bishopgate Churchyard.
Coxhead, Goldsmid and Cᵉ.	13, Old Jewry Chambers.
De Clermont et Cⁱᵉ,	
Delachi-Vincent,	28, New Broad street.
Desgrand père et fils,	9, New Broad-street.
Desgrand (Louis) and Cᵉ,	28, New Broad-street.
Drakefort (D.) and Cᵉ,	34, Great Winchester-street.
Dubail et Vaughan,	
Dufour, Brothers and Cᵉ,	1, Great Bell alleg. Mosy-str.
Gilkes (G.),	9, King's arms Yard-Moorg.-st.
Heitz et Devèze,	
Holdforth (Alb.-H.),	5, Union court Old Broad-str.
Kayser Siegfried,	9, Broad-street Buildings.
Lacroix cousins and Cᵉ,	81, London Wall.
Leonino (Ippolito) and Cᵉ.	3, Copthale court.
Lock (Henry),	» Old Broad-street.
Mariette (P.),	10, Union court Old Broad-str.

Marley, Bell and C°,	5, Crow court Old Broad-str.
Mesman (H.) et Cie,	
Pattison (Jos.) and C°,	57 1/2, Old Broad-street.
Peter (Henry) and C°,	37, Aldermanbury.
Rapp (John) and C°,	21, Old Broad-street.
Remi, Schmidt and C°,	11, Biliter square.
Rodick (Edw.), L. and Henry,	52, Old Broad-street.
Scheibler and Coxene,	58, Old Broad-street.
Schunk, Souchay and C°,	63, Moorgate-street.
Semenza, Mariné and Comber,	35, Old Broad-street.
Spingfield son and nephew,	66, Coleman-street.
Stone and C°,	53, Old Broad-street.
Streckneissen, Bischoff et Cie,	
Thomas and Chapman,	90, New Broad-street.
Thomas (M.),	
Valiber (Emile) and C°,	7, Union court Old Broad-str.
Wood (William),	36, Basinghall-street.

PRINCIPAUX IMPORTEURS DE SOIES.

—

Asthon and C°.
Bower (F.) and C°.
Broughall (W.)
Coles Brown.
Dent and C°.
Elias and C°.

Forbes, Forbes and C°.
Gibbs and C°.
Greyson and C°.
Harvey, Brandt and C°.
Henderson (W.) and C°.
Henderson (R.) and J.
Hogg (W.)
How, Brothers.
Mackull, Smith and C°.
Mattheson and C°.
Morris, Prevost and C°.
Reiss, Brothers and C°.
Springfield and C°.

FABRICANTS DE SOIERIES ET PASSEMENTERIE.

—

Bailey, Fox and C°,	5, Russia Row.
Baker, Tuckers and C°,	30, Gresham-street.
Ballance, Fh and C°,	Steward-street.
Bamford junior,	2, Milk-street.
Barron (Wm-John),	Aldermanbury.
Bartholomew (Wm),	11, Steward-street.
Bartholomew and C°,	Steward-street.
Block (S.) and C°,	6, Newgate-street.
Brocklehurst and sons,	32 and 33, Milk-street.

Brooks (F.),	Spital square.
Brunt (Josiah) and C°,	12, Milk-street.
Buttress (J.),	20, Spital square.
Campbell, Harrison and C°,	19, Friday-street.
Cluff,	Spital square.
Cornell , Lyell and Webster (rubans),	St-Paul's church yard.
Cox (Rich.) and C° (rubans),	St-Paul's church yard.
Davis and Varington,	Steward-street.
Duthoit and Mills,	Gresham-street.
Edmunds and C°,	12, Trump-street.
Fardeu (Rd) and C°,	6, Russia Row.
Farrington (Jos.) and son,	30, Spital square.
Foot and Bird,	30, Spital square.
Foot (Henry),	Broad-street Buildings.
Gilkes (A.),	28, Steward-street.
Gooron,	Steward-street.
Harrison and Lloyd,	19, Friday-street.
Henderson (Henry) and C°,	1, Gutte lane.
Hood and Ward,	117, Wood-street.
Hutton and C°,	6, Newgate-street.
Keith, Daniel and C°,	124, Wood-street.
Kemp (F.) and C°,	20, Spital square.
Kippling and Pain,	Steward-street.
Lanceal,	Steward-street.
Martin and Oliver,	21, Gresham-street.
Martin (Jones),	Fort-street Spitafields n e.
Napoleon Cluff,	Steward-street.
Norris and Hughes,	Steward-street.
Riley (B.),	Wood-street.
Roberts and Pain,	Steward-street.
Robinson (J.) and T. and C°,	23, Fort-street Spitafields n e.
Robinson (J.) and W. and C°,	3, 4, Milk-street.

Robinson (J.) and R. and C°,   30, 31, Milk-street.
Sanderson (W^m),   7, Gresham-street.
Seaman (C.),   5, Milk-street.
Slater Buckingham (W^m),   Wood-street city.
Slim (James),   17, Spital square.
Soper (Henry) and son,   Spital square.
Spiers and C°,   Spital square.
Stillwell and son,   White Lyon-street.
Symons,   Spital square.
Tharp and C°,   White Lyon-street.
Thomas (Philipps) et C°,   4, South place.
Toot (Jos.),   Gresham-street.
Vanner (John) and C°,   Coleman-street.
Varnish (Henry),   6, Spital square.
Vavasseur, Taylor and C°,   4, Wastling-street.
Walker,   Steward-street.
Walters (Stephen) and C°,   15, Wilson-street.
Wilkins Holywell Wilkins,   Gutter lane.

FABRICANTS DE CRÊPES.

—

Abraham and Nash,   18, Huggui lane.
Anderson (E.) (miss),   22, Rothrfrée-street.
Courtaud (Jam) and C°,   Aldermanbury.
De Witon (G.-Jean) and C°,   22 1/2, Milk-street. cheapside.

Evans (Georges),	45, Common-street
Grout and C°,	12, Foster lane.
Legros, Thompson and C°,	35, Gutter lane.
Pratt (John),	12, Baldevin-street city, 7.
Pulliny (James),	39, Gresham-street.
Smith Leny (D.),	1, Lits Kingridor-street.
Tayler and Evant,	77, Watling-street.
Toms Thomas,	8, 9 and 10, Staining lane.
Tronbridge,	18, Well-street.
Turner (Jos.),	3, Mitre court Milk-street.

FABRICANTS DE RUBANS.

Cornell, Lyell and Webster,	15, St-Paul's church yard.
Cox (Rich.-S.) and C°,	7, St-Paul's church yard.
Hood and Ward,	117, Wood-street.
Irving, Keeling and Beville,	15, St-Paul's church yard
Sharp and Laxton,	48, Old Change.

MARCHANDS DE SOIERIES.

—

ALLAN JOHN (B), et Cⁱᵉ,	69, 70 et 71. St-Paul's Chur- chyard.
ALLISON (Joseph) et Cⁱᵉ,	238, 240 et 242 Regent, St. W et 27 Arygll St.
AMOS WILLIAM,	27, Great Dovert-str. Borough.
ATKINSON et WHITFIELD,	142, New Bond-street.
BEECH et BEIRALL,	63 et 64, Edguare-street.
BUCK ROBE (T.),	2, Sussex terrace Wesburne Grove.
BURY (Auguste) et Cⁱᵉ,	104, New Bond-street.
BURDEN (Stephen),	10, Bruton-street, W.
BYCROFT (John),	54, Leicester squaro.
CARTER (James),	34, St-Georges, place Knights- bridge.
COOK WILLIAM,	7, Noble-street E. C. et 25 et 26, Banner St., St-Lukes.
DAVIETSEYSNORE et Cⁱᵉ,	60, Westbourne Grove.
DEANE (Stephen),	65, Bishopgate-street Within.
DEBENHAM (Son) et FREEBODY,	42 et 44, Wigmore-street, W.
EDWARDS, FLINT et Cⁱᵉ,	8 et 9, Loho square.
EINSTEIN (Eugène),	73, Grosvenor-street.
EMERY (George),	43, Farringdon-street.
FARMER et ROGERS,	174, Regent-street.
FISHER (Th.), SAMUEL,	61, Westbourne Grove.

GARROULD, EDWIN et ROBERT, 57, Green-street.

GRANT et GASK, 59, 60, 61 et 62, Oxford-street.

HARRIS (Cornelius), 77, Bishopgate-street Within.

HARVEY (J.) Son et Cie, 9, Ludgate Hill.

HARVEY, NICHOLLS et Cie, Knightsbridge.

HASLAM (J.), 10, Mid queen's buildings-brompton.

HILDITCH (George) R. et Jas., 13, Ludgate Hill.

HITCHTOCK (George) et Cie, 72, 73 et 74, St-Paul's church yard.

HODGES (Henry), 54, King-street, St-Lukes.

HOOPER RONLAND, 52, Oxford-street.

HUNT WILLIAM et ERNER, 182, Shoreditch.

JARMAN-MARTINSON, 174, Uper-street North.

KING WILLIAM et Cie, 243, Regent-street.

LAVANCHY-JOHN (R.), 6, New Burlington-street.

LEVILLY JASPER, 23, George-st. Hanover square

LEWIS et ALLENBY, 193, 195 et 197, Regent-street.

LEWIS (Brothers), 127, Borough High street.

LONDON et PARIS WAREHOUSE, 324 et 325, High Holborn.

LUCCOEK (Ces), M. 30, Uper-street Islington.

MARSH (Henry), 36, Wigmore-st. Cavendish sq.

MARSHALL et SNELLGROVE, 11, 15 et 20, Vere-st. et 151 à 156, Oxford-street.

MARTIN (Hy.), 39, Baker-street, Portman sq.

MASON (Hy.), BAILEY, 59, Pall Mall.

MAYLARD MARTIN, 95 et 96, Borough High-street.

MEEKING (Ch.) et Cie, 59 et 63, Holborn Hill.

MOSELEY M. (Miss), 5, Hanover-str., Hanover squ.

NATHAN (Hy.), 15, Great Garden-street.

POPPY (Thomas), 285 et 286, High Holborn.

PUMPHREY S. et M. (Misses), 76, Houndistch.

REDMAGNE et Cie, 20, New Bond-street.

Russel et Alleu,	18, Old Bond-street.
Saloucci (César),	22, Jermyn-street, St-James.
Saunders et Evans,	6, Ludgate-street.
Sewell, Hubbard et Bacon,	44 et 46, Old Compton-street.
Sharland (F.) et Cie,	39 et 40, Bishopgate-st. Within
Shath William Watson,	204, Regent-street.
Shooldred (James), et Cie,	151 à 156, Fottenham Court road ; 37 à 45, Crafton-str. E; 23 à 27, Sussex st. W.
Spence Jas et Cie,	77-78, street St-Paul's church yard.
Spencer (Samuel),	26, Southampton row.
Stogy et Mantle,	1 à 4, Leicester square.
Steel (Thomas) et Cie,	51 et 52, Borough High street.
Swan et Edgar,	39, 41, 45, 47, 49 et 51, Regent-street.
Venables (Th.) et son,	103 à 105, Whitechopel, High-street.
Willey Richard et son,	15 et 16, Ludgate-street.
Williams (Evan),	20, Great Portland-street.
Villiam (Tarn),	Newington Causewoy.

TEINTURIERS EN SOIE.

Arminger (R.),	8, Mill-street, Hanover square.
Ashbell and Paul,	11, Old paradise row. N.

BEATTIE (Andrew),	1, a Emmanuel place Camberwell road and ; 11, Charles-str., Westbourne Tenace.
BENFORT (M's),	34, Whiskin-street.
BOWBE (W^m),	33, Great Busglane Cannon-st.
BRIGGS (Joseph),	52, Brewer-str., Golden squ.
CARR, LEWIS,	43, Spicer-street Spitafields.
COX (Charles),	28, North-st., Manchester sq.
DAVIS (James), and son,	61, Fashion-street, N. E.
DUGGIN (James F.) and C°,	12, King-street Holborn.
EASTMAN (W^m) THOMAS,	85, Connaught ten, W.
FARNAU (Frank) and sons,	Ford road Bow.
HAMPSON (Georges),	5, Minories.
HARVEY (Georges),	7, Temple-street Hackney r.
INDERMAUR HERMAN,	51, Wood-street City.
KING (Samuel),	20, Mercer-street Longacre.
LANCE (Richard),	35, Bown High-street.
LELIÈVRE (H.) and son,	Cleveland-street mile Eud.
MELLESH (Peter),	72, Bonner-street, St-Lukes.
MOODY (John),	8, Windmill-str. Tittench, C'r.
PEARSON (Hy.),	94, Hare-street Bethnal green.
PICKARD and GREEN,	9, Fitchetts' Court Noble-street.
REGNOLDS (Ed. Fhs.),	11, Durhamplace east Hackney R.
RORET (John), violet artificiel,	28, Argyle square King cross.
STEVENS (W^m, Hy.) and son,	Egle wharf r. Hoxton.
VIALLS (Benjamin),	18, Oxford-street.
VULDY (John B.),	Road Side Mile End.

APPRÊTEURS DE SOIERIES.

—

Anderson (Thas),	25, Tabernacho Walk.
Archer and C*,	23, Worship-street.
Bogg (David),	13, Browns lave Spitafields.
Frith and Smith,	Pawnall r. Dalston.
Hall (G.),	10. Archr.-street, Great Wind-mill-street.
Hall (Thas.),	25, Richmont-street, St-Jukes.
Harris (Henry) and C*,	Peel grove o. Ford r.
Makin (Thas.),	Plough Yard Sgoreditle.
Mason (J.-G.),	7, Abbey-street Bethnal Green.
Nobbo (John),	55 , Compton-street Clerken-vell, and 2 Appolo Court pleet-street.
Pickard and Green,	9, Fitchelts Court, Noble S. Greshams.
Shervill (A.) (M**),	2, New Inn Yard Shreditch.
Smith Matthew,	24, Artillerglane Biohopg.
Stanbridge (Thas B.) and C*,	Habberdasheri house Pitfield-street hoxton N.

———

VILLE

DE

MANCHESTER.

COURTIERS ET MARCHANDS DE SOIE.

—

ALLEN (John).
ANDERSON (W. J.) et Cie.
BORELLA (Pierre).
BRENAU (John) et sons.
BRUMBY et KING, importeurs de velours franç.
CARTER (W.).
CHADWICK (W.), FITZHERBERT et son.
CROMPTON (Thomas).
DELANNOY (Richard).
EARLE (Fis et W.) et Cie.
ECCLES (James).
EVANS (Henry).
FAULKNER (Thomas).
GOODWIN (Samuel) et Cie.
HELBING et Cie.
HEGGINBOTTOM et BEARD.
HILTON (Edwin).
LECKIE (David),
LEIGH (C.), DEAN et BROTHERS.
LUCAS (William).
NICHOLLS.
OAKES et DOBSON.
PERCIVAL (Robert).
PETIT-JEAN (J.-F.) et sons.

PRESCOTT-CLIFF.
PRESTON (E.) et Cie.
SHAW SHAKESPEARE.
SHEBMERDINE (Thomas).
SLADEN et Cie.
SPARROW EPHRAIM.
THOMSON (Robert),
VANCLYN (William).

FABRICANTS ET COMMISSIONNAIRES EN SOIERIES.

—

ACHESON (Robert) et Cie.
ASHWORTH (John et Cie.
ASTHURY (Fic-J.) et Cie.
BAKER TUCKERS et Cie.
BAMFORD (Robert) et Cie.
BAMERMAN (Hy.) et sons.
BENTLEY (James).
BICKHAM POWNALL et son.
BOOTH, LEIGH et Cie.
BRIDGETT (Thomas) et Cie.
BROADIE (John).
BROADIE (Joseph).
BROMFIELD (James).
BROTHERTON et DORSON.

BROWN (Thomas) et son,

CARLTON, WALKER et WATSON.

CARSON (Samuel).

CHADIWCK (John).

CHADIWCK (Joseph).

CHARLTON (John) et Cie,

CHARLTON et SHADWELL.

GLOUGH et MEADOWS.

COCKBAIN (Hy).

COLONGE et WRIGHT.

CORYTON (William).

CRITCHLEY ARMSTRONY et Cie.

DAVIS (Edward) et Cie.

DESSE (Frédéric).

EDMUND son (John).

EYRE (Joshua).

GARNER (James).

HAMMOND, TURNERS et BATEE.

HARROP, TAYLOR et PEARSON.

HARTER et EDWARDS.

HEAPY (Thomas).

HELBLING et Cie.

HEYS W. (Henry).

HILTON (Charles).

HILTON (Henry) et CASTREE.

HINE (Richard-E.) et Cie.

HOBDAY et LEECH.

HODGES (W. et C^{a}) et Cie.

HALCROFT, TRYALL.

HOULDSWORTH (James) et Cie.

HUNT (W.).

JACKSON et ROYLE.

JONES et PARRY,

Joyson (Peter) et Cie,

Kay et Richardson.

Kemp, Stone et Cie.

Kemp (Thomas) et son.

Kennedy (Michaël).

King (W) son et Cie.

Lancashire (Joshua).

Le Mare Ebenezer (Robert).

Little (John).

Lockyer (Frédéric).

Lomas (Thomas).

Mac Clure (William).

Mac Intosh (William).

Makin Walker et Hope.

Massey et Davies.

Matthews (James).

Middleton et Buckle.

Midgley (Charles).

Miller (John) et Cie.

Moore (Joseph).

Morley (John).

Peel (Wm) et Cie.

Pellow (R.-B.) et Cie.

Phibbs Rowbotham et Cie.

Philipps (John) et Nathaniel et Cie.

Potters et Norris.

Robinson (John).

Rothwell (Henry).

Rowbotham (John).

Rudfort (Thomas).

Sawer (Anthony).

Shelmerdine (Thomas).

Shepley Bindloss et Paton.

SMITH (George).

SMITH (Luke) et son.

SMITH (William).

STANBRIDGE, SMITH et Cie.

SUMMERSKILL (William).

SWEENY (Joseph).

SYDALL (Benjamin) et son.

THORP (William).

TOMKIES, GIBSON et Cie.

TOMLINSON (James).

TONGE (Richard).

TOOTAL, BROADHURST et LEE.

TRAVIS (Thomas).

TURNER (Henry).

WALKER J.-F. et T.

WARDLE (H.-J. et Thomas) et Cie.

WATTS (Samuel et James) et Cie.

WELSH, MARY et son et Cie.

WHITEHEAD (Edmund).

WINKWORTH et PROCTERS.

FABRICANTS DE PELUCHES ET VELOURS.

ATKINSON, GOULD et Cie.

BIRTWISTLE (Robert).

BOOTH et PIKE.

Carr (Thomas) et Cie.

Coward et Wood.

Etchells (James).

Evans (Edward) et Cie.

Howarth (Joseph).

Hoyle et Newberg (peluches françaises).

Kesselmeyer et Mellodene.

Le Mare, Johsua et Richard.

Manstan et Bradley.

Moore (John).

Patterson (James).

Ramsay et Railton.

Smith (Alfred).

Smith (W.-A.) et Cie.

Stretlon, Welah et Cie.

Taylor (George et Samuel).

Warmby (Samuel et Alfred).

Wood (Samuel) et Cie.

NOTICE

LES DOCKS ANGLAIS.

Nous croyons qu'il ne sera pas sans intérêt pour le commerce des soies de notre place de terminer cette partie par l'aperçu historique suivant, dont nous sommes redevable à M. V. PHILIPPE, directeur du Magasin général des soies.

Le premier Dock fut construit à Liverpool en 1710, alors que ce port, devenu depuis le premier du monde, n'avait pas encore 6,000 habitants ; il en compte aujourd'hui 400,000.

Les Docks de Londres sont de création beaucoup plus récente.

Ce fut en 1799 que se forma la première compagnie à laquelle le commerce de cette place fut redevable de la construction du West-Judia-Dock qui lui fut livré au commencement de 1801.

Les avantages considérables qui résultèrent de cette fondation amenèrent rapidement la construction de Docks semblables, le London-Dock en 1805, l'East-Judia-Dock, le Commercial-Dock, le Cathrin-Dock et le grand Sarry-Dock ; ces derniers de dates plus récentes encore.

Tout d'abord les Docks de Liverpool ne furent, comme l'indique la traduction littérale de ce mot, que des bassins destinés à recevoir les navires pour les y charger ou décharger, et ce ne fut que plus tard, lors de la création des Docks de Londres, que l'on reconnut la nécessité de l'adjonction de magasins publics aux bassins ; cette adjonction fut toute une révolution dans les habitudes du commerce, qui jusqu'alors avait emmagasiné ses marchandises dans des magasins particuliers, mais révolution sur les heureuses conséquences de laquelle le génie commercial anglais ne se méprit point.

Les compagnies de Docks durent, dès lors, centraliser toute surveillance, toute main-d'œuvre, termes de comptes, rapports entre vendeurs, courtiers et acheteurs, et les négociants remplacés par elles dans tous les soins à donner à la réception, reconnaissance et livraison de leurs marchandises, durent en recevoir un titre représentatif qui en constatât la nature et le poids, qui fût transmissible par voie d'endossement, constatant la vente légale des marchandises y mentionnées et contre lequel enfin le porteur pût retirer la marchandise en acquittant les frais.

Ainsi se créèrent les Warrants dont l'usage a si puissamment contribué à l'incroyable prospérité du commerce anglais.

Une telle organisation eut pour résultat de substituer aux mouvements compliqués et onéreux de l'action privée, un ordre et une rapidité qui simplifièrent toutes les opérations, diminuèrent sensiblement les frais et assurèrent, en un mot, cette circulation économique des produits et cette mobilisation d'un immense capital que l'effort collectif peut seul réaliser.

Et pendant qu'en France la réception, manutention et livraison ou réexpédition des marchandises exigent pour les maisons de commerce un personnel nombreux, des locaux spacieux et des frais d'installation plus ou moins considérables,

Les négociants anglais, dans toutes les villes où il y a aujourd'hui des Docks, n'ont besoin, pour suivre les opérations les plus importantes et vendre les énormes quantités de marchandises de toutes natures qu'ils reçoivent de toutes les parties du monde, que d'un simple cabinet, d'un portefeuille, de quelques livres et d'un ou deux commis au plus.

Ils n'ont donc ni soins de conservation minutieux, ni écritures compliquées, ni surveillance fatigante à exercer ; leur affaire essentielle est leur portefeuille garni de warants et c'est ainsi que leurs opérations se trouvent dégagées de ces frais généraux dont le poids se fait si lourdement sentir lorsque les affaires sont languissantes.

La marchandise ne se déplace plus que pour être exportée ou consommée, et pendant tout le temps qu'elle passe dans les Docks, elle y est mobilisée comme une lettre de change.

On comprend qu'elle a dû être l'influence d'une telle organisation, sur l'extension, la prospérité et la prépondérance du commerce anglais.

Aussi nos voisins l'ont-ils appliquée partout où les transactions ont acquis quelque importance.

Les rapports du commerce avec les Compagnies de docks se font remarquer par cette extrême simplicité, cette facilité et cette rapidité qui sont le trait caractéristique du génie anglais appliqué au négoce.

Lorsqu'un négociant a reçu le duplicata du connaissement ou de la lettre de voiture d'une partie de marchandise à son adresse, il le remet endossé à la Compagnie des Docks à laquelle il veut confier sa marchandise.

La Compagnie munie de ce titre fait opérer le déchargement dans ses magasins, reconnaît et constate les manques de poids et avaries, puis elle adresse au propriétaire un récépissé sur lequel se trouvent énumérés le nombre de balles ou colis, leurs marques, numéros et poids respectifs avec indication des avaries et déchets reconnus ; cette pièce est pour le propriétaire le premier titre constatant son dépôt dans le Dock et lui sert à réclamer, près des transporteurs, les sommes dues pour avaries diverses ou déchets, lesquels sont réglés d'après les déclarations inscrites par la Compagnie sur le récépissé, ces déclarations faisant loi entre les parties.

Enfin, cette même pièce sert encore au déposant, pour se faire délivrer des warrants ; une telle organisation n'a donc pas seulement pour résultat de dispenser les négociants de tous soins pour des marchandises qu'ils ne prennent pas même la peine de voir, elle leur permet encore de faire accepter sans difficulté leurs réclamations près des expéditeurs ou transporteurs, ce qui, très-certainement, ne se pourrait faire avec la même facilité si les marchandises étaient reçues, manipulées et livrées par les soins et dans les magasins de ceux qui les vendent.

Le warrant remis au propriétaire de la marchandise est le complément indispensable de cet ingénieux mécanisme, puisqu'il sert tout à la fois d'instrument de vente et de crédit.

Lorsque le négociant est en possession de son récépissé et de ses warrants, le placement de sa marchandise devient l'affaire des courtiers auxquels il se borne à remettre un duplicata de son récépissé, plus un ordre pour que les balles ou colis lui soient ouverts et que des échantillons lui en soient délivrés. La transmission de la marchandise, après la vente effectuée, s'opère par la remise du warrant dûment endossé à l'ordre de l'acheteur auquel incombe l'obligation de faire opérer le transfert sur les livres de la Compagnie.

Il peut ensuite retirer la marchandise s'il l'a achetée pour l'exportation ou pour la consommation, ou la laisser dans les Docks jusqu'à ce qu'il la revende à son tour.

Les frais de magasinage, manutention, assurance d'incendie, transports, etc., sont liquidés par les soins de la Compagnie et à son profit, au débit du vendeur jusqu'au jour où la vente a eu lieu.

FIN DE LA PREMIÈRE PARTIE.

DEUXIÈME PARTIE.

—

FILATEURS ET MOULINIERS

INDUSTRIE DES GRAINES,

CULTURE DE MURIERS ET MAGNANERIE.

———

ÉTABLISSEMENTS SPÉCIAUX

pour

LES ESSAIS DE GRAINES DE VERS A SOIE.

—

MM. Jouve et Méritan, à Cavaillon.
Condition publique des graines de vers à soie, à Avignon.

———

L'expérience des années précédentes a démontré d'une manière évidente que la réussite d'une campagne séricicole dépend en grande partie des soins que l'on apporte à choisir la graine destinée à l'incubation. Or, le seul moyen d'investigation qui existe à cet effet, consiste dans les éducations précoces ou essais, qui sont pratiqués dans les établissements spéciaux du Midi, que nous désignons ci-dessus.

Les éducateurs qui veulent se renseigner sur la valeur exacte de la graine qu'ils possèdent, expédient à cet effet leur semence de vers au Directeur de la Condition publique d'Avignon. Les graines destinées à être divisées en boîtes sous le cachet de garantie de l'établissement, après l'essai réussi, sont préalablement mises sous le scellé en prenant l'échantillon destiné à l'éducation précoce, dont la quantité est de *quinze grammes*; elles restent néanmoins entre les mains du propriétaire, qui en conserve toujours la libre disposition.

Les épreuves ne portant que des numéros d'ordre, le nom des détenteurs de graines reste inconnu, même aux agents de l'établissement.

On peut d'ailleurs se procurer au siège de la Direction, place Crillon, 17, à Avignon, tous les renseignements désirables, et les indications pour avoir des graines ayant donné les meilleurs résultats.

Janvier 1862.

Ed. F.

FRANCE.

GRAINES DE VERS A SOIE ET CULTURE DU MURIER.

Broche (Eug.) fils, grain. de vers à soie, Bagnols-s-Cèze (Gard).

Compagnie Bruxelloise, culture du mûrier, Saint-Jean-de-Luz (Basses-Pyrénées).

Ferme-Ecole de la Dordogne, cult. du mûrier, à Lavallade. (M. DE LENTILLIÈRE, directeur.)

Ferme-Ecole du Gard, culture du mûrier, à Mas-le-Comte. (M. L. BARONVIGNE, directeur.)

De Salmard, culture du mûrier, Peyrins (Drôme).

Germond, graines de vers à soie, Avignon (Vaucluse).

Ginouillac, culture du mûrier et graines de vers à soie, Blanquefort (Gironde).

Gourd (voir page 4), culture du mûrier et graines de vers à soie, Langeac (Haute-Loire).

Guilhermont, graines de vers à soie, Avignon (Vaucluse).

Marlio frères (voir p. 4), cult. du mûr., Verrey (Côtes-du-N.).

Morangier (comte de), (voir page 4), culture du mûrier, Satonnay (Saône-et-Loire).

Mouzin et Mathieu, gr. de vers à soie, Avignon (Vaucluse).

Nicou (Vve et fils, gr. de vers à soie, Annonay (Ardèche).

Soulage (voir pag. 5), cult. du mûrier et gr. de vers à soie, Langeac (Haute-Loire).

Tula (voir page 5), cult. du mûrier et gr. de vers à soie, Langeac (Haute-Loire).

MAGNANERIES.

Aillaud (Amédée), Moustiers-Ste-Marie (Basses-Alpes).

Albert, Comod   (Jura).

Aubenas fils, Valréas   (Vaucluse).

Augé, Perpignan   (Pyrénées-Orientales).

Borionne, Valréas   (Vaucluse).

Bresson (H.), Bouscat   (Gironde).

Brinski, Saint-Selve   (Gironde).

Charlet, Crusery   (Saône-et-Loire).

Collet-Meygret (Mme), Yon   (Ain).

Combet, Béon   (Ain).

Cosnac (marquis de), Cosnac   (Corrèze).

Dagreve (E.), La Mastre   (Ardèche).

Descours et Boet, Valréas   (Vaucluse).

Desion (A.), Tours   (Indre-et-Loire).

Farconnet, St-Bonnet-de-Chavannes (Isère).

Fine, Moustiers-Sainte-Marie   (Basses-Alpes).

Galbert (comte de), La Buisse   (Isère).

Garin-Lamorfland, Yon   (Ain).

Gonod, Yon   (Ain).

Gourd, Langeac   (Haute-Loire).

Granat-Boyer, Trebes   (Aude).

Guérin-Meneville et E. Robert, St^e-Tulle (Basses-Alpes).

Henry (Vve), Cuisery   (Saône-et-Loire).

Hillarion-Meynard et Cie, Valréas   (Vaucluse).

MAGNANERIES.

Hubert, Mosnac   (Charente).
Legros (C.), Saint-Chef   (Isère).
Mabllo frères, Verrey-sous-Salmaise   (Côte-d'Or).
Martin (A.), Auree   (Haute-Loire).
Moranger (comte de), Satonnay   (Saône-et-Loire).
Mourral, Voreppe   (Isère).
Nicolas, Voreppe   (Isère).
Audin, Cuisery   (Saône-et-Loire).
Piquet, Cuisery   (Saône-et-Loire).
Rieu (J.), Valréas   (Vaucluse).
Royer, Cuisery   (Saône-et-Loire).
Soulage, Langeac   (Haute-L...o).
Turion Corrèze   (Corrèze).
Tournal (Benjamin), Nîmes   (Gard).
Tuja, Langeac   (Haute-Loire).
Turquais-Drutel (Cl.), Boen   (Loire).

ÉTABLISSEMENTS.

Ecole Impériale d'Agriculture, Grignon (Seine-et-Oise). (Directeur, Bella fils).

Ecole Séricicole, Chenonceaux (Indre-et-Loire). (Directeur, J.-B.-A. Nagel.)

Ferme Ecole, La Corée (Loire). (Directeur, Zielinski.)

La Ferme-Ecole, Paillerols (Basses-Alpes). (Directeur, Raibaud-Lange.)

FRANCE (Ain).

FILATEURS.

ARLOS (le comte d')	Ceyzérieu.
BUFFET (F.),	Chaley.
CANDY,	Belley.
JOLY (Joseph),	Chaley.
SIBUET,	id.

FRANCE (Alpes-Basses).

FILATEURS.

ARBAUD Vᵛᵉ) et MIANE,	Manosque.
ARNAUD et PÉLISSIER,	Forcalquier.
BUISSON et E. ROBERT,	Manosque.
DESCOSSE aîné,	Forcalquier.
GRANGER,	Robion.
GROS (Annibal),	id.
LAMBERT (H.),	Céreste.
MOYROUD,	Sisteron.
PASCAL (Joseph),	Mane.
RONICUSC,	Sisteron.

FRANCE (Alpes-Maritimes).

FILATEURS.

AVIGDOR l'aîné et fils,	Nice.
BALESTRE (A.),	id.
BARBERIS (Antoine),	id.

BEAUDOIN frères,	Nice
CAVALLIER l'aîné,	Grasse.
CAVALLIER-GUI,	id.
CHAUVE (Victor),	id.
GILLY,	Nice.
MARTELLY (Honoré),	Antibes.
MIGNON (A.),	Nice.
MOUTON-LUCIEN,	Grasse.
OLIVIER frères,	Nice.
VITTON (Maurice),	id.

FRANCE (*Ardèche*).

FILATEURS.

ARNAUD-COSTE,	Chomérac.
AURENCHE (N.),	Les Ollières.
BALAZUC (A.),	Flaviac.
BALYN,	St-Victor.
BARRÈS frères,	St-Julien-en-St-Alban.
BARTHÉLEMY,	id.
BASTIDE,	Largentière.
BÉCHETOILLE frères,	Annonay.
BERTOYE frères,	Villeneuve-de-Berg.
BERTOYE oncle,	id.
BLACHIER fils,	Tournon.
BLANCHON (L.),	St-Julien-en-St-Alban.
BLAISAC-BLANCHON,	Flaviac.
BONNEFOY,	Aubenas.
BORNE (Victor) p. et fils,	Le Theil-d'Ardèche.
BORNE (Gustave),	Gary, près la Voulte.
BOSVIEL,	St-Pierreville.
BOUET (L.),	Les Vans.
BOUVET,	St-Félicien.

Bruneau,	Largentière.
Caillat et Bossat,	Tournon.
Champanhet frères,	Vals.
Champestève frères,	Theil-d'Ardèche.
Changea,	La Mastre.
Chapelle,	St-Victor.
Chapelle père et fils,	Tournon.
Clauzel frères,	Flaviac.
Clauzel et Cie,	Le Pouzin,
Colomb (Oscar),	Les Vans et Privas.
Combier père et fils et Crémer,	Aubenas.
Comte (Prosper) fils,	Charmes.
Cuchet père et fils,	La Bégude.
Dagrève (E),	La Mastre.
Damon,	Viviers.
Deleyrolle,	Les Vans.
Delubac frères,	Vals.
Desfonds,	St-Félicien.
Deydier frères,	Aubenas.
Dumaine (Xavier),	Tournon.
Durand frères et Dumas,	Flaviac.
Forestier,	Joyeuse.
Fougeyrol (Auguste),	Les Ollières.
Fougeyrol aîné,	Privas.
Feugier,	St-Julien-en-St-Alban.
Gaillard de Bellair,	La Mastre.
Girard,	Bourg-St-Andéol.
Gouy (Frédéric),	Vals.
Guérin (Dominique),	Chomérac.
Guèze (Alphonse),	id.
Guèze (Eugène),	id.
Goujon,	Bourg-St-Andéol.
Herme,	St-Sauveur-de-Montagut.

Jacquin,	Viviers.
Jouve (A.),	Chomérac.
Junique,	St-Victor.
Lafond (L.),	Le Cheylard.
Le Comte de Tournon,	La Mastre.
Marney (J.),	Charmes.
Martin fils,	Le Cheylard.
Martin-Méjean,	Les Vans.
Marfinesche (V.),	Chassier.
Mathieu,	St-Julien-Dugua.
Maurel,	Rochemaure.
Mignot frères,	Annonay.
Mouline (Eugène),	Vals,
Ollier (Denis et Jules) de Rocher,	Aubenas.
Palluat,	Largentière.
Paulin,	Saint-Félicien.
Payen,	Saint-Julien-en-St-Alban.
Pélegrin,	St-Marcel-d'Ardèche.
Perbost (A.) aîné,	Largentière.
Perbost (J.) et Cie,	Largentière.
Pouvarat,	Saint-Julien-Dugua.
Pradier,	Annonay.
Puel,	Serrières.
Raphanel,	Nuigles.
Regard frères,	Privas.
Rey (J.-G.),	St-Sauveur-de-Montagut.
Robert,	Serrières.
Roche (Victor),	Jaujac.
Roure (A.),	Privas.
Seignobas,	La Mastre.
Silhol (Marc),	Vals.
Simianne,	Vals.
Soubeyran (Louis).	Vinezac.

THIBON,	Les Vans.
TOURETTE (Henri),	Aubenas.
TRAPIER (E.) et Cie,	Chômérac.
VERNÈDE,	Joyeuse.
VIELFAURE,	Vernon.

FRANCE *(Bouches-du-Rhône)*.

FILATEURS.

COREN frères,	Salon.
DESGRAND père et fils,	Marseille.
DUMAS et CHAVE,	Pelissanne.
REYNAUD,	id.
REYNAUD frères,	id.
TEISSIER,	Lançon.
TOURAMES (Jacques),	Saint-Rémy.
TURIN et J. JOURDAN,	Salon.

FRANCE *(Corse)*.

FILATEURS.

DOMINICI frères,	Bastia.
FILIPI (C.),	Ajaccio.
PONTE (Ph.),	id.

FRANCE *(Drôme)*.

FILATEURS.

ACHARD,	Die.
AILHAUD DE BRISIS,	Nyons.

ALLYRE BOUBON,	Saint-Laurent-en-Royans.
ARMANDY fils,	Grignan.
AUTRAN aîné,	Montélimart.
BABOIN aîné,	Saint-Vallier.
BÉRARD,	Mirmande.
BÉRARD frères,	Châteauneuf-de-Mazenc.
BÉRAUD (H.),	St-Jean-en-Royans.
BÉRENGER (A.),	Chamaret.
BERNARD (Ph.),	Vinsobres.
BERNARD-DURAND,	Aouste.
BERTRAND,	Vinsobres.
BISCARRAT (P.),	Bouchet.
BLANC,	Saillans.
BLANC-BARATIER,	Mirmande.
BOCOUPVILLARD et Cie,	Saint-Vallier.
BONNEFOY (E.),	Dieulefit.
BONNETON père et fils,	Saint-Vallier.
BOSVIEL,	Valansol.
BRÉNAT,	Bourg-le-Péage.
CHALAS , et Cie,	Montélimart.
CHAIPEYRACHE,	Grand-Serre.
CHARRON,	id.
CHARTON père et fils,	Saint-Vallier.
CHIERPE (A.),	Tain.
COLOMBIER père et fils,	Divajeu.
COLLOMBON père et fils,	Allan.
COMBIER frères,	Livron.
COMTE,	Nyons.
COMTE jeune,	Valence.
COTTE (Tiburce).	Clérieux.
CULTY aîné,	Sauzet.
DAILHE (M.),	Taulignan.
DELACOUR et fils,	Tain.

DEVILLE,	Die.
DUCLOS frères,	Lachamp.
DURAND,	Montségur.
DURAND (Eugène),	Granne.
DURAND (Franky),	St-Jean-en-Royans.
DUTOUR (B.),	Montélimart.
EMIEU,	Pierrelatte.
FAURE (F.),	Crest.
FOREST,	Monteléger.
FRANCILLON (J.),	Romans.
GAUTHIER,	Chabeuil.
GÉRIN fils et Cie,	id.
GUIGON père et fils,	Nyons.
HELME,	Loriol.
HERMIL,	Romans.
JAMES et BIANKI,	Saint-Jean-en-Royans.
JAMES et CHAREIRE,	Saint-Martin.
LA BRETONNIÈRE,	Mont-Clard.
LACOSTE père et fils,	Montélimart.
LACROIX (H.),	Montboucher.
LA LOMBARDIÈRE (de),	Montmeyran.
LAMBERT et Cie,	Valence.
LAMBERT et Cie,	Romans.
LASCOUR (A.),	Crest.
LEMOINE,	Mirabel-aux-Baronnies.
LÉOUZON,	Loriol.
LEYDIER frères,	Buis-les-Baronnies.
LOMBARD,	La-Garde-Adhémar.
MALGONTIER,	Saint-Vallier.
MARTIN,	Bouvante.
MAZADE et Cie,	Grand-Serre.
MICHAUD,	Roche-sur-Granne.
MILLET,	Loriol.

Morenas,	Buis les-Baronnies.
Morenas (E.),	Mollans.
Morin,	Montélimart.
Noyer,	id.
Noyer frères,	id.
Palluat,	Saillans.
Pailleret (P.), cadet,	Bourg-du-Péage.
Pindrié,	Die.
Pinet (Vve),	Romans.
Preynat,	St-Jean-en-Royans.
Prieur (A.-H.),	La Garde-Adhémar.
Prieur aîné,	Pierrelatte.
Raymond-Lambert,	Bourg-du-Péage.
Revol,	St-Jean-en-Royans.
Reynaud,	Saint-Marcel.
Richoud,	Rémusat.
Rodet,	Mirmande.
Roux (A.),	Taulignan.
Sanial (Noël),	Valence.
Sérusclat (L.),	Etoile.
Soubeyrand frères,	Montélimart.
Tardy frères,	St-Jean-en-Royans.
Teston,	Chabeuil.
Vallon frères,	Bourg-du-Péage.
Verdet frères,	Buis-les-Baronnies.
Viel (C.),	Montboucher.
Vigne-Faravel,	Nyons.

FRANCE (Gard).
FILATEURS.

Affourtil,	Nîmes.
Aléric et Astruc,	Avèze près le Vigan.
Anastay,	Villeneuve-lès-Avignon.

Angliviel (J.),	Valleraugue.
Arbousset frères,	Alais.
Argelliès,	Le Vigan.
Arnal (P.),	Loves.
Atger,	Anduze.
Astruc,	St-Jean-du-Gard.
Avesque (Louis).	Valleraugue.
Balmier fils,	Villeneuve-lès-Avignon.
Barbusse père et fils,	Alais.
Barbois (Gustave),	id.
Benezet (G.),	Anduze.
Benoit-Lauret,	St-Jean-du-Gard.
Bernard-Atger,	Anduze.
Bernard-Cordessas,	id.
Bernard (César),	Lasalle.
Berty (A.),	Villeneuve-les-Avignon.
Blachère (Vve),	Les Mages.
Blanc (César),	St-Jean-du-Gard.
Blancher et fils,	Alais.
Bonnal (Edouard),	id.
Bonnal (J.),	St-Jean-du-Gard.
Bonnal, Rocheblave et Silhol,	Alais.
Bonnal (Scipion),	St-Jean-du-Gard.
Bonnard frères,	Le Vigan.
Bonnet aîné,	Alais.
Boudet,	Uzès.
Boudon (Louis),	St-Jean-du-Gard.
Boudon (Paul),	id
Bouniols (E.) et Cie,	Le Vigan.
Bourguet (Emile),	St-Jean-du-Gard.
Brouillet et Beaumier,	Le Vigan.
Bruneau,	Saint-Hippolyte.
Cabrit et Roux,	St-André-de-Valborgne.

CABLES, GRAS et CHABAL,	St-Jean-du-Gard.
CARRIÈRE (Ferdinand),	St-André-de-Valborgne.
CAVALLIER,	Lasalle.
CHABAL (Adrien),	Aumessas.
CHABAL (Louis),	St-Jean-du-Gard.
CHABAL (Alexandre),	Valleraugue.
CHABAL (Ulysse),	id.
CHABERT (Gustave),	St-Ambroix.
CHABERT (Léon) et ROURE,	id.
CHALON et Cie,	Alais.
CHAMBON (L.) (Vve),	St-Paul-la-Coste.
CHASTANIER DE BOISSET,	St-Ambroix.
CHASTAGNIER (Vve),	Lussan.
CONDUZORGUES,	Lasalle.
CORSEL (*Compag. Anglo-Franco*),	Sumène.
COSTE (A.) et Cie,	Avèze, près le Vigan.
COULET (E.),	Anduze.
COULOMB (J.-L.).	Lasalle.
COUSIN et NOGUIER,	Anduze.
CRÈS,	Lasalle.
DAVID,	Le Vigan.
DAVID,	Saumane.
DELEUZE-MONTEIL,	St-Ambroix.
DELEUZE (A.),	id.
DERBOUX,	Bagnols-sur-Cèze.
DE TUBOEUF et VÉRIN,	Alais.
DOMERGUE (J.-B.),	St-Ambroix.
DONNADIEU (J.),	Lasalle.
DUCROS (A.-F.),	N.-Dame-de-la-Rouvière.
DUMAS (Martin),	Lasalle.
DURAND,	St-André-de-Majencoule.
DUSSOL (J.-J.),	Sumène.
ETIENNE,	Bagnols-sur-Cèze.

Eymard,	Bagnols-sur-Cèze.
Fabre (C.),	St-Ambroix.
Fabre-Ravat,	Uzès.
Falguières (Achille),	Le Vigan.
Fabiox (Henri),	Tavel.
Farnier,	Barjac.
Favand-Trial (Vve),	Alais.
Féline (Antoine),	id.
Félure,	id.
Fernand,	Genolhac.
Fesquet (Jacques) fils,	Anduze.
Figuières fils,	Lasalle.
Finiel,	St-Jean-du-Gard.
Flory et Chabal,	Aumessas.
Forestier fils,	St-Victor.
Foulquier aîné,	St-Laurent-le-Minier.
Fraget,	Genolhac.
Fraissinet,	Anduze.
Fraissinet frères,	Alais.
Francezon frères,	id.
Gally (Vve) et Fabre,	id.
Galtier fils,	Lasalle.
Garcin (J.-V.),	Bagnols-sur-Cèze.
Garde (Mme),	Lussan.
Garnier (Lucien),	Alais.
Gautier (D.),	Anduze.
Genolhac (A.),	id.
Gensoul (H.),	Bagnols-sur-Cèze.
George,	Uzès.
Gervais frères,	Anduze.
Gervais (Novis),	id.
Gibelin fils,	Lasalle.
Gilbert (C.),	St-Ambroix.

Gishoux-Laliquère,	Saint-Ambroix.
Givaudan,	St-Laurent-les-Arbres.
Griolet,	Barjac.
Gueidan (A.),	Saint-Ambroix.
Guez,	Barjac.
Guiraud,	Saint-Ambroix.
Joubaud (H.),	St-Ambroix.
Joubaud (L.-S.),	id.
Journet (David),	Le Vigan.
Labeille-Villaret,	Les Mages.
Lacombe (Isidore),	Alais.
Lacombe-Dumazer,	Bagnols-sur-Sèze.
Lapierre père et fils,	Valleraugue.
Laporte (Félix) et Cie,	Le Vigan.
Larrivière (A.),	St-Jean-du-Gard.
Latour (Léon),	Valleraugue.
Laupies (Pierre),	Alais.
Lauret-Fesquet,	Anduze.
Lauret et Nogaret.	St-Jean-du-Gard.
Magnan (Olivier),	St-Jean-de-Valericles.
Malmazet,	Bagnols-sur-Cèze.
Manifacier,	St-Ambroix.
Martin (Eugène),	Lasalle.
Martin (Louis) et Cie,	id.
Martinon fils,	Codolet.
Massebiaux frères,	St-Laurent-le-Minier.
Mathieu (Auguste) et fils,	Uzès.
Mathieu (Jacques),	id.
Mazaurin (J.),	St-Hippolyte.
Maurel,	Saumanne.
Mauriés aîné,	Sumène.
Méjean (A.) fils,	N.-Dame-de-la-Rouvière.
Ménard (L.-A.) fils,	Bèz, près le Vigan.

Merle fils,	Bagnols-sur-Cèze.
Meyrieis (Vve),	St-Julien-la-Nef.
Mirial,	Anduze.
Molixes (Léon),	St-Jean-du-Gard.
Mourgues (L.),	Saumanne.
Nadal (Léon),	Valleraugue.
Noguier (Alfred),	Anduze.
Noguier-Rocheblave,	id.
Nougarède (François) aîné,	Roquedur.
Nouzeran (J.),	St-Laurent-le-Minier.
Olivier fils,	Alais.
Pellet (Albin),	St-Jean-du-Gard.
Pelon (Hippolyte),	Aulas.
Penne,	Villeneuve-lès-Avignon.
Perrier et Ricard,	Valleraugue.
Perrier et Rocheblave,	id.
Planchon (A.),	St-Hippolyte.
Platon (V.),	St-Ambroix.
Portal (Jules),	Mialet.
Poumarat et Cie,	Le Vigan.
Puech,	St-Hippolyte.
Puech (Hippolyte),	St-Jean-du-Gard.
Puget,	Bagnols-sur-Cèze.
Reboul,	Molières.
Ribard et Perrier,	Valleraugue.
Ribot,	Venezobres.
Ricard (A.),	Le Vigan.
Ricard frères,	id.
Roussel frères,	Anduze.
Roux,	Lussan.
Rouyre (P.-Ch.),	St-Hippolyte.
Ruas et Cie,	St-André-de-Valborgne.
Salles (Albin),	St-Laurent-le-Minier.

SALLES (Marcellin),	Valleraugue.
SARRAN,	St-André-de-Majencoule.
SAUZER et Cie,	Uzès.
SÉVÉRAC aîné,	Valleraugue.
SÉVÉRAC et DUMONT,	id.
SIBOUR fils et Cie,	Pont-St-Esprit.
SILHOL-AUBRESPY,	St-Ambroix.
SILHOL frères,	Anduze.
SILHOL (Edouard),	id.
SILHOL (Hippolyte),	St-Ambroix.
SILHOL (Marc),	id.
SILHOL (Victor),	Vinsobre.
SPRÉCHER-GERVAIS,	Anduze.
SOUBEYRAN (Louis),	St-Jean-du-Gard.
SUGIER,	St-Ambroix.
TARTERON (Vve)	Sumène.
TEISSIER-DUCROS (Ernest),	Valleraugue.
TEULON (Emile),	id.
TORSAY et Cie,	Sumène.
VALPILLIÈRE (Jules),	Corbès.
VERNET (A.),	Anduze.
VERNET (Amédée),	Lasalle.
VERNET (J.) père,	St-Ambroix.
VERNET (J.) fils,	id.
VERNET,	Bagnols-sur-Cèze.
VIALA (A.),	Molières.
VIEL et Cie,	St-Hippolyte.
VIGNAL,	Lussas.
VIGNON (Vve),	St-Julien-la-Nef.
VILLEMEJEANNE,	St-Laurent-le-Minier.
VINCENT aîné,	Uzès.

FRANCE *(Gironde)*.

FILATEURS.

DELISSE,	Blanquefort.
GINOUILLAC,	id.

FRANCE *(Hérault)*.

FILATEURS.

ABRIC fils aîné et Cie,	Ganges.
AZÉMA père et fils,	id.
BANCILHON,	St-André-de-Sangonis,
BARRAL (Charles et Emile),	Ganges.
BERION (A.) et Cie,	id.
BOURGADE et DOMERGUE,	St-Bauzille.
BRUGUIÈRE père et fils,	Ganges.
CABANE-MEYRUEIS,	id.
CARRIÈRE (Emile),	id.
CAUSSE et CHAMPAGNE,	id.
CAVALLIER (Jacques),	Le Poujol.
DARVIEU aîné, VALMALLE et Cie,	Ganges.
DELARBRE-DALBES,	id.
DOUYSSET,	St-André-de-Sangonis.
LAURET frères,	Ganges.
MÉJEAN (A.) fils,	id.
MEYRUEIS (Vve),	id.
MILHAUD père et fils,	Le Poujol.
NOUALHAC,	Ganges.
PAIRACHE,	id.
PARIS,	id.

Puech fils,	St-André-de-Sangonis.
Ricard (Joseph),	Ganges.
Toureilles frères,	id.

FRANCE (Isère).

FILATEURS.

Berriat,	Vif.
Bouclier,	Domène.
Bourguignon,	La Sone.
Breynat,	Vinay.
Brunet et Cochod,	Corbelin.
Buissard (E.),	Le Touvet.
Buisson (Charles),	La Tronche.
Charray,	Rives.
Chovin et Vaché,	Barraux.
Cournier (U.),	St-Romans-de-Beauvoir.
Darnat (M.),	id.
Dufétre,	La Sone.
Dumollard et Gonssollin,	Domène.
Dupuis,	Anjou.
Durand frères,	Vizille.
Fabre,	La Sone.
Fayol,	Ternay.
Garnier,	Rufieu.
Giraudet (Charles),	Chatte.
Hector,	St-Romans-de-Beauvoir.
Héhel,	Péage-du-Roussillon.
Jullien,	St-Chef.
Marchand aîné,	Les Roches.
Meffre fils,	St-Robert.
Michel frères,	Corbelin.

Monvernay,	La Sone.
Pinet,	Vinay.
Revol,	Vinay.
Richard père,	Salaise.
Royannet (Victor) père et fils,	Domène.
Sadin,	Feysin.
Sirand,	Voreppe.
Suffet,	Beaurepaire.

FRANCE *(Loire)*.

FILATEUR.

Tardy (F.),	Chavanay.

FRANCE *(Lot-et-Garonne)*.

FILATEURS.

Bentzmann (de) (Léon) fils,	Saint-Bazeille.
Labory,	id.

FRANCE *(Lozère)*.

FILATEUR.

Valcroze (P.),	St-Martin-de-Roubaux.

FRANCE *(Pyrénées-Hautes)*.

FILATEUR.

Sidney de Meynard,	Orleix.

FRANCE *(Rhône)*.

FILATEURS.

ALEXANDRE,	Villeurbanne.
RIVIÈRE,	Montmerle.
WETTER,	Fontaine.

FRANCE *(Savoie)*.

FILATEUR.

REY (M.),	La Rochette.

FRANCE *(Tarn-et-Garonne)*.

FILATEURS.

BONNEL (Léon),	Montauban.
COUDERC (A.) et SOUCARET,	id.
GARISSON et LUGOL,	id.
GASCOU neveu et Auguste ALBRESPY,	id.

FRANCE *(Var)*.

FILATEURS.

ABEILLE-LEYDIER	Cotignac.
BAGARRY,	Brignoles.
BAGORRI,	Draguignan.
CAUSSEMILLE frères,	id.

CLAPIER,	Les Arcs.
CORNEILLE et FABRE,	Trans.
GAILLARDET frères,	Draguignan.
GÉRARD fils,	Cotignac.
GOIN,	id.
GOIN et LATIL,	Draguignan.
JEOFFRET,	Trans.
LIEUTARD (Abraham),	Cotignac.
LIEUTARD jeune,	id.
LIEUTARD (Siméon).	id.
LOMBARD,	Les Arcs.
MARTEL fils,	Cotignac.
MARTIN et SIBUT,	Barjols.
MIRAPEL,	Les Arcs.
PORTE (Auguste),	Saint-Maximin.
RAYBAUD,	Les Arcs.
RAYNIER,	id.
REYNIER,	Trans.
RIGORDY,	Cotignac.
THOMAS frères,	Le Muy.

FRANCE (Vaucluse).

FILATEURS.

ANCEU (Louis),	Avignon.
ARMAND (François) et fils,	id.
ARNAUD père et fils,	Orange.
AUBENAS fils,	Valréas.
AUBERT,	Lauris-sur-Durance.
AUDOUARD,	Sorgues-sur-l'Ouvèze.
AUPHAN,	Sablet.
AVY,	Cavaillon.

BARNOUVIN,	Mallaucène.
BELLIER (Mᵐᵉ),	Avignon.
BÉRARD (Charles) père et fils,	id.
BÉRENGER (Ferdinand),	Bollène.
BERTOUD,	Piolenc.
BERTOUD jeune,	Orange.
BLANC fils,	Mallaucène.
BON DE CHABRAN et Cⁱᵉ,	Avignon.
BONNEFOI,	Bonnieux.
BONNET (J.-B.),	Oppède.
BOVET (J.),	La Villedieu.
BRACHET,	Séguret.
BRUNEAU (Victor),	Oppède.
BUEY,	Mallaucène.
BUEY aîné,	Valréas.
BUFFET,	Cavaillon.
CAVALLIER,	Lourmarin.
CAUSAN (Hippolyte),	Oppède.
CHABAUD (A.),	Saint-Didier.
CHABAUD (D.),	id.
CHABERT,	Jonequières.
CHASTEL fils,	Mallaucène.
CHASTEL (L.),	Avignon.
CHOUVION,	Mallaucène.
COMTE aîné et fils,	Jonequières.
CONSTANTIN,	Menerbes.
CONSTANTIN,	Vaison.
CORSIN,	Piolenc.
CORSIN,	Visan.
COTTON aîné,	Bédouin.
COTTON jeune,	id.
CUREL,	Venasque.
DELOYE et fils aîné,	Sérignan.

Deloye (Désiré),	Sérignan.
Escoffier (Joseph),	Avignon.
Establet (H.),	Sorgues-sur-l'Ouvèze.
Faure,	Camaret.
Franquebalme (A.) et fils,	Avignon.
Gamounet aîné,	id.
Gassier,	Cavaillon.
Gat (F.-A.),	Avignon.
Giraud (Joseph) fils,	id.
Givaudan jeune,	Courthezon.
Goudareau frères,	Avignon.
Grand,	Cavaillon.
Granier (Frédéric) et Cie,	Avignon.
Grivolas (L.)	id.
Guende,	Cavaillon.
Helly (Adrien),	Avignon.
Hurard,	Avignon.
Isnard et fils,	Sorgues-sur-l'Ouvèze.
Jamet,	Courthezon.
Jouve,	id.
Jouve fils,	Cavaillon.
Lebrun (A.),	Vaison.
Lille (Antoine),	L'Isle.
Marchand,	Malaucène.
Martin (A.),	Oppède.
Martinon fils,	Avignon.
May (F.),	La Tour-d'Aigues.
Meynard (Hilarion),	Valréas.
Meynard fils,	Orange.
Meynard neveu,	Valréas.
Monestier aîné et Cie,	Avignon.
Monestier,	Vaison.
Morier (Frédéric),	Carpentras.

MORIER-LOTELIER (Joseph),	Carpentras.
NÈGRE fils,	Malaucène.
NOEL,	Menerbes.
NOURRY,	Courthezon.
OURSON (A.),	Avignon.
PAULEAU,	Sablet.
PAVIN fils,	Avignon.
PÉLEGRIN père et fils,	Bollène.
PÉLEGRIN-MEYNARD,	id.
PÉLEGRIN (A.),	id.
PELLET et ROCHE,	Lourmarin.
PENNE aîné,	Avignon.
PONCET frères,	id.
PUY frères,	id.
REBOUL (J.-J.-A.),	Mondragon.
RESSEGAIRE,	Avignon.
REYNAUD (Florentin),	Courthezon.
RIMBAUD (Dominique),	Avignon.
ROCHE,	Cavaillon.
ROUSTAN,	Valréas.
SIMON (H.),	Sorgues-sur-l'Ouvèze.
SOUCHIÈRES,	Camaret.
SOUMILLE,	Sorgues-sur-l'Ouvèze.
SPALE.	L'Isle.
TACUSSEL (Alexandre) et fils,	Vaucluse.
TACUSSEL (Elisée),	id.
THOMAS frères,	Avignon.
TOURETTE (A.) fils,	Cavaillon.
VALENS-NIEL,	Avignon.
VALETTE,	Joncquières.
VERDET et Cie,	Avignon.
VIDAL,	Courthezon.
VILLARD (Ph.),	L'Isle.

VILLELONGUE (Ferdinand),	L'Isle.
VIOLÈS (Casimir),	Boliène.

MOULINIERS.

—

FRANCE *(Ardèche)*.

ARNAUD-COSTE,	Privas.
AUDIGIER,	Boulogne.
AUDOUARD,	Rochemaure.
AURENCHE (N.),	Les Ollières.
BARRÈS frères,	St-Julien-en-St-Alban.
BARNAS,	La Souche.
BASSINGO frères,	St-Privat.
BATAILLE,	Le Cheylard.
BAUTHÉAC (P.)	Alissas.
BAUTHÉAC,	id.
BEAUVAIS,	Lussas.
BECHETOILLE frères,	Annonay.
BENOIT (A.),	Saint-Priest.
BERTHAUD (J.),	Teil-d'Ardèche.
BERTAUD (L.),	id.
BERTOYE frères,	Villeneuve-de-Berg.
BLAIZAC-BLANCHON,	Flaviac.
BLANC,	Ucel.
BLACHIER fils,	Tournon.

Blanchon,	Alissas.
Blanchon (L.),	St-Julien-en-St-Alban.
Bonhomme,	Meysse.
Borne (Victor) père et fils,	Buis-d'Aps.
Borne (Gustave),	Gary près Lavoulte.
Borne (François),	Pourchère près Privas.
Bouchon,	Le Cheylard.
Bouet,	Les Vans.
Bourret (Henri),	Privas.
Bosviel,	Le Cheylard.
Boyet,	La Villedieu.
Bruneau,	Largentière.
Burzet,	Burzet.
Caillat et Bossat,	Tournon.
Caillet,	Vaucance.
Chabert (J.),	Chomérac.
Chadeysson,	La Bégude.
Chadeysson,	St-Etienne-de-Fonbellon.
Chambaud (L.-A.),	Chomérac.
Chambon,	Ste-Croix-d'Aubenas.
Champanhet frères,	Vals.
Champestève frères,	Teil d'Ardèche et Aps.
Changea,	La Mastre.
Channaneilles aîné,	Jaujac.
Chapelle père et fils,	Tournon.
Chasson frères,	Privas.
Chatagnier,	Lentillières.
Chauvière,	Privas.
Cholvy (E.),	La Souche.
Cholvy (B.),	id.
Clauzel frères,	Le Pouzin.
Colomb (Oscar),	Privas.
Colombier (Salomon),	Marcols.

Combier père et fils,	Aubenas.
Comte fils,	Charmes.
Coste (L.-A.),	Chomérac.
Coste (Urbain),	Marcols.
Coulet (Ubach),	Gluiras.
Coulet (M.),	Marcols.
Court,	Burzet.
Court (G.),	Aubenas.
Cuchet père et fils,	La Bégude.
Dejoux (Emile),	Marcols.
Dejoux (J.-P.-H.),	id.
Dejoux (Zéph.),	id.
Deleyrolle,	Les Vans.
Dellière,	Privas.
Delubac frères,	Vals.
Demicheaux (L.),	Flaviac.
Desrois jeune,	St-Pierreville.
Deydier frères,	Ucel.
Digonnet,	Tournon.
Discours,	St-Etienne-de-Fonbellon.
Doux,	St-Michel-de-Boulogne.
Dufour (A.) et Vacher,	Vals.
Dumaine (Xavier),	Tournon.
Dumas,	St-Martin-l'Inférieur.
Dumas fils et Cie,	Tournon.
Dumas (L.) frères,	Lentillières.
Dumas (Camille),	Aubenas.
Dumas (Eugène),	St-Etienne-de-Fonbellon.
Dumas-Lablache,	id.
Dumas-Régis,	id.
Duplan (J.),	Ucel.
Dupré-Demontès,	St-Pons.
Durand,	Faujac.

Durand frères et Dumas,	Flaviac.
Espié dit Ducros,	Marcols.
Faure,	Gluiras.
Feugier,	St-Julien-en-St-Alban.
Figou (David),	Flaviac.
Forestier,	Joyeuse.
Fougeyrol (Auguste),	Les Ollières.
Fougeyrol aîné,	Privas.
Fourniol (J.-P.),	Coux.
Fourniol,	Privas.
Fourniol frères,	id.
Fourniol,	St-Priest.
Guillard fils,	Dornas.
Gaillon (C.),	Le Cheylard.
Galimard (E.) père et fils,	Vals.
Gamet,	Privas.
Gaucherand frères,	Vals,
Gat,	Chomérac.
Griffon,	St-Pierreville.
Gilfond-Giraud,	Marcols.
Gimond,	Le Cheylard.
Giraud,	Aubenas.
Giraud (R.).	Coux.
Giraud (Jules),	St-Sauveur-de-Montagut.
Giraud frères,	Privas.
Giraud (H.).	Bourg-St Andéol.
Giraud (Jacques),	Marcols.
Giraud (Hercule),	id.
Glaizal (F.),	Vanosc.
Glaizal cadet,	id.
Glaizal aîné,	id.
Goux (F.)	Vals.
Goux (Casimir),	Aubenas.

Guérin aîné,	Privas.
Guérin (Dominique),	Chomérac.
Guèze (Eugène),	Id.
Guèze (Adolphe),	id.
Guillot,	Vernoux.
Jammes,	Privas.
Jouanard,	Le Cheylard.
Jouve (Adrien),	Chomérac.
Ladrey aîné,	Le Cheylard.
Ladrey père,	id.
Ladrey (Eugène),	id.
Lafayolle-Giraud,	Marcols.
Lafont (L.),	Le Cheylard.
Landrot,	Privas.
Laprade (H.),	Au Pont-d'Aubenas.
Manifacier,	St-Ambroix.
Marmey (J.),	Charmes.
Martin-Méjean,	Les Vans.
Martin fils,	Le Cheylard.
Martinesche (V.),	Chassier.
Marze frères,	Privas.
Marze (L.),	St-Pierreville.
Mazellier,	St-Privat.
Mathieu,	St-Jullien-Dugua.
Mathou,	Aubenas.
Mazon,	St-Michel-de-Boulogne.
Mège,	Aubenas.
Menu (Paul),	La Chapelle.
Mignot frères,	Annonay.
Mouline (Eugène),	Vals.
Moyère,	Gluiras.
Murin,	Jaujac.
Molle père et fils,	Aubenas.

Nouzet,	Le Cheylard.
Ollier de Rocher,	Aubenas.
Palluat (H.),	Largentière.
Pansier neveu,	Aubenas.
Payen,	St-Julien-en-St-Alban.
Perbost (J.) et Cie,	Largentière.
Perbost (A.) aîné,	id.
Père (E.) et fils,	Aubenas.
Perrier,	id.
Peyronnet,	Dornas.
Pinède,	Joyeuse.
Plantevin,	Burzet.
Plantevin aîné,	St-Pierre-le-Colombier.
Plontier,	Simon.
Poumarat,	St-Julien-Dugua.
Pradal (L.),	Aubenas.
Pradier,	Annonay.
Prinsac (Ch.-Casimir),	Privas.
Raphanel,	Nuigles.
Regard,	Gluiras.
Regard frères,	Privas.
Rey (J.-P.),	St-Sauveur-de-Montagut.
Ricard frères,	Au-Crouzet-pr.-d'Aubenas.
Ricard,	Mayras.
Richard,	St-Privat.
Roche (Victor) fils,	Jaujac.
Rochier (Alphonse),	Marcols.
Rochier (Auguste),	Aubenas.
Rochier (Gustave),	St-Étienne-de-Serres.
Roger (A.),	Aubenas.
Roger (Henri),	Ste-Croix-d'Aubenas.
Roure (A.),	Privas.
Sautel fils,	Largentière.

SERRET,	St-Étienne-de-Fonbellon.
SILHOL (Marc),	Vals.
SILHOL,	Pouzin.
SOUBEYRAND (Louis),	Vinezac.
TAILLAND aîné,	Pont-d'Aubenas.
TAILLAND (Ferdinand),	Ucel.
TAILLAND (Hippolyte),	Montpezat.
TARANDON (Régis),	Mayras.
TARANDON frères,	Jaujac.
TARANDON aîné,	Neyrac.
TERRASSE,	Chomérac.
TERRIER,	Praules.
THIBON,	Jaujac.
TINLAUD (Casimir),	St-Étienne-de-Serres.
TOURETTE (Henri),	Aubenas.
TOURETTE (Maurice),	Pont-d'Aubenas.
TOURETTE (E.), veuve et fils,	St-Privat.
TRAPIER et Cie,	Chomérac.
VERNÈDE,	Joyeuse.
VERNET,	St-Pons.
VERNY (Ernest),	Aubenas.
VERNY (F.-H.),	id.
VIELFAURE,	Joyeuse.
VIEU (Adrien),	Privas.
VIGIER (A.),	Vals.
VIGIER (Toussaint),	Aubenas.
VIGNON,	Chomérac.
VINCENT,	Montpezat.
VINCENT père et fils,	Privas.
VINCENT,	Teil (d'Ardèche).

FRANCE *(Bouches-du-Rhône)*.

MOULINIERS.

BRUN,	Eyragues.
CHABERT aîné,	Fontvielle.
COEUR,	id.
COREN frères,	Salon.
JEAUFFRET,	Grand.
ROCAS frères,	Marseille.
TOURAMES (Jacques),	St-Remy.
TURIN et J. JOURDAN,	Salon.

FRANCE *(Drôme)*.

MOULINIERS.

ACHARD,	Die.
AILHAUD DE BRISIS,	Nyons.
ALLYRE BOUBON,	St-Laurent-en-Royans.
ARIBAT et CHAIX,	Taulignan.
ARMANDY MARTIN,	id.
ARMANDY (D.) et fils,	id.
ARMANDY frères,	id.
ARMANDY fils,	Grignan.
AUBERT,	Taulignan.
AUTRAN aîné,	Montélimart.
BABOIN aîné,	St-Vallier.
BÉRARD,	Poët-Laval.
BÉRARD,	Mirmande.
BÉRARD frères,	Châteauneuf-de-Mazenc.
BÉRENGER (Antoine),	Charmaret.

BERNARD-DURAND,	Aouste.
BERNARD,	Mirabel et Blacons.
BERNOYER,	Tulette.
BISCARRAT (P.),	Bouchet.
BLACHE frères,	Crest.
BLANC-BARATIER,	Mirmande.
BOCOUP, VILLARD et Cie,	St-Vallier.
BONFILS aîné,	Le Pègue.
BONNEFOI et Cie,	Dieulefit.
BONNETON père et fils,	St-Vallier.
BOSVIEL,	Valensol.
BRÉNAT,	Bourg-le-Péage.
BUIX,	Mirabel-aux-Baronnies.
CAILLEMAND,	Taulignan.
CAYRANNE,	id.
CHALAS et Cie,	Montélimart.
CHAMPEYRACHE,	Grand-Serre.
CHARRON,	Grand-Serre.
CHARTRON père et fils,	St-Vallier.
CHASTANT frères,	Dieulefit.
COLOMBIER père et fils,	Divajeu.
COLOMBIER fils,	Crest.
COLOMBON père et fils,	Allan.
COMBIER frères,	Livron.
COMTE,	Nyons.
COMTE jeune,	Valence.
CORNU et Cie,	Montélimart.
COTTE (Tiburce),	Clérieux.
DAILHE (Maximin),	Taulignan.
DUBOIS,	Poët-Laval.
DELACOUR (Gustave),	Clérieux.
DELACOUR et fils,	Tain.
DENIS fils et Cie,	Livron.

DEVILLE,	Die.
DURAND,	id.
DURAND (Eugène),	Granne.
DURAND (Franky),	St-Jean-en-Royans.
DUTOUR (B.),	Montélimart.
FAYOLLE frères,	Crest.
FEUGIER,	St-Donat.
FRANCILLON (J.),	Romans.
GAUTHIER,	Chabeuil.
GÉRIN fils et Cie,	id.
GUIGON,	Tulette.
GUIGON père et fils,	Nyons.
GUILLON (J.-P.),	Dieulefit.
HELME,	Crest.
HERMIL,	Romans.
JOANNENC,	Valence.
L'ABRETONNIÈRE,	Mont-Clard.
LACOSTE père et fils,	Montélimart.
LACROIX (H.),	Montboucher.
LACROIX fils,	Montélimart.
LAMBERT et Cie,	Valence.
LANTHEAUME,	Die.
LASCOUR (A.),	Crest.
LOMBARD,	La-Garde-Adhémar.
MARMY,	Clérieux.
MAZADE et Cie,	Grand-Serre.
MERCIER (Vve),	Crest.
MEYNARD,	Taulignan.
MONASTIER,	Tulette.
MORENAS (E.),	Mollans.
MORIN-LATOUR,	Livron.
NOYER frères,	Montélimart.
NOYER (Henri),	Dieulefit.

Pailleret (P.) cadet,	Bourg-du-Péage.
Palluat (H.),	Saillans.
Pelegrin,	Suze-la-Rousse.
Pignet (M.),	Dieulefit.
Pindrié,	Die.
Pinet (Vve),	Romans.
Poncin-Malgontier,	Saint-Vallier.
Pontillon,	Taulignan.
Poujoulat,	Taulignan.
Prieur (A.-H.),	La-Garde-Adhémar.
Prudent (C.),	Dieulefit.
Raymond-Lambert,	Bourg-du-Péage.
Reidon,	Saint-Donat.
Rey,	Crest.
Rochegude,	Dieulefit.
Rochegude,	Poët-Laval.
Rodet,	Mirmande.
Roman aîné,	Dieulefit.
Roux (A.),	Taulignan.
Sambuc (A.),	Dieulefit.
Sanial (Noël),	Valence.
Schlotfeldt,	Beaufort-sur-Gervanne.
Serre,	Saint-Donat.
Sérusclat,	Etoile.
Servant (Cyprien),	Dieulefit.
Sibeud frères,	Romans.
Soubeyrand (A.),	Dieulefit.
Soubeyrand frères,	Montélimart.
Tardy frères,	St-Jean-en-Royans.
Vallon frères,	Bourg-du-Péage.
Viel (C.),	Montboucher.
Vigne-Faravel,	Nyons.

FRANCE *(Gard)*.

MOULINIERS.

Affourtil,	Nîmes.
Arbousset frères,	Alais.
Astruc,	St-Jean-du-Gard.
Atger (Galoffre),	Anduze.
Avesque (L.),	Valleraugue.
Barbusse (E.),	Alais.
Barrois (Gustave) et Cie,	Alais.
Benezet (G.),	Anduze.
Blancher et fils,	Alais.
Bonifas (Auguste),	Anduze.
Bonnal (Edouard),	Alais.
Bonnal Rocheblave et Silhol,	id.
Bonnet (Joseph),	id.
Bourguet (Emile),	St-Jean-du-Gard.
Brouillet et Beaumier,	Le Vigan.
Campredon aîné,	Anduze.
Caubet (E.),	Anduze.
Chalon et Cie,	Alais.
Chambon (L.) (Vve),	id.
Daudet (A.),	St-Hippolyte.
Daudet aîné et Chardon,	Nîmes.
Daudet-Queirety,	id.
Derboux (Auguste),	Bagnols.
Dussaut,	Alais.
Fabre frères,	Nîmes.
Farjon (Henri),	Tavel.
Favand-Trial (Vve),	Alais.
Finiel,	Saint-Jean-du-Gard.

Fraissinet frères,	Alais.
Francezon frères,	id.
Gaidan (J.) et Cie,	id.
Gally (Vve) et Fabre,	id.
Garcin (J.-V.),	Bagnols-sur-Cèze.
Garnier (E.),	Anduze.
Garnier-Lombard,	Nîmes.
Garnier (Lucien),	Alais.
Gascuel et Trouillas,	id.
Gauthier (D.),	Anduze.
Gavanon frères,	Saint-Hippolyte.
Genolhac (A.),	Anduze.
Givaudan,	St-Laurent-les-Arbres.
Guérin (Samuel),	Nîmes.
Helly (Fortuné),	Uzès.
Labeille (E.),	Alais.
Lacombe-Dumazer,	Bagnols-sur-Cèze.
Lacombe (Isidore),	Alais.
Larnac (Joseph),	Nîmes.
Latour (Léon),	Valleraugue.
Laupie (Pierre),	Alais.
Laurent-Fesquet,	Anduze.
Magnan (Olivier),	St-Jean-de-Valericles.
Manifacier,	St-Ambroix.
Maurel (D. et J.),	St-André-de-Valborgne.
Méjean (A.) fils,	N.-Dame-de-la-Rouvière.
Nadal (Léon),	Valleraugue.
Noguier-Rocheblave,	Anduze.
Olivier fils,	Alais.
Roussy-Bernard,	Nîmes.
Rouvier et Cie,	id.
Roux et Cie,	id.
Sagnier-Teulon,	id.

Saulzer et Cie,	Uzès.
Sibour fils et Cie,	Pont-St-Esprit.
Silhol frères,	Alais.
Silhol (Hippolyte),	Saint-Ambroix.
Silhol (Edouard),	Anduze.
Silhol (Victor),	St-Martin-de-Valgagues.
Sprécher (Gervais),	Anduze.
Teissier-Ducros (Ernest),	Valleraugue.
Teulon (Emile),	id.
Vernet (A.),	Anduze.
Vigne-Fresquet,	id.
Vincent aîné,	Uzès.

FRANCE *(Hérault).*

MOULINIERS.

Barral (Charles et Emile),	Ganges.
Bruguière père et fils,	id.
Carrière (Emile),	id.
Causse et Champagne,	id.
Darvieu aîné, Valmalle et Cie,	id.
Delarbre-Dalbes,	id.
Doursset,	St-André-de-Sangonis.
Méjean (A.) fils,	Ganges.

FRANCE *(Isère).*

MOULINIERS.

Allyre-Boubon,	Chatte.
Bellemin,	La Folatière.
Berriat,	Vif.
Bonnet (J.-P.),	Izeron.
Bouclier,	Domène.

Bourguignon,	La Sone.
Brunet et Cochot,	Corbelin.
Buisson (Charles),	La Tronche.
Charre (Mme),	St-Symphorien-d'Ozon.
Combier,	Auberive-en-Royans.
Cuchet,	Chatte.
Delon père et fils,	St-Antoine.
Dufêtre,	La Sone.
Dumollard et Gonsollin,	Domène.
Durand,	St-Siméon-de-Bressieux.
Durand frères,	Vizille.
Fabre,	La Sone.
Geindre,	Bourgoin.
Giraud et Cie,	Château-Villain.
Giraud (Ch.),	Chatte.
Joly (Hector),	St-Etienne-de-St-Geoirs.
Marcel,	St-Symphorien-d'Ozon.
Meffre fils,	St-Robert.
Michel frères,	Corbelin.
Monvernay,	La Sone.
Rimond,	Roussillon.
Royannet (V^{or}) p. et fils,	Domène.
Savoyat,	Ste-Blandine.
Suffet,	Beaurepaire.

FRANCE *(Loire).* *

MOULINIERS.

Auger,	Pelussin.
Bertholon (J.-C.),	St-Chamond.

* Voir la ville de Saint-Étienne (1re partie).

BONNAY,	Lorette.
BONNAY oncle,	St-Paul-en-Jarret.
BONNAY neveu,	id.
BRUN (Irénée) et Cie,	St-Chamond.
CHAIZE,	Pelussin.
CHARLOT,	St-Julien-Molin-Molettes.
CHARVET,	Pelussin.
CHATAGNON (Math.),	St-Chamond.
CHENAVAT,	Pelussin.
CHOMEL,	St-Julien-Molin-Molettes.
CHOREL-MANIQUET,	St-Paul-en-Jarret.
COPIN,	Maclas.
COROMPT (Jh) et fils,	St-Julien-Molin-Molettes.
COUCHOUD,	Pelussin.
DEGABRIEL (P.-H.),	St-Paul-en-Jarret.
DERVIEUX,	Chavanay.
DUBOUCHET Vve),	Unieux.
DUCLOS (Jules),	St-Chamond.
DUFOUR,	Pelussin.
DUMAS,	id.
DOREL,	Maclas.
DOUSSON,	Pelussin.
FARA fils et CHATEAUNEUF,	Bourg-Argental.
FILLIAT,	Pelussin.
FOREST (A.),	id.
FOREST (S.),	id.
GARNIER,	id.
GILLIER et GODIN,	St-Julien-Molin-Molettes.
GIRARD,	Pelussin.
GRANGER,	id.
GUIGAC,	id.
HERVIER (P.),	St-Paul-en-Jarret.
LACOMBE,	id.

LACOMBE (J.-B.),	Doisieu.
LOMBARD,	Pelussin.
MATHON,	id.
MICHEL fils,	Colombier.
MICHEL père,	id.
MONTGIRAUD,	St-Chamond.
ORIOL et Cie,	id.
PARET,	Pelussin.
PARET (L.),	St-Paul-en-Jarret.
PAULIN-CHOMEL,	St-Julien-Molin-Molettes.
PERRIER (J.-Cl.),	id.
PICOLLET fils et Cie,	St-Paul-en-Jarret.
POIDEBARD (J.),	St-Paul-en-Jarret.
PRUNIER,	Pelussin.
RAYMOND (Vve) et fils,	St-Paul-en-Jarret.
RAYMOND,	Lorette.
REVOLLON,	Pelussin.
RAYNAUD,	Chavanay.
RICHARD frères,	St-Chamond.
ROLAND,	Pelussin.
SIMON,	St-Chamond.
VANEL,	St-Paul-en-Jarret.
VERGELAS,	Pelussin.

FRANCE (Haute-Loire).

MOULINIERS.

BAGHEZ,	Dunières.
BOULHIOT (L.),	id.
BOULHIOT (P),	id.
BAYLE,	id.
CARPET,	id.

Courbon,	Dunières.
Descours (A.),	id.
Duvillaire,	Tence.
Fory,	Dunières.
Grange (C.),	id.
Jamot (J.-B.),	id.
Labis,	Tence.
Lemoyne-Devernon,	Dunières.
Lemoyne (Isidore),	id.
Malartre (F.),	id.
Malartre (J.),	id.
Peyrard p. et fils,	id.
Rouchon,	id.

FRANCE *(Rhône)*.

MOULINIERS. *

Buisson,	Condrieu.
Gonin,	L'Arbresle.
Vetter,	Fontaines.

FRANCE *(Var)*.

MOULINIERS.

Abeille-Leydier,	Cotignac.
Ambard fils,	Carcès.
Cabasson (L.) fils,	id.
Corneille et Fabre,	Trans.

* Voir la ville de Lyon (1re partie).

Jeoffret,	Trans.
Gaillard,	Draguignan.
Gérard fils,	Cotignac.
Goin,	id.
Lieutard (Siméon),	id.
Lieutard (Abraham),	id.
Lieutard jeune,	id.
Martally,	Antibes.
Martel fils,	Cotignac.
Reynier,	Trans.
Rigordy,	Cotignac.
Roubaud frères,	Méounes.

FRANCE *(Vaucluse)*.

MOULINIERS.

Allier (Auguste),	Avignon.
Anceu (Louis),	id.
Armand (François) et fils,	id.
Arnaud père et fils,	Orange.
Aubenas fils,	Valréas.
Auphan,	Sablet.
Avy,	Cavaillon.
Bérard (Ch.) père et fils,	Avignon.
Berenger (Ferdinand),	Bollène.
Bellier (Mme),	Avignon.
Bertoud,	Piolenc.
Bertoud jeune,	Orange.
Buey aîné,	Valréas.
Buffet,	Cavaillon.
Blanc fils,	Mallaucène.
Bon de Chabran,	Avignon.

Bonamour,	Mornas.
Bongard (J.),	Valréas.
Carbonnel (L.),	Avignon.
Chabaud (A.),	id.
Chastel (Louis),	id.
Chevalier,	Orange.
Chouvion,	Malaucène
Comte aîné et fils,	Jonequières.
Corsin,	Piolenc.
Deloye et fils aîné,	Sérignan.
Deloye (Désiré),	id.
Deflaux,	Menerbes.
Escofier (Joseph),	Avignon.
Establet (H.),	Sorgues-sur-l'Ouvèze.
Favre (Ch.) et Cie,	Avignon.
Fouque cadet,	id.
François (Baptiste),	id.
Franquebalme (A.) et fils,	id.
Gamounet aîné,	id.
Gassier,	Cavaillon.
Gat (A.) et Cie,	Avignon.
Germond (F.),	id.
Giraud (Joseph) fils,	id.
Goudareau frères,	id.
Grand,	Cavaillon.
Granier (Frédéric) et Cie,	Avignon.
Grivolas (L.),	id.
Guende,	id.
Helly (Adrien),	id.
Hurard,	id.
Jouve fils.	Cavaillon.
Lançon,	Pertuis.
Laurent,	Orange.

Lebrun (A.),	Vaison,
Martinon fils,	Avignon.
May (F.),	La Tour-d'Aigues.
Meynard (Hilarion),	Valréas.
Meynard fils,	Orange.
Meynard neveu,	Valréas.
Millot,	Orange.
Monestier aîné et Cie,	Avignon.
Moulin,	Menerbes.
Nicolas (Louis),	Pertuis.
Nicolas (Auguste),	id.
Nourry,	Courthezon.
Ourson (A.),	Avignon.
Pauleau,	Sablet.
Pavin fils,	Avignon.
Pélegrin (A.),	Bollène.
Pélegrin p. et fils,	id.
Pélegrin-Meynard (Vve),	id.
Penne aîné,	Avignon.
Pila p. et fils,	id.
Poncet frères,	id.
Puy frères,	id.
Raud,	Chabrillan.
Reboul (J.-J.-A.),	Montdragon.
Ressegaire,	Avignon.
Rieu (Jules),	Valréas.
Rimbaud (Dominique),	Avignon.
Ripert,	Cadenet.
Riqueau et L. Duprat,	Avignon.
Rochas,	id.
Roche,	Cavaillon.
Roustan,	Valréas.
Spale,	L'Isle.

TACUSSEL (Elysée),	Vaucluse.
TACUSSEL (Alex. et fils),	id.
THOMAS frères,	Avignon.
TOURETTE (A.) fils,	Cavaillon.
VALENS-NIEL,	Avignon.
VERDET et Cie,	id.
VILLARD (P.-H.),	Cavaillon.
VILLELONGUE (Ferd.),	L'Isle.
VILLON,	Gadagne.
VILLON,	Menerbes.
VINCENT fils,	Mallaucène.
VIOLÈS (Casimir),	Boilène.

FILATEURS ET MOULINIERS.

FRANCE *(Ardèche)*.

ARNAUD-COSTE,	Privas.
AURENCHE (N.),	Les Ollières.
BARRÈS frères,	St-Julien-en-St-Alban.
BÉCHETOILLE frères,	Annonay.
BERTOYE frères,	Villeneuve-de-Berg.
BLAIZAC-BLANCHON,	Flaviac.
BORNE (Victor) père et fils,	Buis-d'Aps.
BORNE (Gustave),	Gary, près La Voulte.

Bosviel,	Le Cheylard.
Bruneau,	Largentière.
Caillat et Bossat,	Tournon.
Champanhet frères,	Vals.
Champestève frères,	Teil-d'Ardèche et Aps.
Changea,	La Mastre.
Chapelle père et fils,	Tournon.
Clauzel frères,	Le Pouzin.
Colomb (Oscar),	Privas.
Combier père et fils,	Aubenas.
Comte fils,	Charmes.
Cuchet père et fils,	La Bégude.
Deleyrolle,	Les Vans.
Delubac frères,	Vals.
Deydier frères,	Ucel.
Dumaine (Xavier),	Tournon.
Durand frères et Dumas,	Flaviac.
Forestier,	Joyeuse.
Fougeyrol aîné.	Privas.
Fougeyrol (Auguste),	Les Ollières.
Feugier,	St Julien-en-St-Alban.
Goly (F.),	Vals.
Guérin (Dominique),	Chomérac.
Guèze (Eugène),	id.
Guèze (Adolphe),	id.
Jouve (A.),	id.
Marmey (J.),	Charmes.
Martin-Méjean,	Les Vans.
Martin fils,	Le Cheylard.
Martinesche (Victor),	Chassier.
Mignot frères,	Annonay.
Mouline (Eugène),	Vals.
Ollier de Rochen,	Aubenas.

Palluat (H.),	Largentière.
Perbost (A.) aîné,	id.
Perbost (Jacques) et Cie,	id.
Poumarat,	St-Julien-Dugua.
Pradier,	Annonay.
Raphanel,	Nuigles.
Regard frères,	Privas.
Rey (J.-P.),	St-Sauveur-de-Montagut.
Roche (Victor),	Jaujac.
Roure (A.),	Privas.
Silhol (Marc),	Vals.
Soubeyrand (Louis),	Vinezac.
Trapier et Cie,	Chomérac.
Tourrette (Henri),	Aubenas.
Vernède,	Joyeuse.
Vielfaure,	id.

FRANCE *(Bouches-du-Rhône).*

FILATEURS ET MOULINIERS.

Coren frères,	Salon.
Touranes (Jacques),	St-Rémy.
Turin et J. Jourdan,	Salon.

FRANCE *(Drôme).*

FILATEURS ET MOULINIERS.

Achard,	Die.
Ailhaud de Brisis,	Nyons.
Allyre Boubon,	St-Laurent-en-Royans.
Armandy fils,	Grignan.

Autran aîné,	Montélimart.
Baboin aîné,	Saint-Vallier.
Bérard,	Mirmande.
Bérard frères,	Châteauneuf-de-Mazenc.
Bérenger (Antoine),	Chamaret.
Bernard-Durand,	Aouste.
Biscarrat (P.),	Bouchet.
Blanc-Baratier,	Mirmande.
Bocoupvillard et Cⁱᵉ,	Saint-Vallier.
Bonneton père et fils,	id.
Bosviel,	Valensol.
Brénat,	Bourg-le-Péage.
Chalas et Cⁱᵉ,	Montélimart.
Champeyrache,	Grand-Serre.
Charron,	id.
Charton père et fils,	Saint-Vallier.
Chastant frères,	Dieulefit.
Colombon père et fils,	Allan.
Combier frères,	Livron.
Comte,	Nyons.
Comte jeune,	Valence.
Cotte (Tiburce),	Clérieux.
Dailhe (Maximin),	Taulignan.
Delacour et fils,	Tain.
Deville,	Die.
Durand (Eugène),	Granne.
Durand (Franky),	Saint-Jean-en-Royans.
Dutour (B.),	Montélimart.
Francillon (J.),	Romans.
Gauthier,	Chabeuil.
Guigon père et fils,	Nyons.
Hermil,	Romans.
Labretonnière,	Mont-Clard.

Lacoste père et fils,	Montélimart.
Lacroix (H.),	Montboucher.
Lambert et Cie,	Valence.
Lacour (A.),	Crest.
Lombard,	Lagarde-Adhémar.
Mazade et Cie,	Grand-Serre.
Morenas (E.),	Mollans.
Noyer frères,	Montélimart.
Pailleret (P.) cadet,	Bourg-du-Péage.
Palluat (H.),	Saillans.
Pindrié,	Die.
Pinet (Vve),	Romans.
Prieur (A.-H.),	Lagarde-Adhémar.
Raymond-Lambert,	Bourg-du-Péage.
Roux (A.),	Taulignan.
Sanial (Noël),	Valence.
Soubeyrand frères,	Montélimart.
Tardy frères,	St-Jean-en-Royans.
Vallon frères,	Bourg-du-Péage.
Viel (C.),	Montboucher.
Vigne-Faravel,	Nyons.

FRANCE *(Gard).*

FILATEURS ET MOULINIERS.

Affourtil,	Nîmes.
Arbousset frères,	Alais.
Astruc,	St-Jean-du-Gard.
Avesque (L.),	Valleraugue.
Barrois (Gustave) et Cie,	Alais.
Benezet (G.),	Anduze.
Blancher et fils,	Alais.

BONNAL, ROCHEBLAVE et SILHOL,	Alais.
BROUILHET et BEAUMIER,	Le Vigan.
CHALON et Cie.	Alais.
CHAMBON (L.) (Vve),	id.
FARJON (Henri),	Tavel.
FAVAND-TRIAL,	Alais.
FINIEL,	St-Jean-du-Gard.
FRAISSINET frères,	Alais.
FRANCEZON frères,	id.
GALLY (Vve) et FAURE,	id.
GARCIN (Joseph-Victor),	Bagnols-sur-Cèze.
GARNIER (Lucien),	Alais.
GAUTHIER (D.),	Anduze.
GENOLHAC (A.),	id.
GIVAUDAN,	St-Laurent-les-Arbres.
LACOMBE (Isidore),	Alais.
LATOUR (Léon),	Valleraugue.
LAUPIES (Pierre),	Alais.
LAURENT-FESQUET,	Anduze.
MAGNAN (Olivier),	St-Jean-de-Valericles.
MANIFACIER,	St-Ambroix.
MÉJEAN (A.) fils,	N.-Dame-de-la-Rouvière.
NADAL (Léon),	Valleraugue.
NOGUIER-ROCHEBLAVE,	Anduze.
OLIVIER fils,	Alais.
SIBOUR fils et Cie,	Pont-Saint-Esprit.
SAULZER et Cie,	Uzès.
SILHOL frères,	Alais.
SILHOL (Hippolyte),	Saint-Ambroix.
SILHOL (Edouard),	Anduze.
SILHOL (Victor),	St-Martin-de-Valguagues.
TEISSIER-DUCROS (Ernest),	Valleraugue.
VINCENT aîné,	Uzès.

FRANCE *(Hérault).*

FILATEURS ET MOULINIERS.

Barral (Charles et Émile),	Ganges.
Bruguière père et fils,	id.
Carrière (Émile),	id.
Causse et Champagne,	id.
Darvieu aîné, Valmalle et Cie,	id.
Delarbre-Dalbes,	id.
Douysset,	St-André-de-Sangonis.
Méjean (A.) fils,	Ganges.

FRANCE *(Isère).*

FILATEURS ET MOULINIERS.

Berriat,	Vif.
Bouclier,	Domène.
Bourguignon,	La Sone.
Brunet et Cochot,	Corbelin.
Buisson (Charles),	La Tronche.
Dumollard et Gonsollin.	Domène.
Durand frères,	Vizille.
Fabre,	La Sone.
Meffre fils,	St-Robert.
Michel frères,	Corbelin.
Montvernay,	La Sone.
Royonnet (Victor) père et fils,	Domène.
Suffet,	Beaurepaire.

FRANCE *(Var)*.

FILATEURS ET MOULINIERS.

ABEILLE-LEYDIER,	Cotignac.
CORNEILLE et FABRE,	Trans.
JEOFFRET,	id.
LIEUTARD (Siméon),	Cotignac.
LIEUTARD jeune,	id.
MARTEL fils,	id.
RIGORDY,	id.

FRANCE *(Vaucluse)*.

FILATEURS ET MOULINIERS.

ANCEU (Louis),	Avignon.
ARMAND (François) et fils,	id.
ARNAUD père et fils,	Orange.
AUBENAS fils,	Valréas.
AUPHAND,	Sablet.
AVY,	Cavaillon.
BÉRARD (Charles) père et fils,	Avignon.
BÉRENGER (Ferdinand),	Bollène.
BERTOUD,	Piolenc.
BERTOUD jeune,	Orange.
BUEY aîné,	Valréas.
BUFFET,	Cavaillon.
CHABAUD (A.),	Avignon.
CHASTEL (Louis),	id.
COMTE aîné et fils,	Joncquières.
CORSIN,	Piolenc.

DELOYE et fils aîné	Sérignan.
DELOYE (Désiré),	id.
ESCOFFIER (Joseph),	Avignon.
ESTABLET (H.),	Sorgues-sur-l'Ouvèze.
FRANQUEBALME (A.) et fils,	Avignon.
GIRAUD (Joseph) fils,	id.
GOUDAREAU frères,	id.
GRAND,	Cavaillon.
GRANIER (Frédéric) et Cie,	Avignon.
GRIVOLAS (L.),	id.
HELLY (Adrien),	id.
HURARD,	id.
JOUVE fils,	Cavaillon.
LEBRUN (A.),	Vaison.
MARTINON fils,	Avignon.
MAY (F.),	La Tour d'Aigues.
MEYNARD (Hilarion),	Valréas.
MEYNARD fils,	Orange.
MEYNARD neveu,	Valréas.
MONESTIER aîné et Cie,	Avignon.
NOURRY,	Courthezon.
OURSON (A.),	Avignon.
PAULEAU,	Sablet.
PAVIN fils,	Avignon.
PÈLEGRIN (A.),	Bollène.
PÈLEGRIN-MEYNARD (Vve),	id.
PÈLEGRIN père et fils,	id.
PENNE aîné,	Avignon.
PONCET frères,	id.
PUY frères,	id.
REBOUL (J.-J.-A.),	Montdragon.
RESSEGAIRE,	Avignon.
RIMBAUD (Dominique),	id.

Roustan,	Valréas.
Spale,	L'Isle.
Tacussel (Élisée),	Vaucluse.
Tacussel (Alexandre) et fils,	id.
Thomas frères,	Avignon.
Tourette (A.) fils,	Cavaillon.
Valens-Niel,	Avignon.
Verdet et Cie,	id.
Villard (Ph.),	Cavaillon.
Villelongue (Ferdinand,	L'Isle.
Violès (Casimir),	Bollène.

ITALIE.

—

(Dans cette partie, réunie sous sa véritable dénomination politique, nous avons néanmoins indiqué les désignations géographiques encore en usage dans le commerce des soies.)

FILATEURS.

ALBA (G.),	Rimini,	États-Romains.
ABBARCHI (C.),	Borgo-san-Lorenzo,	Toscane.
ABBATI (P.),	Parme,	Parme.
ACHIARDI (D') G.	Pise,	Toscane.
ACQUA FREDA et CORTI,	Milan,	Lombardie.
ACQUAVIVA (C.) (comte),	Giulianova,	Abruzzes.
ADUCCI,	Fossombrone,	Etats-Romains.
ADUCCI (G.) di ANGELO,	Rimini,	id.
AGOLANTI,	Fossombrone,	id.
ALBANI (L.),	Bergame,	Lombardie.
ALBERGO (R.),	Palerme,	Deux-Siciles.
ALFERO,	Doire,	Sardaigne.
ANDREIS et BARBERIS,	Turin,	id.
ANGE UNTI,	Lucques,	Toscane.
ANGELAN,	Naples,	Deux-Siciles.
ANTONI (Cesare DE),	Milan,	Lombardie.
ARCANGIOLI (A.),	Pistoia,	Toscane.
ASCOLI (A.),	Terni,	Etats-Romains.

Asson (T. et F.) frères,	Villastellone,	Sardaigne.
Baldesi (G. et F.) frères,	Marradi,	Toscane.
Baldini (L.),	Pérouse.	Etats-Romains.
Bancalari (G.),	Chiavari,	Sardaigne.
Bandini (L. et Fr.),	Marradi,	Toscane.
Barbaroux et Cie,.	Turin.	Sardaigne.
Barberis,	Dronero,	id.
Bartholommei,	Montevettolini.	id.
Bartoli (M.) et Cie,	Pistoia,	Toscane.
Bassani (G.)	Marradi,	id.
Bati (E.),	Lucques,	id.
Bati (F.)	Borgo-San-Lorenzo,	id.
Bavazzano (G.),	Alexandrie,	Sardaigne.
Beer (J.),	Pesaro,	Etats-Romains.
Bellini fr.,	Osimo,	id.
Bellini (S.)	Pistoia,	Toscane.
Bellino fr.,	Rivoli,	Sardaigne.
Belmosta,	Naples,	Deux-Siciles.
Belotti,	Brescia.	Sardaigne.
Beral,	Fossombrone,	Etats-Romains.
Berghinz (C.),	Udine,	Vénétie.
Berreta (C.),	Ancône,	Etats-Romains.
Berreta frères,	Padenghe,	Toscane.
Bernardi (F.),	San-Giovanni,	Toscane.
Bertarelli (C.),	Crémone,	Lombardie.
Besana,	Monza,	id.
Bettini (D.),	Roveredo,	Tyrol.
Bezzi fr.,	Fossombrone,	États-Romains.
Biadego,	Vérone,	Vénétie.
Bianchi (A.),	Udine,	id.
Bianchini (B.),	Vicence,	id.
Biasi (L.),	Vérone,	id.
Binda (A.),	Milan,	Lombardie.

Biondi et Ferreti,	Camerata,	Etats-Romains.
Bisia (F.),	Padoue,	Vénétie.
Blumer et Jenny,	Ancône,	États-Romains.
Bolmida fr.	Turin,	Piémont.
Bolognini-Rimediotti,	Pistoia,	Toscane.
Bonacina fr.,	Bernareggio,	Lombardie.
Bonaneri (N.),	Udine,	Vénétie.
Bonoris (G.),	Mantoue,	Vénétie.
Borelli (H.),	Savigliano,	Sardaigne.
Bonsignori,	Côme,	id.
Bosisio (J.),	Guissano,	id.
Bosisio (P.),	Raviala,	id.
Borghetti (G.) et Cie,	Brescia,	Lombardie.
Bozzotti (C.) et Cie,	Milan.	id.
Bracci (le comte),	Fano,	Etats-Romains.
Brambilla fr.,	Milan,	Lombardie.
Bravo (M.) et fils,	à Turin et Pignerol.	Sardaigne.
Briani (G.),	Milan,	Lombardie.
Briganti-Bellini fr.,	Osimo,	Etats-Romains.
Briollet-Dumontet,	Naples,	Deux-Siciles.
Brivio,	Milan,	Lombardie.
Brunich,	Udine,	Vénétie.
Bruschi (P.),	Borgo-San-Lorenzo,	Toscane.
Calcagno (C.),	Naples,	Deux-Siciles.
Candlpergher,	Roveredo,	Tyrol.
Cantini, Borgognini et Cie,	Florence,	Toscane.
Canton (V.),	Vicence,	Vénétie.
Cao (C.),	Sondrio,	Lombardie.
Capanni (L.) et fils,	Cascia,	Toscane.
Cardini (L.),	Rimini,	Etats-Romains.
Cardosi-Carrara (A.),	Barga,	Toscane.
Carli di Tomasso,	Milan,	Lombardie.
Caroli (L.),	Bergame,	id.

Carradori (G. comte),	Osimo,	Etats-Romains.
Carru,	Carmagnola,	Sardaigne.
Casali (A.),	Asolo,	Vénétie.
Casini (A.),	Ruffina,	Toscane.
Casissa (F.),	Novi,	Sardaigne.
Casnati (A.),	Côme,	Lombardie.
Cassago (A.),	Brescia,	id.
Cassini,	Côni,	Sardaigne.
Cecca (N.),	Terni,	Etats-Romains.
Cecchi,	Fossombrone,	id.
Cecconi (A.),	Jolo,	Toscane.
Centoni,	Naples,	Deux-Siciles.
Ceredo fr.,	Milan,	Lombardie.
Ceriana fr.,	Turin,	Piémont.
Ceriora fr.,	Turin,	Piémont.
Chiapelli,	Fossombrone,	États-Romains.
Chiarini fr.,	Turin,	Piémont.
Chisoli (A.),	Brignano,	Sardaigne.
Ciceri,	Briance.	id.
Cighera (F.),	Milan,	Lombardie.
Civinini (L.),	Pistoia,	Toscane.
Coduri (S.),	Côme,	Lombardie.
Coduri fr.,	Milan,	id.
Cojari (Vicenzo),	Saliera,	Modène.
Cojari (Paolo),	Saliera,	Modène.
Colle (A.),	Roveredo,	Tyrol.
Colombo (F.),	Ceva,	Sardaigne.
Comboni fr.	Limone,	Lombardie.
Coniugi Massetti,	Fano,	Etats-Romains.
Conti (Luigi),	Milan,	Lombardie.
Conti (Onorato),	Grottazzolina,	Etats-Romains.
Conti,	Fossombrone,	id.
Corna Giovanni, Rizzi (N. et L),	Brescia,	Lombardie.

Corti fr.,	Castero,	Lombardie.
Corti (Z.),	Milan,	Lombardie.
Costa fr.,	Mondovi,	Sardaigne.
Costalonga,	Vicence,	Vénétie.
Cotogni (F.),	Fossombrone,	États-Romains.
Cotta (J.-A.),	Turin,	Piémont.
Cozza (G.),	Orvieto,	États-Romains.
Cozzi-Andrei (G.),	Sienne,	Toscane.
Crestini (D. et A.),	Sienne,	Toscane.
Croce (della),	Pise,	Toscane.
Criscuola,	Naples,	Deux-Siciles.
Cristani (F.-L.),	Vérone,	Vénétie.
Curti (J.),	Milan,	Lombardie.
Cusco,	Naples,	Deux-Siciles.
Dai Fiovi et Mattiazzi,	Vérone,	Vénétie.
Dalmazo,	Côni,	Sardaigne.
Dal Pastolo,	Schio,	Vénétie.
Decauville et Bordet,	Milan,	Lombardie.
Defilipi (M. et S.),	Meina,	Sardaigne.
Delprino (M.),	Acqui,	id.
Delvecchio,	Mondovi,	id.
Denegri (G.),	Novi,	id.
Denina (V.),	Turin,	id.
Diena (G.),	Modène,	Modène.
Donadoni,	Bergame,	Lombardie.
Dumontel,	Carru,	Piémont.
Euzeby (Fr.),	Fossombrone,	États-Romains.
Fangoli,	Vérone,	Vénétie.
Fantini (S.),	Tredozio,	Toscane.
Faraglia (M.),	Terni,	États-Romains.
Fenili (C.),	Grottamare,	id.
Fenilo (A.),	Conelli,	Lombardie.
Fioli (A.),	Rome et Albano,	États-Romains.

Feoli,	Fossombrone,	États-Romains.
Ferrari (F.),	Corlogno,	Lombardie.
Figarolli (L.),	Riva-di-Trento,	Tyrol.
Filipi (L.),	Cuneo,	Piémont.
Filippucci (N.),	Osimo,	États-Romains.
Fioni,	Rome,	id.
Fisiotti (G.),	Udine.	Vénétie.
Fommas,	Fossombrone,	États-Romains.
Fommasoni (Fr.),	Udine,	Vénétie.
Fontana (Fr.),	Turin,	Piémont.
Formigli (P.),	Vicchio,	Toscane.
Fossi et Bruscoli,	Florence,	id.
Fossombrone (de), comte,	Fossombrone,	États-Romains.
Fradelloni (G.),	Osimo,	id.
Franceschini,	Prato,	Toscane.
Franchi (G.),	Udine,	Vénétie.
Franchi (Fr.),	San Bartholommeo,	Lombardie.
Franco (G.),	Pise,	Toscane.
Fumagalli (G.),	Reggio de Calabre,	Modène.
Funghini (V.),	Arezzo,	Toscane.
Fusco,	Naples,	Deux-Siciles.
Gaddum (F.-E.),	Pignerol,	Sardaigne.
Galatti (G.),	Messine,	Deux-Siciles.
Gallini (F.),	Pise,	Toscane.
Gallizier,	Milan,	Lombardie.
Galvani (C.-F.),	Vérone,	Vénétie.
Gambarotta (P. et Fr.),	Novi,	Sardaigne.
Gavazzi (Pietro),	Desio,	Lombardie.
Gavazzi (Fr.),	Milan, Valmadrera, Bezzolo et Bellano,	Lombardie.
Gaudin (E.),	Turin,	Sardaigne.
Gazzolino (B.-F.),	Cervicati,	Calabres.
Genicoud,	Turin,	Sardaigne.

Genocchi (G.-B.),	Piacenza,	Emilia.
Gentilli,	Messine,	Deux-Siciles.
Gentilini (A.),	Pescia,	Toscane.
Ghedini (Fr.),	Milan,	Lombardie.
Gherardi (G.),	Barga,	Toscane.
Ghia (G.),	Parme,	Parme.
Ghirardoti,	Saluces,	Sardaigne.
Gianelli (F.),	Rocca-S.-Casciano,	Toscane.
Gianetti (G. et Fr.),	Pistoia,	id.
Giardinieri (Fr.),	Osimo,	Etats-Romains.
Gio Lelli,	Fossombrone.	id.
Giomignani (C.),	Lucca,	Toscane.
Giorelli (Fr.),	Turin,	Sardaigne.
Giovanelli (A. et D.),	Pesaro,	Etats-Romains.
Giovannoni (G.),	Florence,	Toscane.
Girometti (J.),	Pesaro,	Etats-Romains.
Giunta (N.),	Reggio de Calabre,	Modène.
Giusti (L.),	Lucques,	Lucques.
Gnecchi (C.),	Fossombrone,	Etats-Romains.
Gnecchi, fils de G.-A.,	Milan,	Lombardie.
Gori (A), comte de,	Sienne,	Toscane.
Govoni fr.,	Ferrare,	Etats-Romains.
Granoto (M.),	Schio,	Vénétie.
Grassi (Francesco),	Pistoia,	Toscane.
Grassi (Valentino),	id.	id.
Greco (del),	Arezzo,	id.
Gregori (de) (G.),	Bergame,	Lombardie.
Gregorini,	Fossombrone,	Etats-Romains.
Grivelli (G.),	Milan,	Lombardie.
Guidi (D.),	Urbino et Pesaro,	Etats-Romains.
Guiducci (G.),	Arezzo,	Toscane.
Grugliasco,	Naples,	Deux-Siciles.
Hallam,	Reggio de Calabre,	Modène.

Hallam,	Messine,	Deux-Siciles.
Heimann (A.),	Udine,	Vénétie.
Heimann (M.),	Trévise,	Lombardie.
Hoz (C.),	Fossombrone,	Etats-Romains.
Huber (F.) et Cie,	Germignaga,	Lac-Majeur.
Imperatori (G.),	Intra,	Sardaigne.
Imperatori (E.) et Cie,	id.	id.
Jaeger et Cie,	Messine,	Deux-Siciles.
Keller (A.),	Milan,	Lombardie.
Keppel (G.),	Roveredo,	Tyrol.
Kircher (A.),	Udine,	Vénétie.
Lagorio (G.)	Parme,	Parme.
Lamberti (L.),	Codogno,	Lombardie
Lardinelli (B.)	Osimo,	Etats-Romains.
Lattes,	Còme,	Sardaigne.
Laudadio della Rippa,	Florence,	Toscane.
Leali,	Milan,	Lombardie.
Lega (M.),	Brisighella,	Etats-Romains.
Levi (E. et M.),	Vercelli,	Sardaigne.
Levi (Amadio),	Reggio de Modène,	Modène.
Lévi fr.,	Turin,	Sardaigne.
Lombezzi (F.),	San-Sepolcro,	Toscane.
Lucarni,	Fossombrone,	Etats-Romains.
Luccardi (O.),	Udine,	Vénétie.
Lucchesi (D. et M.),	Arezzo,	Toscane.
Luzatto (G.),	Milan,	Lombardie.
Maffei,	Volterra,	Toscane.
Maghini et Rovagli,	Marradi.	id.
Magistris (P.) et Cie,	Udine,	Vénétie.
Magnani (G.) et Ascotino fils,	Pescia,	Toscane.
Magnani (G.),	Id.	id.
Magnani (Dominico),	id.	id.
Magnani (Ernesto),	Florence.	Toscane.

Magnano,	Briance,	Sardaigne.
Malin (G.),	Vérone,	Vénétie.
Mancini (Antonio),	Arezzo,	Toscane.
Mancini (Gaëtano),	Osimo,	Etats-Romains.
Manusi (G.),	Telgate,	Vénétie.
Manzini (P.),	Marano,	Modène.
Marcotti (G.),	Udine,	Vénétie.
Marra,	Naples,	Deux-Siciles.
Marsilli (F.),	Roveredo,	Tyrol.
Martinucci (M.).	Grosseta,	Toscane.
Masi (O.),	Capannoli,	id.
Martelli (Carlo),	Novi,	Sardaigne.
Martelli fr.,	id.	id.
Maruti fr	Milan,	Lombardie.
Maruzzi (A.),	Vicence,	Vénétie.
Massara (S.),	Naples,	Deux-Siciles.
Massi (D.),	Monterchi,	Toscane.
Massina (L.),	Calvenzano,	Lombardie.
Mattiuzzi (G.-B.),	Udine,	Vénétie.
Mazza (F.-G.),	Oleggio,	Sardaigne.
Mazzi (M.),	Ricci-Meldola,	États-Romains.
Mazzoti (F.),	Modigliana,	Toscane.
Menada (G.),	Valenza,	Sardaigne.
Merlett,	Suze,	id.
Michel (Jona),	Vercelli,	id.
Milius (H.) et Cie,	Bosfalora,	Lombardie.
Minto,	Savone,	Sardaigne.
Mondelli (G.),	Côme,	Lombardie.
Monsolino,	Reggio de Calabre,	Modène.
Montagna (L.),	Parme,	Parme.
Monte (Del) V.,	Pesaro,	États-Romains.
Montemagni (F.),	Pistoja,	Toscane.
Monti (L.),	Borgo san Lorenzo,	Toscane.

Montin,	Bassano,	Vénétie.
Morasso (B.),	Gênes,	Sardaigne.
Morelli (V.),	Udine,	Vénétie.
Mori (C.),	Fermo,	États-Romains.
Morlacchi,	Ancône,	id.
Morosino,	Fossombrone,	id.
Moschetti (G.-M.),	Verzuolo,	Sardaigne.
Musumeci Indelicato (F.),	Acireale,	Deux-Siciles.
Natoli (A.-D.),	Patti,	id.
Nefetti (A.),	Santa-Sofia,	Toscane.
Neumann fr.,	Cerano,	id.
Niccolaï (L.),	Casentino,	id.
Nieri et Lemi,	Lucques,	Lucques.
Nigra (G.),	Sartirana,	Sardaigne.
Novellis (G.),	Savigliano,	id.
Offi (G.),	Bologne,	Etats-Romains,
Ognibene (A.),	Crémone,	Vénétie.
Oldani (L.),	Vigevano,	Sardaigne.
Ongaro (F.),	Udine,	Vénétie.
Orlandini (L.),	Parme,	Parme.
Osnago (J.-G.),	Milan,	Lombardie.
Ottaviani (L.),	Messine,	Deux-Siciles.
Padoa fr.,	Cento,	Etats-Romains.
Padovani f.,	Cologne,	Lombardie.
Palluat,	Novi,	Sardaigne.
Parodi (P.),	Savone,	id.
Pasquale de Vecchi et Cie,	Milan,	Lombardie,
Pasqui (Z.),	Impruneta,	Toscane.
Pastacaldi (F.),	Pistoia,	id.
Pazzi (T.),	Rocca-S.-Casciano,	id.
Pedinotti (G.),	Fossombrone,	Etats-Romains.
Pegné,	Vercelli,	Sardaigne.
Pelisseri,	Turin,	Sardaigne.

Pennacchietti,	Ancône,	Etats-Romains.
Perni (D.),	Trévise,	Vénétie.
Perlasca (G.)	Côme,	Lombardie.
Perinetti (C.),	Piacenza,	Emilie.
Pestalozza (F.),	Plaisance,	Parme.
Petrucci (C.),	Sienne,	Toscane.
Piani et Ravagli,	Marradi,	id.
Piatti et Cie,	Piacenza,	Emilie.
Piazzoni (G.-B.) et fr.,	Bergame,	Lombardie.
Picena (F.) et Cie,	Canelli,	Sardaigne.
Piccaluga (E.),	Centuriona,	Sardaigne.
Piccoli-Granotto (M.),	Schio,	Vénétie.
Pieri (Giovani),	Trequanda,	Toscane.
Pieri Nerli (Ferdinando),	Sienne,	id.
Pieri (J.),	id.	id.
Pinetti et Savoldini,	Martinengo,	Lombardie.
Pivoli,	Cône,	Sardaigne.
Pizzetti (F.),	Parme,	Parme.
Ponzie,	Ivrée,	Sardaigne.
Porro,	Villa-Albesi,	id.
Previtan,	Vérone,	Vénétie.
Pross,	Roveredo,	Tyrol.
Pugliese fr.,	Vercelli,	Sardaigne.
Pupatti (G.),	Udine,	Vénétie.
Quaranta (G.),	Crémone,	Vénétie.
Querci (M.),	Solajo,	Toscane.
Quintieri,	Naples,	Deux-Siciles.
Ragonesi et Pazzi,	Meldola,	Toscane.
Ramirez,	Reggio-de-Calabre.	Modène.
Ranzi (F.),	Roveredo,	Tyrol.
Redaelli (F.),	Milan,	Lombardie.
Rigone (V),	Vigevano,	Sardaigne.
Rizzoli (G.),	Ferrare,	Etats-Romains

Rizzuto (M.),	Naples,	Deux-Siciles.
Rocceti (D.),	Ancône,	Etats-Romains.
Rognetta,	Reggio-de-Calabre,	Modène.
Romanelli (A.),	Arezzo,	Toscane.
Romani (B.),	Pescia,	Toscane.
Ronchetti,	Milan,	Lombardie.
Ronchi,	Meldola,	Etats-Romains.
Roncioni (F.),	Pise,	Toscane
Ronconi (Luigi-G.) et fr.,	Modigliana,	id.
Ronconi (Luigi-Mauro),	id.	id.
Rossi (Gaspero) et fr.,	Pontassiève,	id.
Rossi fr.,	Sondrio,	Lombardie.
Rossini (G.),	Terni,	Etats-Romains.
Ros Mangano,	Naples,	Deux-Siciles.
Rota (A.),	Chiari,	Lombardie.
Rubini (V.),	Udine,	Vénétie.
Ruschi fr.,	Pise,	Toscane.
Ruspoli (M.),	Fossombrone,	Etats-Romains.
Saint-Léon,	Messine,	Deux-Siciles.
Salari (D.),	Foligno,	Etats-Romains.
Sallazaro (L.),	Messine,	Deux-Siciles.
Salimbeni (L.),	Modène,	Modène.
Salvadori,	Trente,	Tyrol.
Salvatore,	Reggio-de-Calabre,	Modène.
Sanderson et fils,	Messine,	Deux-Siciles.
Sandrucci fr.,	Florence,	Toscane.
Sanguinetti,	Bologne,	Etats-Romains.
Sanleonini (G.),	Lupinari,	Toscane.
Sari (B.),	Lucques,	id.
Saverio-Melissari,	Reggio-de-Calabre,	Modène.
Savorelli,	Forli,	Etats-Romains.
Scalini fr.,	Côme,	Lombardie.
Scerlera Saprami,	Codogno,	id.

SCHEIBLER (E.),	Milan.	Lombardie.
SCHIAVI (L.),	Udine,	Vénétie.
SCHULLER,	Milan,	Lombardie.
SCIACCA (E.),	Patti,	Deux-Siciles.
SCOTI, MÉJEAN et Cie,	Pescia,	Toscane.
SECCHI (F.),	Milan,	Lombardie.
SÉGRE (Isach),	Saluces,	Sardaigne.
SÉGRE (Samson),	Vercelli,	id.
SEMENZA (L.),	Verolanuova,	Lombardie.
SESSA (P.-Fr.),	Milan,	id.
SEVIERI (S.),	Lucques,	Lucques.
SIGARDI (L.),	Ceva,	Sardaigne.
SILVESTRI et TRANQUILLI,	Ascoli,	États-Romains.
SINIGAGLIA (S.),	Busca,	Sardaigne.
SOLARI (M.),	Chiavari,	id.
SOLDATI (Ph.) et fils,	Turin,	id.
SPANO (L.),	Cagliari,	id.
SORICHELETTO (C.),	Schio,	Vénétie.
STEINER (G.), et fils,	Sala,	id.
STOFELLA (D.-A.),	Roveredo,	Tyrol.
TACCHI (J.-B.),	id.	id.
TALLACHINI (F.),	Fossombrone,	États-Romains.
TARDITI (F.),	Bra,	Sardaigne.
TASSINARI et FIORENTINI,	Dovadola,	Toscane.
TENUTA (R.),	Arezzo,	id.
TESI (L.),	Pistoia,	id.
TOMASONI (G.),	Jesi,	États-Romains.
TONI (F.),	Poreta,	id.
TORELLI,	Novi,	Sardaigne.
TOTI (G.),	Montalluzzo p. Arezzo,	Toscane.
TRANI,	Naples,	Deux-Siciles.
TRÈVES (Samuel),	Vercelli,	Toscane.
TRÈVES (Gabriel),	id.	id.

Trulei (A.),	Sermezzo,	Lombardie.
Triulzi,	Briance,	Sardaigne.
Turchini (E. et J.),	Cafaggio,	Toscane.
Turri (G.) et Cie,	Vérone,	Vénétie.
Turri (L.) et Cie,	id.	id.
Vagina d'Esmareze,	Ivrée,	Sardaigne.
Vagnoni fr.,	Pignerol,	id.
Valazzi (L.),	Pesaro,	États-Romains.
Valcassinowich (A.),	Fiume,	Illyrie.
Valtolina fr.,	Milan,	Lombardie.
Vannucci (G.),	Pontelungo,	Toscane.
Vecchi (T.),	Reggio de Modène,	Modène.
Vedoste del Monte,	Fossombrone,	États-Romains
Velazzi (L.),	Pesaro,	id.
Venerandi (G.),	id.	id.
Vermigli (R.),	Fermo,	id.
Verza fr.,	Milan, Côme et Bologne,	Lombardie.
Viola (G.-N.),	Savone,	Sardaigne.
Wolf, Rabe et Cie,	Messine,	Deux-Siciles.
Zamara (F.),	Brescia,	Lombardie.
Zamparo (G.),	Udine,	Vénétie.
Zanella (J.-B.),	Schio,	id.
Zanoli (L.),	Forli,	États-Romains.
Zanetti,	Cameri,	id.
Zerba,	Doire,	Sardaigne.
Zerpa (A.),	Plaisance,	Parme.
Zuppinger, Siber et Cie,	Bergame,	Lombardie.

MOULINIERS.

ALBERGO (R.),	Palerme,	Deux-Siciles.
ALFERO,	Doire,	Sardaigne.
ANDREIS et BARBERIS,	Turin,	Sardaigne.
ANTONI (Césare de),	Milan,	Lombardie.
ARLÈS DUFOUR,	Savigliano,	Sardaigne.
BARBAROUX et Cie,	Turin,	id.
BARBERIS,	Dromeno,	id.
BELOTTI,	Brescia,	Lombardie.
BESANA,	Monza,	id.
BETTINI (D.),	Roveredo,	Tyrol.
BISETTI (A.),	Caserta,	Deux-Siciles.
BOGGIANO (L.),	Arenzano,	id.
BOLMIDA fr.,	Turin,	Sardaigne.
BONOLA,	Milan.	Lombardie.
BORGHETTI (G. et C.),	Brescia,	id.
BORELLI,	Savigliano,	Sardaigne.
BOSISIO (P.),	Raviala,	id.
BOZZOTI (C.) et Cie,	Milan,	Lombardie.
BRANCA,	id.	id.
BRAVO (M.) et fils,	Turin,	Sardaigne.
BRUNI (F.),	Milan,	Lombardie.
BUSSI et MORARDET,	id.	id.
CANTINI BORGOGNINI et Cie,	Florence,	Toscane.
CANTON (V.),	Vicence,	Vénétie.
CARCERI (M.),	Chieti,	Abruzzes.
CARLI DI TOMASSO,	Milan,	Lombardie.
CAROLI (L.),	Bergame,	id.
CASSIN,	Caraglio,	Sardaigne.
CASISSA,	Novi,	id.

Ceriana fr.,	Turin,	Sardaigne.
Chiarini fr.,	id.	id.
Corti fr.,	Milan,	Lombardie.
Decauville et Bordet,	id.	id.
Denina (V.),	Turin,	Sardaigne.
Donadoni,	Bergamo,	Lombardie.
Ferrari (F.),	Codogno,	Lombardie.
Figarolli,	Riva de Tranto,	Tyrol.
Fontana fr.,	Turin,	Sardaigne.
Franchi fr.,	San-Bartolommeo,	Lombardie.
Gaddum (F.-B.),	Pignerol,	Sardaigne.
Gavazzi (Piétro),	Milan,	Lombardie.
Gavazzi fr.,	id.	id.
Giorelli fr.,	Turin,	Sardaigne.
Giriodi,	Saluces,	id.
Gullotti (A.),	Messine,	Deux-Siciles.
Grugliasco,	Naples,	id.
Heimann (M.),	Trévise,	Lombardie.
Huber (F.) et Cie,	Germignaga,	Sardaigne.
Isacco fr.,	Milan,	Lombardie.
Keller (A.),	id.	id.
Kutti (P.),	Côme,	id.
Lattes,	Coni,	Sardaigne.
Laudadio della Rippa,	Florence,	Toscane.
Lonato,	Vérone,	Vénétie.
Luzatto,	Milan,	Lombardie.
Magnano,	Briance,	Sardaigne.
Mangano (A.),	Messine.	Deux-Siciles.
Maruzzi (A.),	Vicence,	Vénétie.
Mattiuzzi (G.-B.),	Udine,	Vénétie.
Mondelli (G.),	Côm.	Lombardie.
Morasso (B.),	Gênes,	Sardaigne.
Moschetti (G.-Angelo),	Boves,	Sardaigne.

Moschetti (G-Maria),	Verzuolo,	Sardaigne.
Novellis (G.),	Savigliano,	id.
Olivieri (R.).	Caramanico,	Abruzzes.
Parpillon,	Bassano,	Lombardie.
Pasquale de Vecchi et Cie,	Milan,	id.
Perlasca (G.),	Còme,	id.
Pestalozza (F.),	Plaisance,	Sardaigne.
Ponzie,	Ivrée,	id.
Porro (P.),	Còme,	Lombardie.
Ranzi (F.),	Roveredo,	Tyrol.
Reller (A.),	Turin,	Sardaigne.
Ronchetti fr.,	Cambiago,	Lombardie.
Salvadori,	Trente,	Vénétie.
Scoti, Méjean et Cie,	Pescia,	Toscane.
Sessa (P.) fr.,	Milan,	Lombardie.
Sicardi (L.),	Ceva,	Sardaigne.
Simonetti,	Osimo,	Etats-Romains.
Sinigaglia,	Cuneo,	Sardaigne.
Sublera-Soprauli (M.),	Codogno,	Lombardie.
Tacchi (J.-B.),	Roveredo,	Tyrol.
Tallachi (F.),	Fossombrone,	Etats-Romains.
Tani (F.),	Viesca,	Toscane.
Triulzi,	Brianco,	Sardaigne.
Turchini (E. et J.),	Cafaggio,	Toscane.
Turri (F.),	Còme,	Lombardie.
Vagina d'Emmarezze,	Ivrée,	Sardaigne.
Vecchi (T.),	Reggio de Modène,	Modène.
Verza fr.,	Bologne,	Etats-Romains.
Zuppinger (S.) et Cie,	Bergame,	Vénétie.

FILATEURS ET MOULINIERS.

ALBERGO (R.),	Palerme,	Deux-Siciles.
ALFERO,	Doire,	Sardaigne.
ANDREIS et BARBERIS,	Turin,	id.
ASTONI (Cesare DE),	Milan,	Lombardie.
BARBAROUX et Cie,	Turin,	Sardaigne.
BARBERIS,	Dronero,	id.
BELOTTI,	Brescia,	Lombardie.
BESANA,	Monza,	id.
BETTINI (D.),	Roveredo,	Tyrol.
BOLMIDA fr.,	Turin,	Sardaigne.
BOSISIO (P.),	Raviala,	id.
BOZZOTI (C.) et Cie,	Milan,	Lombardie.
BRAVO (M.) et fils,	Turin,	Sardaigne.
CANTINI-BORGOGNINI et Cie,	Florence,	Toscane.
CANTON (V.),	Vicence,	Vénétie.
CARLI di TOMASSO,	Milan,	Lombardie.
CAROLI (L.),	Bergame,	Vénétie.
CASISSA,	Novi,	Sardaigne.
CERIANA fr.,	Turin,	id.
CHIARINI fr.,	Turin,	id.
CORTI fr.,	Castano,	Lombardie.
DECAUVILLE et BORDET,	Milan,	Lombardie.
DENINA (V.),	Turin,	Sardaigne.
DONADONI,	Bergame,	Vénétie.
FERRARI (F.),	Codogno,	Lombardie.
FIGAROLLI,	Riva-de-Tranto,	Tyrol.
FONTANA fr.,	Turin,	Sardaigne.
FRANCHI fr.,	San-Bartolommeo,	Lombardie.

Gaddum,	Pignerol,	Sardaigne.
Gavazzi (Pietro),	Milan,	Lombardie.
Gavazzi fr.,	Milan,	Lombardie.
Giorelli fr.	Turin,	Sardaigne.
Grugliasco,	Naples,	Deux-Siciles.
Heimann (M.),	Trévise,	Vénétie.
Huber (F.) et Cie,	Germignaga,	Sardaigne.
Keller (A),	Milan,	Lombardie.
Lattes,	Coni,	Sardaigne.
Laudadio della Ripa,	Florence,	Toscane.
Luzatto,	Milan,	Lombardie.
Magnano,	Briance,	Sardaigne.
Maruzzi (A.),	Vicence,	Vénétie.
Mattiuzzi (G.-B.),	Udine,	Vénétie.
Mondelli (G.),	Côme,	Lombardie.
Morasso (B.),	Gênes,	Sardaigne.
Moschetti (G.-M.),	Verzuolo,	id.
Novellis (G.),	Savigliano,	id.
Pasquale de Vecchi et Cie,	Milan,	Lombardie.
Perlasca (G.),	Côme,	Lombardie.
Pestalozza,	Plaisance,	Sardaigne.
Ponzie,	Ivrée,	id.
Ranzi (F.),	Roveredo,	Tyrol.
Ronchetti fr.,	Milan,	Lombardie.
Salvadori,	Trente,	Vénétie.
Scoti, Méjean et Cie,	Pescia,	Toscane.
Sessa (P.) fr.,	Milan,	Lombardie.
Sicardi (L.),	Ceva,	Sardaigne.
Sinigaglia,	Cuneo,	Sardaigne.
Tacchi (J.-B.),	Roveredo,	Tyrol.
Tallachini (F.),	Fossombrone,	Etats-Romains.
Triulzi,	Briance,	Sardaigne.
Turchini (E. et J.),	Cafaggio,	Sardaigne.

Turri (F.),	Côme,	Lombardie.
Vagina d'Emmareze,	Ivrée,	Sardaigne.
Vecchi (T.),	Reggio-de-Modène,	Modène.
Verza fr.,	Bologne,	Etats-Romains.
Zuppinger, Siber et Cie,	Bergame,	Vénétie.

PRINCIPAUX FILATEURS DU LEVANT.

—

BENGALE.

FERMAUD,	. . . .
GYRDIN-STERWARD,	. . . .
HYALL,	Rangamaty.
PAYEN (L.),	. . . .
PERRIN (J.),	. . . .
REMY (J.),	Commercoly.
STERWAOUD,	Gyadino.
WARDON (A),	Radnagore.

—

BROUSSE.

BAÏOGLU (A.).

BEDROS ARAKELIAN.

BERNARD CORPI.

BONNAL frères et Cie.

BROTT.

CANTAR (J.).

CHIBOUCHIOGLU.

FARHA (A.).

FARRA (A.-H.).

FILATURE IMPÉRIALE.

FOIS VUCCINO.

GILAGIAN (J.-M.).
GLAVANY (J.).
KIRMISIAN (Paul).
PARLAKI (J.).
SANDALGI (S.).
SABIM MANASSÉ.
SÉON.
SCHIVAALE (Henry).
SUJUOGLU.
USUNOGLU.
FILATURE LEFKIE à Kouply.

SYRIE

ABELA,	. . . . . .
BAZILACAKIS,	Smyrne.
BORNE,	Volo.
BUGHOS (A.),	. . . . . .
COUSINERY (A.), aux Bains de Diane, à Smyrne.	
HERRY,	. . . . . .
LOPI,	. . . . . .
MALTAR,	. . . . . .
MANSOUR (Eddé),	Beyrouth.
MATHON,	Smyrne.
MOURGUE,	. . . . . .
NAGGIAR,	. . . . . .
NASSER (K.) et fils,	. . . . . .
NOUKA,	. . . . . .
PALLUAT,	Liban (Mon à Beyrouth)

Portalis,	Liban.
Ralli,	. . . .
Raïs,	Beyrouth.
Scott,	. . . . . .
Tabet (J.), et Cie,	. . . .
Tarrazi,	. . . . . .
Tavand,	. . . . . .
Vellachi,	. . . . . .
Zalzal (F.) fils,	. . . . . .
Vermazza frères,	à Andrinople.

———

Filature royale	d'Athènes.
Lucaralli,	au Pirée.

———

FILATEURS DIVERS.

—

Alcala (Vve) et fils,	Valence,	Espagne.
Canovas (D.),	Murcie,	id.
Dotrès et Cie,	Valence,	id.
Francisco Pujals,	id.	id.
Gonzalès frères,	id.	id.
Lorès (A.),	Barbastro,	id.
Mesas,	Murcie,	id.
Magin et Torner,	Valence,	id.
Portalès,	Talavera de la Regna,	id.
Rubio fils,	Valence,	id.
Servet frères et fils,	Murcie,	id.
Trénor,	Valence,	id.
De Mello,	Lisbonne,	Portugal.
D'Albuquerque (J.),	Porto,	id.
Da Silva (M.-J.),	id.	id.
Mazziotti (V.),	Lisbonne,	id.
Vianna (L.-F.),	id.	id.
Bonzanigo,	Bellinzone,	Suisse.
Enge, Widmer, Billeter et Cie,	Staefa,	id.
Heitz-Weber,	id.	id.
Hotz frères,	Meilen,	id.
Paganini et Molo,	Bellinzone,	id.
Bede (J.) et Cie (mouliniers),	Zurich,	id.

CONDITIONS DES SOIES

FRANÇAISES	ÉTRANGÈRES.
Aubenas.	Bergamo.
Avignon.	Brescia.
Lyon.	Côme.
Marseille.	Créfeld.
Nîmes.	Elberfeld.
Paris.	Florence.
Privas.	Londres.
Reims.	Manchester.
Roubaix.	Milan.
Saint-Étienne.	Trente.
	Turin.
	Udine.
	Vienne.
	Zurich.

—

TROISIÈME PARTIE

FABRICANTS

FRANÇAIS ET ÉTRANGERS

DES DIVERSES PARTIES INTÉRESSANT L'INDUSTRIE DES SOIES.

———

FRANCE.

—

ÉTOFFES DE SOIE.

(Fabricants.)

Appay jeune, rue Rambuteau, 14, Paris.

Arnaud (Baptiste), Avignon (Vaucluse).

Auger j. et Maurel, rue Saint-Lazare, 2, Paris.

Avril de Gournay et Guyot, r. des Fossés-Montmartre, 4, Paris.

Ayral, Guiraud, Deleuze, Nîmes (Gard).

Balmont et Cⁱᵉ, rue Vivienne, 12, Paris.

Batardy et Waroquet, rue du Mail, 23, Paris.

Brisson (Ed.) parapluies, rue Thevenot, 19, Paris.

Bernard (F.-A.), Nîmes (Gard).

Bertel frères, rue Neuve-des-Petits-Champs, 21, Paris.

Berton, Pouilly (Loire).

Bienfait, rue Richelieu, 79, Paris.

Billault-Charmont, rue des Lions-Saint-Paul, 19, Paris.

Bize (F.), peluches, Puttelange (Moselle).

Blachier frères, Annonay (Ardèche).

Boivin (E.), rue Saint-Denis, 252, Paris.

Bonet (F.), fils aîné, velours, rue de Cléry, 24, Paris.

Bonnet, Thomas (Fr.) et Julmasse, b. des Capucines, 0, Paris.

Bosc-Devèze, Nîmes (Gard).

Bosc et Placide, Nîmes (Gard).

Brochot et Lavesvre, rue du Mail, 20 et 22, Paris.

Brunel (L.), Nîmes (Gard).

Brunswich et Cie, rue Neuve-Saint-Eustache, 38, Paris.

Cartier fils, rue Richelieu, 75, Paris.

Chabert, Roulon et Reboul, Nîmes (Gard).

Chaisemartin et Hoessner, place des Victoires, 6, Paris.

Chardon-Lagache, rue du Faubourg-Saint-Honoré, 9, Paris.

Chartier (Ch.), rue de Cléry, 13, Paris.

Chaumas (E.), rue Montmartre, 160, Paris.

Chevalier (Ch.), velours, r. Neuve-des-Pet.-Champs, 19, Paris.

Corbin (A.), rue Saint-Denis, 366, Paris.

Coste, Dunières (Haute-Loire).

Crémieux frères, Nîmes (Gard).

D'Alsème frères, rue Cauchat, 9, Paris.

Daniel frères et L. Mirabeau, Nîmes (Gard).

David, Dunières (Haute-Loire).

Delacarlière, L. Batiste et Cie, r. Fossés-Montmartre, 5, Paris.

Delagrave et Deschamps, rue de Sèvres, 2, Paris.

Delange et Mathieu, rue du Sentier, 10, Paris.

Delattre et Lizé, velours, rue Vivienne, 31, Paris.

Demolliens aîné et Cie, rue du Mail, 18, Paris.

Désormeaux, velours, rue Saint-Denis, 155, Paris.

Despréaux de S.-Sauveur, r. N-des-Petits-Champs, 35, Paris.

Dhours (A.) fils, Nîmes (Gard).

Dorbec jeune, rue de Cléry, 5, Paris.

Dreyfus (Isidore), rue de Vendôme, 24, Paris.

Dumas fr., Schneider, Bussière et Lachard, rue des Fossés-Montmartre, 6, Paris.

Duncan et Charpentier, rue de la Banque, 17, Paris.

Duplan f. et Cie, rue Richelieu, 75, Paris.

Dumazy, Romans (Drôme).

EUDE et VIEUGNÉ, velours, Tours (Indre-et-Loire).

EYMOND et Cie, velours, rue Bourbon-Villeneuve, 26, Paris.

FAURE et fils, Nîmes (Gard).

FESSART (Ch.), velours, rue de Grammont, 7, Paris.

FEY-MARTIN, Tours (Indre-et-Loire).

FOUCHER jeune, rue Sainte-Anne, 23, Paris.

FORTOUL et AUBERT, Jausiers (Basses-Alpes).

FRANÇOIS (Baptiste), Avignon (Vaucluse).

GAGNET frères et Cie, rue Montmartre, 126, Paris.

GAILLARD et Cie, rue Thévenot, 24, Paris.

GALLOIS-GIGNOUX et Cie, boulevard de la Madeleine, 21, Paris.

GANGNAT et RAIMOND, rue Vivienne, 22, Paris.

GIRAUD (Joseph) fils, moires, taffetas, Avignon (Vaucluse).

GOUZIAN (E.), rue des Jeûneurs, 25, Paris.

GRELLOU (H.), rue Rambuteau, 84, Paris.

GROS, ODIER, ROMAN et Cie, Wesserling (Haut-Rhin).

GUILLOT (E.), rue des Jeûneurs, 46, Paris.

HAMEL (E.) et JAQUY, rue des Jeûneurs, 48, Paris.

HAMET (F.) jeune, A. BERTEAUX et Cie, rue des Fossés-Montmartre, 10, Paris.

HELFT (A.) fils, rue Saint-Honoré, 57, Paris.

HERMANN (J.) aîné, velours, Thann (Haut-Rhin).

HERMANN (G.) et Cie, Thann (Haut-Rhin).

HESS (A.), velours, rue Vivienne, 14, Paris.

HURARD, Avignon (Vaucluse).

JOUBERT (A.) et SALLERON, rue Feydeau, 28, Paris.

JOYOT jeune, rue Saint-Pierre-Montmartre, 19, Paris.

LACOUR et WALTOUR, Sarreguemines (Moselle).

LANDRON, FRANCLET et Cie, rue de Choiseul, 6, Paris.

LEBLANC, Senas (Bouches-du-Rhône).

LEGENDRE, rue du Petit-Thouars, 20, Paris.

LOUVET et ROBERT, rue Vivienne, 10, Paris.

LUNDY (J.), rue Montmartre, 3, Paris.

MACAIGNE et CORDIER, rue du Caire, 26, Paris.

MANIVET-MILLIÉ, Avignon (Vaucluse).

MARCILHAC, ARBELOT et Cie. rue Vivienne, 20, Paris.

MARTIN (J.-B.) et P., peluches, rue de Vendôme, 24, Paris.

—   —   Puttelange (Moselle).

—   —   Saint-Avold   —

MASSÉ neveu, Lay (Loire).

MASSERAM, Nîmes (Gard).

MASSIP-CHAPEL, Nîmes (Gard).

MASSING fr. HUBER et Cie, Puttelange (Moselle).

MASSOT, Saint-Nazaire-en-Royans (Drôme).

MÉJANELLE sœurs, Nîmes (Gard).

MESTRE frères, Nîmes (Gard).

MILLION (F.), velours, rue des Lombards, 31, Paris.

MONESTIER aîné et Cie, Avignon (Vaucluse).

MORET et PAYEN, rue de Cléry, 9, Paris.

MOUNIER fils, Dunières (Haute-Loire).

OPIGEZ, GAGELIN et Cie, rue Richelieu, 83, Paris.

PELISSIER et Cie, Nîmes (Gard).

PELLOTIER (J.-J.), velours, r. N.-des-Petits-Champs, 27, Paris.

PILA, Avignon (Vaucluse).

PILLET (F.) et H. CROUÉ, Tours (Indre-et-Loire).

PILLET-MEAUZÉ et fils, Tours (Indre-et-Loire).

PUY frères, Avignon (Vaucluse).

RATTIER et ROCHE, rue Richelieu, 62, Paris.

REROLLE (G.) et Cie, rue Neuve-Saint-Eustache, 11, Paris.

RICARD (veuve), Avignon (Vaucluse).

RIMBAUD frères, Avignon (Vaucluse).

ROSSET et NORMAND, rue Feydeau, 32-34, Paris.

ROUSSELOT-CHAPEL, Nîmes (Gard).

ROUZAIROL (J.) rue Saint-Denis, 200, Paris.

ROY jeune, rue Feydeau, 24, Paris.

SAUVAGE fr. et LEPRÉVOST, rue Vivienne, 16, Paris.

Simon père et fils, parapluies, rue Beaurepaire, 3, Paris.

Steinbach, Hoechlin et Cie, Mulhouse (Haut-Rhin).

Tardy, Dunières (Haute-Loire).

Tavernier fr., Huet et Cie, rue Beaurepaire, 3. Paris.

Tempier frères, Nîmes (Gard).

Teissier et Cie, Nîmes (Gard).

Thibaud, Berne et Blanc, r. Neuve-Saint-Eustache, 33, Paris.

Thierré (J.) et Cousin, rue Vivienne, 53, Paris.

Tuvée et Cie, rue de Choiseul, 13, Paris.

Valens-Niel, Avignon (Vaucluse).

Valich frères, rue Coquillière, 41, Paris.

Valière (A.), rue Pagevin, 48, Paris.

Verdet frères, Buis-les-Baronnies (Drôme).

Verneaux, Dobilly et Cie, boulevard Sébastopol, 101, Paris.

Veyrier, Peuple et Cie, rue Thevenot, 23, Paris.

PASSEMENTERIE.

(Fabricants.)

Adam (E.) rue Saint-Denis, 281,   Paris.

Adam, rue Thévenot, 1,   id.

Adrian, rue Saint-Honoré, 67,   id.

Afchain (Jules), rue du Caire, 3,   id.

Alexandre, passage Bourg-l'Abbé,   id.

Aldige fils, Agen (Lot-et-Garonne).

Ambert (L.), rue Saint-Denis, 73,   Paris.

Antheaume et E. Dieutegard, b. Sébastopol, 42, id.

Arnaud et Favier, rue Beauregard, 39,   id.

Aron (J.), rue Jean-Jacques Rousseau, 12,   id.

Aubert (Ch.), chaussée d'Antin, 62,   id.

Aubine, rue des Jeûneurs, 8,   id.

Auger (Ch.), rue Saint-Martin, 174,   id.

Austin, Flouest et Cie, rue Mauconseil, 5,   id.

BADET, rue Neuve-des-Petits-Champs, 11, Paris.

BAILLIET et SCHMIDT, Strasbourg (Bas-Rhin).

BAILLEUX (A.), rue Ménilmontant, 114, Paris.

BAJAT (veuve), rue de Venise, 23, Paris.

BALAS-DUBOUCHET, Saint-Chamond (Loire).

BARBIER (A.), rue Saint-Denis, 279, Paris.

BARBOT, Laval (Mayenne).

BARRÉ (Victor), rue Montmartre, 48,　　　Paris.

BARRÉ-MIGNEAUX (Ch.), rue d'Alger, 12,　id.

BARRÉ, rue du Faubourg-Saint-Martin, 31, id.

BARTELS et CHAIGNEAU, b. Sébastopol, 29,　id.

BARTHELET, rue des Francs-Bourgeois-Marais, 6, Paris.

BASTIDE (veuve), rue Beaubourg, 26, Paris.

BAUDOIN et MARTIN, Marseille (Bouches-du-Rhône).

BAUVILLE, Périgueux (Dordogne).

BAYARD (Victor), rue Ferme, 56,　　　Paris.

BAYARD fr., r. des Blancs-Manteaux, 35,　id.

BAZAILLE (P.), rue du Temple, 67,　　　id.

BAZIN, chemin de ronde de la barrière Ménilmontant, 7, Paris.

BEAUVAIS, rue Verrerie, 10,　　　　　Paris.

BELIN, rue du Faubourg-Saint-Martin, 156,　id.

BEGON (V.), rue Buisson-Saint-Louis, 16,　id.

BELORGE et Cie, rue Saint-Denis, 268,　id.

BERNARD-LECOMTE et Cie, r. Napoléon-Belleville, 16, id.

BERNHEIM (Jules), rue Montmartre, 160,　id.

BERT, rue Miromésnil, 48,　id.

BERTHEL, quai Jemmapes, 248,　id.

BERTHELEY (Hippolyte), rue Rougemont, 4,　id.

BERTHIER (veuve L.), rue du Temple, 147,　id.

BERTIER, rue Coquillière, 25,　id.

BERTIN et ALBARET, rue Saint-Sauveur, 56,　id.

BERTRAND, rue Saint-Denis, 101,　id.

BIDAUT (P.), rue Saint-Honoré, 78,　id.

BICOT (L. , rue Saint-Honoré, 229, Paris.

BIQUARD (B.), rue Rambuteau, 60, Paris.

BISSON (Constant), rue des Prêcheurs, 8, Paris.

BISSON (F.), Ferté-Macé (Orne).

BISSON fils aîné, Ferté-Macé (Orne).

BLANCHIN jeune, rue Grange-aux-Belles, 31, Paris.

BLANDIN (E.), rue Beaurepaire, 7,   id.

BLARD (L.) fils, boulevard Sébastopol, 62,   id.

BLOCH, rue Notre-Dame-de-Nazareth, 12,   id.

BLOCH jeune, rue Poissonnière, 18,   id.

BOESWILWALD, Strasbourg (Bas-Rhin).

BOISSÉE, rue de Cléry, 77, Paris.

BOISSET, Périgueux (Dordogne).

BONHOMME, faubourg du Temple, 121, Paris.

BONNET, rue Orillon-Belleville, 48,   id.

BONNETBEAU, rue Saint-Denis, 310,   id.

BONNIS (Mme), rue Montmartre, 18,   id.

BORDIER (J), rue Saint-Martin, 89,   id.

BORIES, Montesquieu-Valvestre (Haute-Garonne).

BOTTOLIER-DEPOIX, rue Saint-Denis, 142, Paris.

BOUANCHAU fils, rue de la Fosse, 23, Nantes (Loire-Inférieure).

BOUCAULT et HUBLIN, rue Saint-Denis, 121,   Paris.

BOULARD et Cie, rue des Fossés-Montmartre, 11, id.

BOURDAIS (J.), rue Saint-Denis, 366,   id.

BOURGEOIS (J.), Saint-Omer (Pas-de-Calais).

BOURG (H.), rue Saint-Honoré, 267,   Paris.

BOURGEOIS, rue Saint-Paul, 2,   id.

BOURSON, rue Deux-Portes-St-Sauveur, 9, id.

BOUSQUET, faubourg Poissonnière, 12,   id.

BOUTET, cloître Saint-Jacques, 10,   id.

BOUZIGUES, rue Castillon, 8, Bordeaux (Gironde).

BOYRIVEN frères et Cie, rue des Colonnes, 4, Paris.

BOY (Gustave) jeune, boul. Sébastopol, 99, id.

BREYSSE, rue Saint-Denis, 241, Paris.

BRIAUD, Périgueux (Dordogne).

BRICHARD (A.), rue Saint-Sauveur, 97, Paris.

BROISOT, Metz (Moselle).

BROSSET (Alexandre), faubourg Saint-Martin, 13, Paris.

BROYON, rue Saint-Maur-Popincourt, 214, id.

BRUN, rue l'Evèque, 15, id.

BRUNEAU, boulevard Sébastopol, 110, id.

BUNZEL et HEUMANN frères, rue St-Denis, 238, id.

BURÉ (L.), rue Bourbon-Villeneuve, 11, id.

BUSSAT, rue Prouvaires, 16, id.

BUSSCHER et Cie, Quevauvillers (Somme).

BUSSY, Arques (Pas-de-Calais).

CAEN (L.), rue Saint-Denis, 217, Paris.

CAGNET (Félix), rue d'Amsterdam, 41, id.

CAHAGNE (L.) et LECOMTE, rue St-Denis, 144, id.

CAHEN (François), rue du Roule, 11, id.

CALAMEL (Mme), rue Quincampoix, 39, id.

CANDELLIER, Saint-Omer (Pas-de-Calais).

CANDELOT et Cie, rue du Temple, 219, Paris.

CARBILLIER, rue Neuve-Saint-Merri, 33, id.

CARBILLIET, rue Bourbon-Villeneuve, 2, id.

CARDON, TRAUTLÉ et Cie, rue Quincampoix, 27, id.

CARON, rue Buisson-Saint-Louis, 23, id.

CARRÉ (E.), rue de Sèvres, 31, id.

CASSARD (J.-E.), rue des Filles-Dieu, 24, id.

CATILLON (Ph.), rue Mauconseil, 18, id.

CATTAERT, rue Grenelle-Saint-Honoré, 45, id.

CAUBET, rue Saint-Denis, 368, id.

CAUDERLIER, rue Chapon, 42, id.

CAUDROY, rue des Amandiers-Belleville, 31, id.

CAVREL et NOEL, rue Française, 2, id.

CELISSE, rue Quincampoix, 31, id.

CESTARET (H.) et Cie, boulev. Sébastopol, 66, Paris.

CHABRIER, faubourg Sain.-Martin, 120,   id.

CHALOT et Cie, rue Neuve-Saint-Eustache, 48, id.

CHAMBELLANT (H.), rue Saint-Denis, 374,   id.

CHAMBOVET, rue du faubourg-du-Temple, 58, id.

CHAMOUIN (Mme), rue Saint-Denis, 227,   id.

CHANTEPIE aîné, rue Montorgueil, 67,   id.

CHAPON, rue Gracieuse, 4,   id.

CHAPUS, rue Saint-James, 22, Bordeaux (Gironde).

CHAPUIS, Halles-Centrales, 10,   Paris.

CHARBONNIER, imp. St-Laurent-Belleville, 12,   id.

CHARLES, faubourg Saint-Antoine, 19,   id.

CHARLET (E.), rue Richelieu, 41,   id.

CHARPENTIER, rue Saint-Denis, 368,   id.

CHARVET et BARTHELEY, rue Grenier-St-Lazare, 16, id.

CHASLES et LEGOUAY, rue Saint-Denis, 163,   id.

CHASSARD (veuve), Basse-Grande-Rue, 23, Nantes (Loire-Inf.)

CHASSAGNIEUX, rue Moret, 15,   Paris.

CHATRON, rue aux Ours, 22,   id.

CHAUFFIER (Charles), rue Montmartre, 150, id.

CHAULIER (veuve), Marseille (Bouches-du-Rhône).

CHAUPIT et SÉMÉRIC, chem. de ronde des Amandiers, 25, Paris.

CHAVANON, rue Moret, 17,   id.

CHAZOT et PLANUS, rue Trois-Couronnes-du-Temple, 30, id.

CHEMIN-VIARD, rue Thévenot, 5,   id

CHESNAY, rue du Bac, 34,   id

CHEVALIER (L.), rue de la Banque, 16,   id.

CHEVALIER, rue Neuve-des-Petits-Champs, 16,   id.

CHEVANCES, rue Beaubourg, 41,   id.

CHIVARD (E.), Ferté-Macé (Orne).

CLAISE, rue du Faubourg-du-Temple, 58, Paris.

CLAVERIE, rue de la Chapelle, 24,   id.

CLÉRY, Quevauvillers (Somme).

CLISSIER, rue du Pas-Saint-Georges, 31, Bordeaux (Gironde).

COCHINART frères, rue des Fossés-Montmartre, 21, Paris.

COGUENHEM (Ch.) et Cie, rue des Jeûneurs, 42, id.

COLLET, rue Saint-Honoré, 169, id.

COLLOT (A.), rue Bourbon-Villeneuve, 14, id.

COLLOMBET (F.), rue Saint-Martin, 110, id.

COQUENET, rue Montmartre, 78, id.

CORBEL frères, rue Mauconseil, 25, id.

CORNU fils aîné, boulevard Sébastopol, 45, id.

COURCOL-LESAGE, Amiens (Somme).

COSTALLAT-BOUCHARD, rue Rambuteau, 26, Paris.

COUDERT (A.), rue du Bac, 19, id.

COUSSEAU frères, boulevard Saint-Denis, 22, id.

CRÉMIEUX (Jules), Avignon (Vaucluse).

CRUVEILHER et BROCARD, rue Saint-Denis, 358, Paris.

DAGUENET (L.), rue Saint-Denis, 319, id.

DALSACE frères et Cie, rue du Mail, 12, id.

DALMENESCHES (E.), r. Neuve-des-Petits-Champs, 67, id.

DANEL (Ch.), rue Mauconseil, 1, id.

DARASSE (E.), impasse Conti, 2, id.

DARCQUE-DUHAMEL, Saint-Omer (Pas-de-Calais).

DARRAS et ROCHEBLAVE, rue Saint-Denis, 271, Paris.

DATAN, rue du Faubourg-du-Temple, 99, id.

DAVID (J.-M.), rue Poissonnière, 10, id.

DAVID, rue Saint-Simon-le-Franc, 12, id.

DAVID fils, rue Saint-Denis, 183, id.

DAVOUST aîné, rue Saint-Denis, 134, id.

DEITZ (A.), boulevard Sébastopol, 78, id.

DEFORGE (A.), rue Saint-Sauveur, 4, id.

DELAPORTE (A.), avenue Montaigne, 54, id.

DELARDRE (Mme), rue Saint-Denis, 251, id.

DELARBRE, rue du Temple, 166, id.

DELBECQUE, rue du Calvaire, 6, Nantes (Loire-Inférieure).

DELESPINAY (A.), rue Saint-Martin, 121,   Paris.

DELMONT et GRÉNEN, rue de Rivoli, 136,   id.

DELRUE (A.), rue Grande-Truanderie, 42,   id.

DENIS, rue Saint-Maur, 140,   id.

DERRIER (Mme), rue Chapon, 48,   id.

DESBROUSSE (L.), rue Montmartre, 146,   id.

DESFOSSÉ (H.), rue Montmartre, 157,   id.

DÉSORMEAUX (C.), rue Saint-Denis, 155,   id.

DESSEIGNE, rue des Marais-Saint-Germain, 16, id.

DESTERBECQ, rue Jean-Jacques-Rousseau, 1, id.

DESVOYE fils, rue Saint-Denis, 362,   id.

DEVAUX (L.), rue Saint-Denis, 123,   id.

DEVILLIERS (veuve), Marseille (Bouches-du-Rhône).

DIBEL, rue du Faubourg-Saint-Martin, 179, Paris.

   — Montreuil-aux-Lions (Aisne).

DIEGOT, rue du Faubourg-du-Temple, 27,   Paris.

DIEUTEGARD (Er.) et ANTHEAUME, boul. Sébastopol, 42, id.

DOBELIN (Ch.) et Cie, boulevard Sébastopol, 60, id.

DOLLIER frères, rue Croix-des-Petits-Champs, 39, id.

DOMART (H.), rue des Lombards, 31,   id.

DONNATIN, rue du Temple, 38,   id.

DONZÉ, rue Maucopseil, 25,   id.

DONZÉ (Léon) et BERTHE, rue Saint-Martin, 212, id.

DOR, Toulouse (Haute-Garonne).   id.

DORIVAL, rue Orillon, 28, Paris.

DOURNOT (E.) et VIGNE, rue Saint-Denis, 227, Paris.

   — Beaumont-sur-Oise (Seine-t-Oise).

DRESCHER, quai Valmy, 179,   Paris.

DREVET, rue Juillet-Villette, 10,   id.

DREYER-STEHLIN (J.), rue du Cygne, 1,   id.

DREYFUS et VILLARD, boulevard Sébastopol, 21, id.

DUFLOS (Léon), rue Saint-Denis, 227,   id.

DUFLOS (P.) et MARREL, rue Rambuteau, 63,   id.

Dumergue et Cie, boulevard Saint-Denis, 18,   Paris.

Dumesnil, passage Pivert, 3,   id.

Dumondel, route d'Orléans, 9,   id.

Dumont, rue du Faubourg-Saint-Denis, 16,   id.

Dunac, Toulouse (Haute-Garonne).

Dupin fils, rue du Caire, 15,   Paris.

Dupuis, passage Ménilmontant, 10.   id.

Dupuis jeune, rue Coutellerie, 6,   id.

—   Loudun (Vienne).

Durand, Agen (Lot-et-Garonne).

Dutrouilh et Cie, Agen (Lot-et-Garonne).

Eckstein, rue Cloître-St-Jacques-l'Hôpital, 2,   Paris.

Elias, Aron et Willard, rue Saint-Denis, 252,   id.

Eyraud (A.), rue Grand-Saint-Michel, 24,   id.

Eyrond (J), rue Rambuteau, 65,   id.

Faivre (L.) aîné, rue Montmartre, 129,   id.

Falaise, rue Tonnellerie, 15,   id.

Fallon (Mme), rue Grenelle-Saint-Lazare, 26,   id.

Fara frères, passage Ménilmontant, 15,   id.

Fauquet (Mme C. V.), rue Montmartre, 12,   id.

Fauvelle, rue Saint-Denis, 374,   id.

—   Beaumont-sur-Oise (Seine-et-Oise).

—   Pierre-Pont (Somme).

Favier, rue Trois-Couronnes-du-Temple, 25,   Paris.

Felsemberg, Rigolles-Belleville, 100,   id.

Fernbach-Racine, rue Bourbon-Villeneuve, 24,   id.

Fèvre, rue Montorgueil, 61,   id.

Fiasson, passage Ménilmontant, 23,   id.

Finet (A.), rue Petit-Carreau, 44,   id.

Flach, Strasbourg (Bas-Rhin).

Flachat, rue du Faubourg-du-Temple, 121, Paris.

Foley (F.) et Cie, rue Nemours, 18,   id.

Forgeon (V.), rue Deux-Portes-St-Sauveur, 22,   id.

FONTAINE et Cie, rue Saint-Martin, 314,   Paris.

FORT, rue Tourtille-Belleville, 33,   id.

FOUCQUET, rue Napoléon-Belleville, 22,   id.

FOUILLETTE (F.), rue Quincampoix, 13,   id.

FRANCHE (E.), et Cie, boulevard Sébastopol, 64,   id.

FRÉDÉRIC, rue Deux-Portes-St-Sauveur, 17,   id.

FRELLET (F.), rue Montorgueil, 32,   id.

FRÉMONT-RAMBOUR, rue Saint-Denis, 166,   id.

FRENNELET, rue Saint-Denis, 278,   id.

FRICAULT (Ch.), rue Bourbon-Villeneuve, 63,   id.

FROIDEVAL, rue Neuve-Saint-Eustache, 32,   id.

FUCHIRON, rue Orellon-Belleville, 48,   id.

FUCHS (Ch.), Strasbourg (Bas-Rhin).

GAITAS-MORIN, Saint-Just-des-Marais (Oise).

GALLIS jeune, rue Montorgueil, 58, Paris.

GALLIS aîné, rue du Jour, 31,   id.

GALPIN, rue Marbeuf, 83,   id.

GASPARD et LABONDE, rue Bouffard, 4, Bordeaux (Gironde).

GASNÉ, rue Saint-Martin, 85, Paris.

GATTEYRIAS-GIRAUD, Courpière (Puy-de-Dôme).

GENDRON, rue Montmartre, 85,   Paris.

GEORGE, rue Feydau, 30,   id.

GÉRIN, rue des Amandiers-Belleville, 31,   id.

GÉRIN, chemin de ronde de la Chopinette, 5,   id.

GÉRIN, rue Ménilmontant, 106,   id.

GIDOIN, rue Neuve-des-Petits-Champs, 22,   id.

GIRAUD et Cie, rue Saint-Denis, 229,   id.

    —   Fontaine-Belleville, 13,   id.

GIRAULT, rue du Temple, 187,   id.

GIROUD, passage Feuillet, 4,   id.

GIVIERGE, rue Saint-Honoré, 288,   id.

GOBERT, rue des Jeûneurs, 6.   id.

GONDEL (A.), rue Mandar, 18,   id.

GONDEL, rue Montmartre, 68, Paris.

—   Beauvais (Oise).

GORJU (E.), rue Dauphine, 50, Paris.

GORJU-BRIDE (M**), rue Montmartre, 168, Paris.

GOSSELIN, Bernaville (Somme).

GOUY (L.) aîné, rue Neuve-Saint-Eustache, 56, Paris.

GRANGIER frères, Saint-Chamond (Loire).

GRATEL (veuve), rue du Petit-Lion, 31, Paris.

GRELLOU (Alexis), rue Saint-Denis, 132,   id.

—   boulevard Sébastopol, 43,   id.

GRELLOU (Henri), rue Rambuteau, 84,   id.

GRISAR (M.) et Cie, rue Saint-Denis, 270,   id.

GROSOS, Caen (Calvados).

GROSSO, rue du Faubourg-du-Temple, 58, Paris.

GRUINTGENS fils aîné, rue Saint-Denis, 127,   id.

GRUMBACH et BRUNSCHWICG, boul. Sébastopol, 94, id.

GUÉPRATTE, rue Rambuteau, 46,   id.

GUERCHENER, rue Saint-Martin, 123,   id.

GUÉRIN, rue du Faubourg-Saint-Denis, 15,   id.

GUÉRINOT (H.), rue Saint-Honoré, 73.   id.

GUÉROU, rue Albouy, 9,   id.

GUIBAUD-ANDRÉ, Marseille (Bouches-du-Rhône).

GUIBOUT (J.), rue de Rivoli, 124, Paris.

GUILLEMOT, rue Saint-Nicolas-d'Antin, 73, Paris.

—   Beaumont-sur-Oise (Seine-et-Oise).

GUILLOT, rue Saint-Denis, 347, Paris.

GUILLOU (D.), rue Bourbon-Villeneuve, 2, Paris.

GUILMARD fils, Ferté-Macé (Orne).

GUYARD, rue des Juges-Consuls, 3,   Paris.

HADENGUE, rue Saint-Honoré, 324,   id.

HALLARY (J.-B.), rue Richelieu, 106,   id.

HARTARD et MANGIN, Metz (Moselle).

HAUDRESSY et PAPIN, rue des États, 1, Nantes (Loire-Inférieure).

HÉBERT-BRICARD, rue Saint-Sauveur, 14,   Paris.

HEISER (J.), rue de Flandre, 215,   id.

HENRY, rue du Faubourg Saint-Honoré, 5,   id.

HÉRAUD et Cie, rue Montorgueil, 23,   id.

HÉRAUD (A.) aîné, Marseille (Bouches-du-Rhône).

HERSANT (veuve), rue St-Louis-Marais, 42,   Paris.

HINAL, rue Saint-Sauveur, 14,   id.

HIRSCH, rue Ste-Marguerite-St-Germain, 30,   id.

HOFF père, Strasbourg (Bas-Rhin).

HOFF (Ch.) fils, Strasbourg (Bas-Rhin).

HOIN (Mme), rue Phélippeaux, 25,   Paris.

HOMMEN (L.-C.) et HOMASMARD (A.), r. d. Fg-St-Denis, 23, id.

HOUZET, rue du Temple, 41,   . id.

HUBERT (W.), boulevard Sébastopol, 81,   id.

HUBERT, rue Claude-Vellefaux, 13,   id.

HUSSON (F.) et GUÉRIN (L.), rue Mauconseil, 16,   id.

HUTEAU (L.), rue Montmartre, 72,   id.

IDRAC (C.), rue de Cléry, 43,   id.

INGELBACH (F.), boulevard Sébastopol, 30,   id.

INGELBACH, WOLFFGANG et Cie, rue de Bondy, 66, . id.

JACMART, rue Rambuteau, 59,   id.

JACOB, Chaussée-d'Antin, 1,   id.

JACOB, rue Pradier-Belleville, 24,   id.

JACOB, Saint-Germain-en-Laye (Seine-et-Oise).

JACQUES, Metz (Moselle).

JANNIN et E. MARRE, rue Croix-des-Petits-Champs, 31, Paris.

JANNIOT (A.), rue du Mail, 27,   id.

JACQUEMART, square Napoléon, 6,   id.

JACQUET aîné, Chaussée-d'Antin, 33,   id.

JARLIER, rue Saint-Denis, 243,   id.

JEANCE (veuve), rue Rambuteau, 65,   id.

JOUAN, rue du Temple, 65,   id.

JOURDAIN, quai Jemmapes, 248,   id.

JOUTEUX (L.), rue Ménilmontant, 22, Paris.

JOUVAUX, rue Quincampoix, 34, id.

JOZEREAU-HUGUET, Poitiers (Vienne).

JULLIEN (veuve), Marseille (Bouches-du-Rhône).

JUMEL (A.), rue du Faubourg-Saint-Denis, 60, Paris.

JUMELLE (Alfred), rue Saint-Denis, 123, id.

JUNGER (G.), Strasbourg (Bas-Rhin).

KAMM (Th.), id. id.

KAUFFMANN (X.), id. id.

KRUCH, rue Beaubourg, 38, Paris.

LACHENAYE, rue Rambuteau, 35, id.

LACODRE, rue Française, 14, id.

LACOUR, rue Saint-Denis, 165, id.

LAFILÉ (D.) et LEGEAY, rue Bourbon-Villeneuve, 3, id.

LAFONT, rue de Bondy, 32, id.

LAMBARD (E.), rue Mauconseil, 9, id.

LAMBARD (M⁰), rue Saint-Denis, 190, id.

LAMBERT, rue Rambuteau, 1, id.

LAMBRE, chemin de fer Vaugirard, 15, id.

LAMOTTE (A.), boulevard Sébastopol, 38, id.

LAMPY, rue Saint-Denis, 373, id.

LANDSBERG aîné, rue Neuve-Saint-Merri, 9, id.

LANGEVIN, rue Saint-Denis, 101, id.

LARA, rue Rambuteau, 33. id.

LARRIEU-ESTELLE, Toulouse (Haute-Garonne).

LAURENS et DUPUICH, rue Saint-Fiacre, 12, Paris.

— Cateau (Nord).

LAURENT (J.-B.) fils, boulevard Sébastopol, 62, Paris.

LAURENT frères, rue Saint-Denis, 101, id.

LAURENT jeune, boulevard Sébastopol, 88, id.

LAVAL, rue des Filles-Dieu, 13, id.

LEBRUN et RIMONNEAU, rue Saint-Denis, 277, id.

LEGAT, Tours (Indre-et-Loire).

LECHEVALLIER (Ch.), rue Rambuteau, 65, Paris.

— Montreuil-aux-Lions (Aisne).

LECLERC aîné, rue du Sentier, 23, Paris.

LECLERC, rue Saint-Honoré, 245, id.

LECLÈRE (C.), rue Saint-Denis, 187, id.

LECOCQ (E.), rue Rambuteau, 92, id.

LECOLANT, rue des Bons-Enfants, 28, id.

LECOURT (Vve) et E. BARRAULT, r. Renard-St-Sauveur, 9, id.

LEDER (J.-N.), rue des Lombards, 8, id.

LEDREUX jeune, rue du Faubourg-du-Temple, 129, Paris.

LEDRU (Clovis), rue Saint-Denis, 335, id.

LEFEBVRE, rue du Petit-Lion, 10, id.

LEFEBVRE (veuve R.) et fils aîné, rue St-Denis, 137, id.

LEFEBVRE-PINCHEMEL, Amiens (Somme).

LEFLON (B.), rue du Petit-Lion, 13, Paris.

LEGEAY rue Poissonnière, 21, id.

LÉGER, rue Buci, 20, id.

LEGOUIX et LELOUP, rue de la Banque, 18, id.

LE GRAND (veuve) et L. MAYET, pas. de l'Ancre, 24, id.

LEGRAND-BARTHELEY, rue Montmartre, 178, id.

LEHMANN, rue de Vienne, 45, id.

LEJEUNE, rue de Volta, 41, id.

LEMOINE, (E.) fils et Cie, Tours (Indre-et-Loire).

LEMONNIER (L.), rue du Cygne, 4, Paris.

LENFANT (H.) aîné, rue Saint-Denis, 277, id.

LÉOPOLD fils aîné, Marseille (Bouches-du-Rhône).

LEPEINTRE-DESROCHES, rue des Halles, 8, Paris.

LEPETIT (A.), rue Coq-Héron, 8, id.

LEPRINCE jeune et Cie, rue Grande-Truanderie, 42, id.

LEPRINCE (Auguste) aîné, rue des Prêcheurs, 8, id.

LEROLLE (P.), rue Cléry, 12, id.

LEROUX et MONT, rue de Sèvres, 21, id.

LEROY, rue des Petits-Champs-Saint-Martin, 8, id.

Leroy (Hippolyte), rue Saint-Denis, 277,   Paris.
Leroy, rue Montmartre, 132,   id.
Leroy (G.), rue des Filles-du-Calvaire, 10,   id.
Lesage (Mme), rue Saint-Maur-Popincourt, 190,   id.
Levavasseur, rue Beaubourg, 32,   id.
Lescarcelle-Scellier, Amiens (Somme).
Levert, rue Saint-Denis, 311,   Paris.
Lévy frères, boulevard Sébastopol, 79,   id.
Lévy (Michel), rue du Petit-Lion, 6,   id.
Lhussier, rue Grange-Batelière, 11,   id.
Lhuillier père et fils, rue de Mulhouse, 7,   id.
Liesenfelt, Metz (Moselle).
Liétard, rue Saint-Denis, 97,   Paris.
Limal-Boutrou, rue Saint-Sulpice, 27,   id.
Livio (Mlle) et Cie, rue Petit-Carreau, 29,   id.
Logeard (D.), rue Saint-Denis, 101,   id.
Lordereau aîné, rue Poissonnière, 5.   id.
Lorgnié, rue Richelieu, 69,   id.
Lorme, rue Ferdinand, 14,   id.
Lorrain (E.), boulevard Sébastopol, 61,   id.
Louvet (A.), rue Saint-Honoré, 73.   id.
Loyer (Mme), quai Jemmapes, 256,   id.
Luling, rue des Vinaigriers, 48,   id.
Magat, rue du Faubourg-du-Temple, 58,   id.
Magnas, Toulouse (Haute-Garonne).
Magnien, rue Saint-Honoré, 273,   Paris.
Maigre, rue Saint-Denis, 183,   id.
Maire frères, rue Saint-Martin, 325,   id.
Maison (A.), rue Ménilmontant, 120,   id.
Maleval (L.), rue du Faubourg-Saint-Denis, 135,   id.
Maljournal (veuve), rue du Temple, 56,   id.
Malvaux, rue Saint-Denis, 311,   id.
Mansard (Victor), Ercuis (Oise).

MANSARD (Eugène), Ercuis (Oise).

MANTET, rue Ménilmontant, 82,   Paris.

MARCHAISSEAU et Cie, rue Renard-St-Sauveur, 8,   id.

MARCHAL et Cie, rue Quincampoix, 58,   id.

MARCHAL et RACINE, r. des Petits-Champs-St-Mart., 8, id.

MAREST-PETIT (S.), rue Croix-des-Petits-Champs, 45. id.

MAREUX (C.), rue de la Banque, 17,   id.

MAROIS jeune, rue Saint-Denis, 345,   id.

MARIA, rue Richelieu, 86,   id,

MARIETTE, rue Saint-Denis, 285,   id.

MARIN, rue de Bondy, 13,   id.

MARON frères, rue Montmartre, 156,   Paris.

MARRE (H.), rue Mauconseil, 20,   id.

MARTIN (E.) et Cie, rue Saint-Denis, 192,   id.

MARTIN aîné, rue du Mail, 18,   id.

MASSÉ (A.) et Cie, rue de la Feuillade, 3,   id.

MASSON, rue du Faubourg-du-Temple, 69,   id.

MATHIEU, rue Beaubourg, 24,   id.

MATHIEU (Joseph), Marseille (Bouches-du-Rhône). id.

MAUGÉ (F.), rue Montmartre, 138,   Paris.

MAURY (veuve) et Cie, Metz (Moselle),   id.

MAY et BERNIEU, rue Thévenot, 14,   Paris.

MAYER (L.) et gendre, rue de Rivoli, 44,   id.

MAYCRE, rue Saint-Denis, 183,   id.

MAZALLON, rue Rambuteau, 27,   id.

MAZIER, rue des Halles-Centrales, 6,   id.

MAZURE, rue Paris-Belleville, 4,   id.

MÉNAGER, Caen (Calvados).

   —   Beauvais (Oise).

MENANT fils, rue du Faubourg-du-Temple, 66, Paris.

MENCIN (Mme), rue Saint-Denis, 245,   id.

MERCIER (J.), Firminy (Loire).

MERLEY, rue Saint-Martin, 243,   id.

Mérouze, ch. de ronde de la Barrière de l'Orillon, 17, Paris.

Mespoulède sœurs, avenue du Maine, 21,   id.

Métay (A.), rue Saint-Denis, 367,   id.

Meunier, rue Notre-Dame-de-Lazareth, 24,   id.

Michard jeune, rue Neuve-Saint-Eustache, 54,   id.

Michel, rue Saint-Maur-Popincourt, 175,   id.

Michelin (Ed.) et Cie, rue Montmartre, 146,   id.

Michelin (T.) rue Montmartre, 131,   id.

Mignon, rue Chaussée-d'Antin, 28,   id.

Mignot, rue Corbeau, 2,   id.

Milliaud (Mme), rue Montorgueil, 67,   id.

Milne (A.), Belloy (Seine-et-Oise).

— chemin de ronde des Amandiers, 25,   Paris.

Minel, rue Renard-Saint-Sauveur, 3,   id.

Mithieux, rue Juillet-Belleville, 12,   id.

Mittler frères, rue Buisson-Saint-Louis, 12,   id.

Moisson (veuve), rue du Faubourg-Saint-Denis, 12. id.

Moniez, rue Saint-Sauveur, 22,   id.

Monnet, rue des Amandiers-Popincourt, 17,   id.

Moonen (H, Mlle), rue du Roule, 16,   id.

Moos et Cie, rue Croix-des-Petits-Champs, 40,   id.

Moreau (E.), rue du Champ-d'Asile-Montrouge, 29, id.

Moreau et Riffault, rue Saint-Denis, 140,   id.

Morel-Daniel, Marseille (Bouches-du-Rhône),

Moriceau fils, Strasbourg (Bas-Rhin).

Morin (Th.-G.), Beauvais (Oise).

—   rue des Jeûneurs, 35, Paris.

Morissot, rue de la Merci, 1, Bordeaux (Gironde).

Methiot, rue Ponceau, 51,   id.

Mottet (A.), rue du Sentier, 3,   id.

Mouret (veuve), rue Gravilliers, 60,   id.

Mourre, rue Richelieu, 12,   id.

Mouton-Colliaux, passage de l'Ancre, 24,   id.

Moururat (A.) et Delcambre, rue de Mulhouse, 2, Paris.

Mueller, rue Saint-Denis-Belleville, 24, id.

Muller (L.) fils, boulevard Sébastopol, 25, id.

Murat, rue Saint-Martin, 179, id.

Mustière, Ferté-Macé (Orne).

Myquel frères, Toulouse (Haute-Garonne).

Najean (J.), rue Notre-Dame-des-Victoires, 28, Paris.

Niégoz (E.), rue du Chapon, 62, id.

Nocher, rue Saint-Denis, 285, id.

Noiseux (A.), rue Orillon-Belleville, 29, id.

Ometz (C.), rue Saint-Sauveur, 51, id.

Ometz (L.-J. veuve), rue Grande-Truanderie, 43, id.

Orange, rue Anjou-Saint-Honoré, 17, id.

Ortenbach (J.). rue des Jeûneurs, 6, id.

Pannier (A.) et Raimbert, boulev. Sébastopol, 72, id.

Paquelin et Balthazar, rue du Mail, 38, id.

Pariot-Laurent, rue du Sentier, 37 bis, id.

— Vineuil (Oise).

Paris et Perreau, rue de Cléry, 40, Paris.

Pauthier (C.), rue Saint-Denis, 261, id.

Payen (J.), rue Rambuteau, 55, id.

Payoud, rue Saint-Denis, 319, id.

— Beaumont-sur-Oise (Seine-et-Oise).

Péan, rue des Vinaigriers, 28, Paris.

Peignot (F.), rue de Cléry, 29, id.

Pelletier (F.), rue Rambuteau, 78, id.

Peltier-Chabanaux (Vve), r. N.-D.-de-Nazareth, 50, id.

Peny, rue Gravilliers, 90, Paris.

Perret frères, rue Montmartre, 136, id.

Petit, rue des Amandiers-Popincourt. 17, id.

Petit, rue Dauphine, 26, id.

Petit et Henguehard, rue du Bac, 25, id.

Phily et Finey, rue Montmorency, 42, id.

PICHOT et TRÉPOT, pl. du Vieux-Marché-S.Martin, 7, Paris.

PICOU frères, rue du Faubourg-Montmartre, 15,   id.

PIEGARD (A.), rue Mauconseil, 14 bis.   id.

PIENNE (G.), rue Mondétour, 31,   id,

PIGNON, J. BAYARD et MONNIER, r. Ménilmontant, 114, id.

PINGRENON, passage Ponceau,   id.

PIONIER (Mme), rue Saint-Denis, 97,   id.

PLANER, rue Deux-Portes-Saint-Sauveur, 29,   id.

PLANTIN, rue Saint-Denis, 341,   id.

POINTEL, pass. Ménilmontant, 5,   id.

POIX, rue Saint-Sauveur, 14,   id.

POLLIARD aîné, Avignon (Vaucluse).

POLLIARD (Dorothée), Avignon (Vaucluse).

POMELÉ, rue Saint-Denis, 285,   Paris.

POTALIER, r. du Faub.-Saint-Martin, 75,   id.

POUGEOIS, rue Saint-Marc, 18,   id.

POULAIN, rue Michel-Lecomte, 26,   id.

POULAIN, quai Valmy, 179,   id.

POULAIN (Joseph), Ferté-Macé (Orne).

POURCIN, r. Fossés-de-l'Intendance, 25, Bordeaux (Gironde).

POUSSE (A.), rue du Mail, 33,   Paris.

POUTHIER (A.), rue du Petit-Lion, 10,   id.

PRAMONDON (G.), r. du Faub.-Poissonnière, 5, id.

PREVEL, rue Richelieu, 8,   id.

PRÉV S.-BERNARD, r. Bourbon-Villeneuve, 30, id.

PRIOU-ADIGARD, Ferté-Macé (Orne).

PRODHOMME, rue Thévenot, 5, Paris.

PROSPER-LESEUR, rue Chaussée-d'Antin, 5, Paris.

PRUDENT-COLLEAUX, Ercuis (Oise).

PRUDHOMME aîné, rue Saint-Denis, 306, Paris.

QUATREMAIN, rue Beaurepaire, 8,   id.

QUIDANT, rue Cossonnerie, 5,   id.

RABOURDIN, rue Martel, 8,   id.

RABY (H.), rue Beaurepaire, 8, Paris.

RADIOT, rue Fontaine-Molière, 41, id.

RAINAUD (H.), rue Quincampoix, 57, id.

RALLU frères, Ferté-Macé (Orne).

RÉMUSAT j. et DUMAS, rue Bouffard, 23, Bordeaux (Gironde).

RANSONS et YVES, r. Chaussée-d'Antin, 6, Paris.

RENAUDAT, rue Tonnellerie, 15, Paris.

RENON et BOIVIN (Mᵐᵉˢ), r. Saint-Denis, 367 *bis*, id.

RENOULT et Cⁱᵉ, rue Beaurepaire, 8, id.

RESCHER (J.), rue de Cléry, 19, id.

RETOURNÉ (A.), rue Verrerie, 52, id.

REUFFLET (A.), boulevard Sébastopol, 87, id.

REVEILHAC et BOUVET, rue Montmartre, 108, id.

REY (L.) et Cⁱᵉ, boulevard Sébastopol, 54, id.

REY, passage Ménilmontant, 5, id.

RICHARD et LANBELIN, rue Lamartine, 26, id.

RICHENET (Gabriel), rue Saint-Honoré, 277, id.

RICHENET-BAYARD (veuve), boul. Sébastopol, 124, id.

RICOUART fils, rue Trois-Couronnes-du-Temple, 25, id.

RIEUPEIROUS, rue de Bondy, 9, id.

RIGAU (H.), Tarbes (Hautes-Pyrénées).

RIGAULT (J.) et Cⁱᵉ, Marseille (Bouches-du-Rhône).

RIOU, rue Trois-Pavillons, 4, Paris.

RIX (L.), rue Gravilliers, 29, id.

ROCHE, passage Ménilmontant, 5, id.

ROCQUES (C.) rue Rambuteau, 46, id.

ROELANDS (E.), rue Mondétour, 31, id.

ROQUEJOFFRE, rue de Rivoli, 14, id.

ROUGET frères, Toulouse (Haute-Garonne).

ROUSSEAU, pass. Ménilmontant, 23, Paris.

ROUSSEAU (A.), rue du Petit-Lion, 15, id.

ROUSSEL aîné, rue S.-Lazare, 125, id.

ROUSSEL, rue Saint-Denis, 357, id.

Roussel et Bouquerel, Ferté-Macé (Orne).

Royer, rue Saint-Sauveur, 22, Paris.

Royer fils, r. du Faub.-S.-Martin, 214, id.

Saclier, r. Neuve-d.-Petits-Champs, 26, id.

Saint-Paul, Tarbes (Hautes-Pyrénées).

Salomon, r. du Temple, 83, Paris

Salvador-Terqueme, r. de Cléry, 28, id.

Sauvard (J.) et Colmache, r. Saint-Denis, 3, id.

Schickler (G.) et Cie, r. S.-Sauveur, 6, id.

Schoetter frères, quai Jemmapes, 248, id.

Seguin (Mme), r. Coq-S.-Jean, 3, id.

Selckinghaus et Cie, r. Mondétour, 31, id.

Sénéchal, rue Saint-Sauveur, 20, id.

Sens-Caszalot, rue Neuve-S.-Merri, 13, id.

Sert père et fils, rue du Bac, 13, id.

Sicaud, Périgueux (Dordogne).

Simon, rue Tiquetonne, 12, Paris.

Simon (A.) fils, rue Vendôme, 24, id.

Sorin (F.), Gonnesse (Seine-et-Oise).

— rue des Fossés-Montmartre, 31, Paris,

Sorré-Delisle, rue Vivienne, 31, id.

Soulier, rue Louvois, 8, id.

Soumastre, Marseille (Bouches-du-Rhône).

Soupplet, P. Gaillard et Cie, b. Sébastopol, 84, Paris.

Sourd (S.), rue Saint-Denis, 374, id.

Spiquel (M.) et Cie, rue Saint-Honoré, 164, id.

Stock et Lévêque, rue Rambuteau, 85, id.

Stol, Ecouen (Seine-et-Oise).

Taffonneau (L.), rue Neuve-Saint-Eustache, 11, Paris.

Tardy (E.), rue Poissonnière, 15, Paris.

Tassart, Béauvais (Oise).

Tattas, Cours du Jardin-Public, 92, Bordeaux, (Gironde).

Tessier, rue du Faubourg-du-Temple, 137, Paris.

Theve, Lille (Nord).

— Hellemes (Nord).

Thiberge, rue des Vieilles-Etuves-Saint-Martin, 8, Paris.

Thouvenin, rue Saint-Denis, 241, Paris.

Tiallier-Aymard, Courpierre (Puy-de-Dôme).

Tiallier fils ainé, Courpierre,   —

Tiessé, rue Richelieu, 21,   Paris.

Toni-Crignon, rue de Mulhouse, 11,   id.

Toulet (V.), rue aux Ours, 16,   id.

Tournier (Mme), rue Beauregard, 16,   id.

Travers frères, rue Saint-Denis, 293,   id.

Triquet, rue Claude-Villefaux, 4,   id.

Trombert, Strasbourg (Bas-Rhin).

Truchy et Vaugeois, rue Mauconseil, 3, Paris.

Tuffier (L.), rue Saint-Denis, 148,   id.

Tupain, rue de Bondy, 80,   id.

Valentin (A.), rue Bonaparte, 52,   id.

Vallet, rue Rambuteau, 33,   id.

Vallienne, rue Moret, 17,   id.

Vallet (A.) et Chavanne, r. Corbeau, 24, id.

Varaine et Dussert, rue Rambuteau, 90, id.

Varenne (Thomas), avenue Percier, 12,   id.

Vassart, boul. des Amandiers, 44,   id.

Vassart, rue du Faub.-du-Temple, 34,   id.

Vattone (E.), rue Saint-Denis, 268,   id.

Vatriney, rue Claude-Vellefaux, 4,   id.

Vavasseur (A), rue Saint-Denis, 359,   id.

Veaux (J.-B.), rue de Cléry, 15,   id.

Vérot, rue Legrand-Belleville, 1,   id.

Viard, rue Cadet, 18,   id.

Villemet, rue Chapon, 46,   Paris.

Vincent, rue du Temple, 81,   id.

Violette, rue Notre-Dame-de-Nazareth, 54, Paris.

Vittoz (C.), cité Boufflers, 7, Paris.

Wagner (Ch.), Metz (Moselle).

Weber-Dolfus, Mulhouse (Haut-Rhin).

Willard (L.), rue Saint-Sauveur, 5, Paris.

Wittich (S.), rue Montorgueil, Paris, id.

Wolff (veuve), Strasbourg (Bas-Rhin).

Worms jeune, rue Rambuteau, 22, Paris.

Zoeleer, rue Mauconseil, 20,   id.

RUBANS.

(Fabricants.)

André (Eug.), rue Saint-Martin, 108,   Paris.

Aubert (Louis), rue Montmartre, 94,   id.

Aubert (Ch.), rue Chaussée-d'Antin, 62,   id.

Bally (J.), rue Saint-Denis, 345,   id.

Barbier (Jacques), rue de la Feuillade, 2,   id.

Batardy et Waroquet, rue du Mail, 23,   id.

Batardy (M.), boul. Sébastopol, 63,   id.

Bayard (Vict.), r. Ferme-d.-Mathurins, 56, id.

Barjon-Godry et Cie, r. N.-d.-P.-Champs, 6,   id.

Bejanin, rue Duphot, 15.   id.

Bellard et Lecomte, rue Ménars, 2,   id.

Belin-Barbieux, rue Priez, Lille (Nord),

Bérard, rue Française, 3,   Paris.

Bernard et Cie, b. Sébastopol, 74, id.

Berne père et fils, Bourg-Argental (Loire).

Bertel frères, rue Neuve-des-Petits-Champs, 21, Paris.

Beuque-Grau et fils, rue des Chats-Bossus, Lille (Nord),

Bigot (E.) rue Saint-Honoré, 229,   Paris.

Billard (H.), rue du Caire, 31,   id.

BLOCH, rue Notre-Dame-de-Nazareth, 12, Paris.

BLOCH, rue Boulevard-du-Temple, 36, id.

BLOCH jeune, rue Poissonnière, 18, id.

BOILEAU (A.), rue de la Banque, 16, id.

BOLOT, rue du Bac, 148, id.

BOUCAULT et HUBLIN, rue Saint-Denis, 121, id.

BOUCHER neveux, rue du Mail, 27, id.

BOUCHER (Mᵐᵉ), rue Saint-Denis, 209, id.

BOUCHEZ et SABLON, rue Vivienne, 30, id.

BOUCHOT (A), boulevard Sébastopol, 83, id.

BOUDIN (H), boulevard Sébastopol, 56. id.

BOURG (H.), rue Saint-Honoré, 267, id.

BOUSSEMORT-FAUCHILLE, rue Saint-Nicolas, 27, Lille (Nord).

BRESSON-ANGER, rue Saint-Denis, 353, Paris.

BRIFFAULT, rue Française, 10, id.

CAHAGNE (L.) et LECOMTE, r. Saint-Denis, 144, id.

CAILLARD (Alexis) jeune, rue de la Bourse, 5, id.

CARPENTIER, rue des Fossés-Montmartre, 8, id.

CATTAERT (Ch.), r. Deux-Portes-S.-Sauveur, 18, id.

CAUSSIN (H.), rue Faubourg-Saint-Denis, 23, id.

CHALOT et Cⁱᵉ, rue Neuve-Saint-Eustache, 48, id.

CHARLES, rue Faubourg-Saint-Antoine, 19, id.

CHASLES et LEGOUAY, rue Saint-Denis, 163, id.

CHAUFFIER, (Ch.), rue Montmartre, 150, id.

CHAUVIN, rue Saint-Denis, 314, id.

CHENAIS, rue Vivienne, 34, id.

CHENIEUX, rue Mandar, 9, id.

CHESNAY, rue du Bac, 34, Paris.

CHEVALIER, rue Neuve-des-Petits-Champs, 16, Paris.

CHIRÈS-DEROO, rue Grande-Chaussée, 2, Lille (Nord).

CLÉMENT (H.), rue de Bretagne, 36, Paris.

COHEN (Itamart), rue Saint-Martin, 7, Paris.

COLCOMBET fr. et Cⁱᵉ, St-Didier-la-Sauve (Haute-Loire).

COLLET, rue Saint-Honoré, 169, Paris.

COLOMBANT (A.) et Cᵢₑ, Saint-Chamont (Loire).

COXSOLO (Léon), rue des Fossés-Montmartre, 7, Paris.

CORBIN (A.), rue Saint-Denis, 366,   id.

CORNU fils aîné, boulevard Sébastopol, 45,   id.

COSTE, Dunières (Haute-Loire).

COTTIN frères et COLLIETTE, rue Saint-Martin, 9, Paris.

COUCHAUD (A.) et BETHENOT, Montbrison (Loire).

COUDERT (A.), rue du Bac, 19,   Paris.

COURBERY, boulevard Poissonnière, 25, id.

CREMNITZ (J.), rue du Temple, 170,   id.

CRESPIN (E.) et A. CHAMON, r. du Vieux-Marché-aux-Poulets, 23, Lille (Nord).

CREUSE (Alexis), rue Saint-Martin, 104, Paris.

DALLEMAGNE (E.), rue des Colonnes, 8, id.

DAMOUR, rue Saint-Denis, 271,   id.

DAVID, Dunières (Haute-Loire).

DAVOUST aîné, rue Saint-Denis, 134, Paris.

DE BARY-MÉRIAN, Guebwiller (Haut-Rhin).

DEFERT et MILON, rue Saint-Denis, 151, Paris.

DELACROIX et TURQAN, rue de la Bourse, 4, id.

DELMON et GRÉHEN, rue de Rivoli, 136, id.

DEPIERRE (A.), rue Vivienne, 23, id.

DESOLMES et Cᵢₑ, rue Vivienne, 31, id.

DESOR (P.), rue Basse, 3, Lille (Nord).

DÉSORMEAUX (Constant), rue Saint-Denis, 155, Paris.

DESTERBECQ, rue J.-J.-Rousseau, 1, id.

DOBELIN (Ch.), boulevard Sébastopol, 60, id.

DREYFUS (Isidore), rue Vendôme, 24, id.

DUBOST et PONCHEL gendre, rue Saint-Denis, 361, id.

DUBREUIL, Monistrol (Haute-Loire).

DUPONT (E.) et Cᵢₑ, rue N.-D.-des-Victoires, 28, Paris.

DUTRON fils (BAILLY successeur), rue St-Denis, 345, id.

Duval fils, rue de Seine, 62, · id.

Duval et E. Poullain, rue Montmartre, 133, id.

Enard (Félix) et Cie, boulevard Sébastopol, 93, · id.

Especel-Abonnat, rue Faubourg-Saint-Martin, 41, id.

Feste (H.), rue Vivienne, 55, id.

Fongeales, Monistrol (Haute-Loire).

Fontaine, passage Saulnier, 7, Paris.

Fontenay (Ernest), rue Saint-Marc, 17, id.

Forcinal et Locard, rue Saint-Denis, 216, id.

Franche (Emile) et Cie, boulevard Sébastopol, 64, id.

Gangnat (A.) et Raimon, rue Vivienne, 22, id.

Geofroy (Eugène), rue Grenelle-Saint-Honoré, 16, id.

Givierge, rue Saint-Honoré, 288, id.

Gossiôme, rue Mauconseil, 15, id.

Granger (Mlle), passage de la Cour-des-Fontaines, id.

Grangier frères, Saint-Chamond (Loire).

Graverand (M.), rue Saint-Denis, 201, Paris.

Grellou (Alexis), rue Saint-Denis, 132, id.

Grellou (Henri), rue Rambuteau, 84, id.

Guichard (F.), rue Montmartre, 95, id.

Guillet et Millet, rue Montmartre, 111, id.

Guttenger (U.), passage Saulnier, 13, id.

Hadengue, rue Saint-Honoré, 324, id.

Halmet, rue Richelieu, 71, id.

Hébert (Pierre), rue Saint-Marc, 27, id.

Henneguy (Ch.) et Cie, rue Richelieu, 91, id.

Henry, rue du Faubourg-Saint-Honoré, 5, id.

Hervieu, Potard et Cie, boulevard des Italiens, 27, id.

Hincelin aîné, rue Vivienne, 3, id.

Hoffmann (Ed.), Soultz (Haut-Rhin).

Houzet, rue Esquermoise, 54, Lille.

Jacques (J.) et Morio, rue Saint-Denis, 159, Paris.

Jacquin (J.), Saint-Chamond (Loire).

Jossu (Ch.), rue Vivienne, 14,   Paris.

Joubert frères, rue Vivienne, 9,   id.

Joyot j., rue S.-Pierre-Montmartre, 19, id.

Kunkler et Kussmaul, Soultz (Haut-Rhin).

Lampy, rue Saint-Denis, 375,   Paris.

Landron et Franclet, rue Choiseul, 6, id.

Larivière-Renouard, rue Montesquieu, 8, id.

Lauzéat, Dunières (Haute-Loire).

Le Bon, rue Saint-Sauveur, 58,   Paris.

Leclère (C.), rue Saint-Denis, 187,   id.

Lecocq (Eugène), rue Rambuteau, 92, id.

Léger, rue Buci, 20,   id.

Legrand (A.) et Cie, rue Montmartre, 62, id.

Legrand et Fallot, Fouday (Bas-Rhin).

Leroy, rue Montmartre, 132,   Paris.

Levy (C.), rue Vieille-du-Temple, 23,   id.

Levy-Mayer (veuve), rue de la Banque, 18, id.

Levy (Léopold) fils jeune, pl. du Caire, 33, id.

Loiseau (L.), rue Faubourg-Poissonnière, 35, id.

Lorrain (Ernest), boulevard Sébastopol, 61, id.

Mahler (A.), rue Dupuis-Vendôme, 7,   id.

Marc frères, rue Saint-Sauveur, 22,   id.

Mareux (C.), rue de la Banque, 17,   id.

Maron frères, rue Montmartre, 156,   id.

Mesnager frères, rue Mauconseil, 3,   id.

Meunier (R.), Saint-Didier-la-Seauve (Haute-Loire).

Meyer-Mérian, Soultz (Haut-Rhin).

Michelin (T.), rue Montmartre, 131,   Paris.

Moreau et Riffault, rue Saint-Denis, 140,   id.

Mollin et Mounier, Saint-Just-Malmont (Haute-Loire).

Mounier fils, Dunières (Haute-Loire).

Osmont et Vallée, rue Montmartre, 129, Paris.

Paquet (L.), rue Grande-Chaussée, 40, Lille (Nord).

PATOUILLET et Cie, rue Saint-Denis, 392, Paris.

PELÉ, rue Montmartre, 160,   id.

PINTA (E.), rue Esquermoise, 66, Lille (Nord).

PIOT, rue Montmartre, 126, Paris.

PLATEL et BERGER, r. Richelieu, 73,   Paris.

RANSONS et YVES, rue Chaussée-d'Antin, 6, id.

RIGOT-TANCREZ, rue Masurel, 11, Lille (Nord).

ROBERT, Montbrison (Loire).

ROBIN, rue Vivienne, 12, Paris.

ROUSSEL (J.) et LECOCQ, rue Montmartre, 85, Paris.

ROUX (E.) et Cie, Saint-Chamond (Loire).

SAPIN (H.), place Saint-Martin, 1, Lille (Nord).

SANDRIER (Ed.), rue Montmartre, 109, Paris.

SARDA (A.), Saint-Didier-la-Seauve (Haute-Loire).

SERT père et fils, rue du Bac, 13, Paris.

SOUPPLET (P.), GAILLARD et Cie, b. Sébastopol, 84, Paris.

SIMONET (A.) et fils, Saint-Chamond (Loire).

SRIGER-MOCK, rue Anjou-Marais, 8, Paris.

STOCKER, Soultz (Haut-Rhin).

TARDY, Dunières (Haute-Loire).

THIERRÉE (J.) et COUSIN, rue Vivienne, 53, Paris.

TRAVERS frères, rue Saint-Denis, 203,   id.

TRÈVES (J.), rue Saint-Denis, 183,   id.

TUVÉE et Cie, rue Choiseul, 13,   id.

VERBECKE (L.), Steenvoorde (Nord).

VÉRISSEL neveu et Cie, Saint-Chamond (Loire).

VIDON, Bourg-Argental (Loire).

WEIL (C.), rue du Vieux-Faubourg, 6, Lille (Nord).

WILLIAM (S.), Soultz (Haut-Rhin).

WORMS (Ch.), rue de la Douane, 7, Paris.

TULLES, BLONDES ET DENTELLES.

(Fabricants.)

ACHARD-BOUSSOULADE, tulles, blondes, dentelles, Le Puy (H.-L^{re}).

AGNELLET frères, blondes et dentelles, r. Richelieu, 73, Paris.

AGULHON-ROCHER, tulles, blondes et dentelles, Le Puy (H.-L^{re}).

ALIROL-ROMEUF,   id.   id.   id.

ALIX (A.), dentelles,   id.   id.

ALLAIRE, dentelles, rue Montmartre, 122, Paris.

ANDRÉ (A.), tulles, blondes et dentelles, Le Puy (Haute-Loire).

ANDREW-WRAGG (Vve), tulles, St-Pierre-les-Calais (P.-d.-Calais).

ANNOBLE (A.), dentelles, Caen (Calvados).

ARCHEZ et GRÉGORY, tulles, St-Pierre-les-Calais (P. de Calais).

ARNOUT (veuve), dentelles, Charmes (Vosges).

AUBRY-FEVREL,   id.   Mirecourt (id.)

AUBRY frères,   id.   id.   (id.)

AUBRY (S.),   id.   id.   (id.)

AUBERT et Cie, tulles et blondes, boul. Sébastopol, 97, Paris.

AZÉ (A.), tulles, blondes et dentelles, Caen (Calvados).

BABEY (Ch.), tulles, Saint-Pierre-les-Calais (Pas-de-Calais).

BACHELARD frères, blondes et dentelles, Craponne (H.-Loire).

BACHELERIE-FAVIER,   id.   Arlanc (P.-de-Dôme).

BACQUET, tulles, Saint-Pierre-les-Calais (Pas-de-Calais).

BAECHLIN-RUDOLFF, tulles, blondes, dentelles, Strasbourg (B.-R).

BAILEY-DUTILLIEUX, tulles, Douai (Nord).

BALEMBOIS-PREUX,   id.   Saint-Quentin (Aisne).

BALME (L.), dentelles, Le Puy (Haute-Loire).

BALP aîné,   id.   Saint-Bonnet-le-Château (Loire).

BANSE (J.), tulles, Calais (Pas de-Calais).

BARRARE,   id.   Saint-Pierre-les-Calais (Pas-de-Calais),

Barbey (P.), dentelles, Bellengreville (Calvados).

Barbier, blondes et dentelles, Craponne (Haute-Loire).

Barbier, (Mlle), dentelles, Charmes (Vosges).

Barbier-Rival, blondes et dentelles, Craponne (Haute-Loire).

Barbier (E.) et H. Dubois, tulles, Calais (Pas-de-Calais).

Barbier-Delayens (Mme), dentelles, Arras (id.).

Barras et Olivier, tulles, St-Pierre-les-Calais (id.).

Barthelemy (E.), dentelles, La Chaise-Dieu (Haute-Loire).

Barker, tulles, St-Pierre-les-Calais (Pas-de-Calais).

Basquin (H.), tulles, Saint-Quentin (Aisne).

Basquin-Thieuleux, tulles, Inchy (Nord).

Basquin-Bleriot, id. Saint-Quentin (Aisne).

Baylet, id. St-Pierre-les-Calais (P.-de-Calais).

Beau (C.), dentelles, La Chaise-Dieu (Haute-Loire).

Beaugrand, tulles, Saint-Pierre-les-Calais (Pas-de-Calais).

Beaujour frères, tulles, blondes et dentelles, Caen (Calvados).

Beaurin (M.), tulles, Saint-Quentin (Aisne).

Beck et Matz, tulles, blondes et dentelles, Strasbourg(B.-Rhin).

Beguin-Duchaussoy, tulles, Saint-Quentin (Aisne).

Belet aîné et Ch. Testard, tulles, Saint-Quentin (Aisne).

Belin aîné, tulles, Saint-Pierre-les-Calais (Pas-de-Calais).

Belin (B.), id. id. (id.)

Belin et Cie, id. id. (id.)

Bellard frères, id. id. (id.)

Bellenger, dentelles, Saint-Aubin-d'Arquenay (Calvados).

Bellenger-Lefrançois, tulles, blondes et dentelles, Caen(Calv.)

Bellenger et Cie, tulles et blondes, Saint-Quentin (Aisne).

Bérard frères, dentelles, La Neuville (Vosges).

Bergounboux-Chareyron, tulles, blondes, dent., Le Puy (H.-L).

Berlemont et Lescot aîné, tulles, Saint-Quentin (Aisne).

Bernier (A.), tulles, blondes et dentelles, Le Puy (H.-Loire).

Berqueman, tulles, Saint-Quentin (Aisne).

Berquier, id. Saint-Pierre-les-Calais (Pas-de-Calais).

BERRURIER, tulles et blondes, Creully (Calvados).

BERTRAND (E.) et LINQUETTE, tulles, St-Pierre-les-C. (P.-d.-C.)

BESNARD-GOUHIER, dentelles, Alençon (Orne).

BESOMB (L.), tulles et dentelles, rue Saint-Denis, 278, Paris.

BESQUEYT-FAURE, dentelles et blondes, Le Puy (H.-Loire).

BEURNEL, dentelles, Mirecourt (Vosges).

BIDARD (G.), tulles, blondes et dentelles, Caen (Calvados).

BIDOIS, DARDOUILLET et Cie, dentelles, r. Richelieu, 78, Paris.

BIGOT, tulles, Saint-Pierre-les-Calais (Pas-de-Calais).

BILLIET (A.), GODEFROID et Cie, tulles, Saint-Quentin (Aisne).

BIMOND (E.), tulles, Saint-Pierre-les-Calais (Pas-de-Calais).

BIRD (E.),   id.   id.   id.

BLANC-ROCHETTE, dentelles, Saint-Bonnet-le-Château (Loire).

BLANCHET (E.), tulles, blondes et dent., r. Ménars, 12, Paris.

—   id.   Caen (Calvados).

—   id.   Le Puy (Haute-Loire).

—   id.   Dammartin (Seine-et-Marne).

BLANQUART, tulles, St-Pierre-les-Calais (Pas-de-Calais).

BOCHARD frères, tulles, Saint-Quentin (Aisne).

BONHOMME-PELLIAT, tulles, blondes et dentelles, Le Puy (H.-L.)

BONNAIRE (E.),   id.   Caen (Calvados).

BONNET (H.) fils,   id.   Le Puy (H.-Loire).

BONNET jeune et Cie, dentelles, Bayeux (Calvados).

BOOT, tulles, Lille (Nord).

BOOT,   id.   Saint-Pierre-les-Calais (Pas-de-Calais).

BOUCLY-MARCHAND, tulles, Saint-Quentin (Aisne),

BOUDON-GAY, tulles, blondes et dentelles, Le Puy (H.-Loire).

BOULEAU et PETHOTON, dentelles, rue de la Banque, 16, Paris.

BOULET, blondes, Argences (Calvados).

BOULET (L.), tulles, Calais (Pas-de-Calais).

BOURLET (A.), id.   id.   id.

BOURGEOIS aîné, tulles, Saint-Quentin (Aisne).

BOURGUAIS, tulles et dentelles, Creully (Calvados).

BOURLIAUD frères, dentelles, r. Neuve-St-Augustin, 11, Paris.

BOUTHORS et DEREINS, tulles, St-Quentin (Aisne).

BOUTROY, tulles, Saint-Pierre-les-Calais (Pas-de-Calais).

BOYER, dentelles, Montfaucon (Haute-Loire).

BRATBY (J.), tulles, St-Pierre-les-Calais (Pas-de-Calais).

BRAUD (Th.), dentelles, Le Puy (Haute-Loire).

BRAVARD (M.), dentelles, La Chaise-Dieu (Haute-Loire).

BREPSON, tulles, Saint-Pierre-les-Calais (Pas-de-Calais).

BREUL et Cie, blondes et dentelles, Craponne (Haute-Loire).

BREYSSE-LAUGIER, tulles, blondes et dentelles, Le Puy (H.-Lre).

BRICOUT-DESTÈQUE, tulles, Saint-Quentin (Aisne).

BROWN (G.), tulles, S.-Pierre-les-Calais (Pas-de-Calais).

BROWN et HADFIELD, tulles,   id.   id.

BROWN (J.) et Cie, tulles,   id.   id.

BRUENNE et DEBUCK, tulles,   id.   id.

BRUNET (E.), tulles, Saint-Quentin (Aisne).

BRUNOT et LEFEBVRE, tulles et dentelles, Calais (Pas-de-Calais).

BRUXELLE fils, tulles, Saint-Pierre-les-Calais,   id.

BURNEL, dentelles, Saint-Menge (Vosges).

BURROWS, tulles, Saint-Pierre-les-Calais (Pas-de-Calais).

CAGNARD,   id.   id.   id.

CAILLONNÉ (Mme), blondes, Agences (Calvados).

CALLOT, dentelles, Le Puy (Haute-Loire).

CAMUS, blondes et dentelles, Yssingeaux (Haute-Loire).

CAMUS-FAGNET, tulles, blondes et dentelles, S.-Quentin (Aisne).

CANAUT (Mlle), dentelles, Charmes (Vosges).

CAPELLE,   tulles, Saint-Pierre-les-Calais (Pas-de-Calais).

CARDON (L.) (Ve), id.   id.   id.

CARON fils et DESMAREST, blondes et dentelles, rue des Fossés-
    Montmartre, 15, Paris.

CARPIAU (G.), tulles, Beauvois (Nord).

CARRON-PERRIN, dentelles, Arras (Pas-de-Calais).

CARTWRIGHT (H.), tulles, S.-Pierre-les-Calais (Pas-de-Calais).

Cartwright (J.), tulles, St-Pierres-les-Calais (Pas-de-Calais).

Chambonnal aîné, tulles, blondes et dentelles, Le Puy (H.-L⁰).

Chambonnet-Desfilles, blondes et dentelles, id. id.

Champaillier fils aîné, tulles, S.-Pierre-les-Calais (Pas-de-C).

Chantemesse-Garnier, tulles, blondes et dent., LePuy(H.-L⁰).

Chardot-Lelarge, dentelles, Mirecourt (Vosges).

Chastel-Gravier, tulles, blondes et dentelles, Le Puy (H.-L⁰).

Chauvin, tulles, S.-Pierre-les-Calais (Pas-de-Calais).

Cheigner (Mˡˡᵉ), dentelles, Bayeux (Calvados).

Chevallier-Balme, blondes et dentelles, Le Puy (Haute-Loire).

Chouvy-Chatain, tulles, blondes et dent., id. id.

Cliff frères, tulles, Saint-Quentin (Aisne).

Colaert-Stenoodt, Bailleul (Nord).

Colle (E.), dentelles, Lille (Nord).

Colombier frères, tulles, Saint-Quentin (Aisne).

Colpaert-Vanlerberghe, Bailleul (Nord).

Contrain fils, tulles, Lille, id.

Contrain-Lepers, id. id. id.

Cordier frères, tulles, Saint-Pierre-les-Calais (Pas-de-Calais).

Corneyre-Bertrand, dentelles, Le Puy (Haute-Loire).

Cortial-Robert, tulles, blondes et dentelles, Le Puy (H.-L⁰).

Coudert f., blondes et dentelles, Craponne (Haute-Loire).

Couret-Surrel, id. id. id.

Courlet (G.), tulles, blondes et dentelles, Caen (Calvados).

— id., Le Puy (H.-Loire).

Courtial (J.), id., id. id.

Courvoisier, tulles, Saint-Pierre-les-Calais (Pas-de-Calais).

Couture, dentelles, Luc-sur-Mer (Calvados).

Crespin-Capelle, tulles, S.-Pierre-les-Calais (Pas-de-Calais).

Dagbert (A.), id. id. id.

Dalechamps (J.), blondes et dentelles, Caen (Calvados).

Daleschamp (E.), bl. et dent., Fontenay-le-Pesnel (Calvados).

Dalmaze, id. Caen (Cavados).

DALLERÉ, dentelles, Dangu (Eure).

DANZEL fils, blondes et dentelles, Craponne (Haute-Loire).

DARRAS (S.), tulles, S.-Pierre-les-Calais (Pas-de-Calais).

DAURELLE, dentelles, S.-Bonnet-le-Château (Loire).

DAVENIÈRE, tulles, S.-Pierre-les-Calais (Pas-de-Calais).

DAYRE (P.), blondes et dentelles, Craponne (Haute-Loire).

DEBOECKER-BEAUFRÈRE, tulles, S.-Pierre-les-Calais (Pas-de-Cal.).

DEBUCHE,   id.   id.   id.

DECAM, blondes et dentelles, Caen (Calvados).

—   id.   Le Puy (Haute-Loire).

DECLERC, tulles, Lille (Nord).

DECOORTE, id., Saint-Pierre-les-Calais (Pas-de-Calais).

DEFAUCAMBERGE (J.), blondes et dentelles, Caen (Calvados).

DEGOX (A.),   tulles, blondes et dentelles, Caen (Calvados).

DE GOURNAY (Mlle),   id.   id.   id.

DEGUINES-LEBEURRE, tulles, S.-Pierre-les-Calais (Pas-de-Calais).

DEHAIS-LIOT, dentelles, Caen (Calvados).

DEJARDIN (Vve), tulles, Saint-Quentin (Aisne).

DELACOURT (J.),   id.   id.   id.

DELAFONTAINE (A.), dentelles, Bayeux (Calvados).

DELAMOTTE (Mlle),   id.   id.   id.

DELANNOY (Vve),   id.   Arras (Pas-de-Calais).

DELASTRE (A.), tulles, Inchy (Nord).

DELATTRE,   id.   Séclin,   id.

DELÉGLISE, tulles, S.-Pierre-les-Calais (Pas-de-Calais).

DELHAYE (A.), tulles et dentelles, Calais,   id.

DELMAS (A.), blondes et dentelles, Caen (Calvados).

DELOGES (E.),   id.   id.

DEMEAUTIS, dentelles, Viarmes (Seine-et-Oise).

DENEBOURG (J.), blondes et dentelles, r. Richelieu, 60, Paris.

DENIS (J.) fils et FOURNIER, dentelles, Mirecourt (Vosges).

DESNOVEL cadet et Cie, tulles, Saint-Quentin (Aisne).

DENOYON et Cie,   id.   id,   id.

DEQUINNEMARE, dentelles, Villedieu-les-Poëles (Manche).

DESCOURS (H.) et Cie, blondes et dent., Le Puy (H.-Loire).

DESSIN (L.) et Cie, tulles, S.-Pierre-les-Calais (Pas-de-Calais).

DEVOT (J.), id. Calais, id.

DIEUDONNÉ, dentelles, Vittel (Vosges).

DION-GODARD, id. Arras (Pas-de-Calais).

DOGNIN et Cie, tulles et dentelles, Calais (Pas-de-Calais).

— id. Condrieu (Rhône).

— id, Douai (Nord).

DOREL aîné, blondes et dentelles, Craponne (Haute-Loire).

DOUVILLE (Mme), id. Alençon (Orne).

DROUOT (Ch.), dentelles, Mirecourt (Vosges).

DROUOT, id. Charmes id.

DUBOUT aîné et ses fils, tulles, Calais (Pas-de-Calais).

DUBUISSON, tulles, Inchy (Nord).

DUBROEUCQ-CRESPIN, tulles, S.-Pierre-les-Calais (Pas-de-Cal.).

DUCROCQ aîné, id. id. id.

DUCROCQ (A.) et LEFEBVRE, tull , id. id.

DUFAY, dentelles, La Chaise-Dieu (Haute-Loire).

DUFEU-REYTOUT (Mme), blondes et dent., Craponne (H.-Loire).

DUMÉNIL (Mme), blondes et dent., Moult (Calvados).

DUPARC (Vve) et G. NOURY, bl. et dent., Caen (Calvados).

DUPAS (Vve) et MASSIF fr., dentelles, Mirecourt (Vosges).

DUPONT, tulles, blondes et dent., Caen (Calvados).

DUPONT (Vve), tulles, Lille (Nord).

DUTEIL (L.) et DAVID fils, tulles, blondes et dentelles, rue de
 Mulhouse, 11, Paris.

— tulles, bl. et dent. Le Puy (H.-Le).

EMMANUEL (J.) et Cie, tulles, bl. et dent., Lunéville (Meurthe).

ESNAULT-PELTERIE, dentelles, r. Cléry, 34, Paris.

EXPERTON et Cie, blondes et dent., Le Puy (Haute-Loire).

FABRE-FAURE, dentelles, Le Puy (Haute-Loire).

FALCON fr., tulles, blondes et dent., Le Puy (Haute-Loire).

Farrands fr., tulles, St-Pierre-les-Calais (Pas-de-Calais).

Faure (Victor), blondes et tulles, Le Puy (Haute-Loire).

Faure-Courtial, tulles, bl. et dent., id.   id.

Favérial, blondes et dentelles. Craponne,   id.

Fayolle-Badiou, dentelles, Le Puy,   id.

Fenart-Boutilly (V^{re}) dent., Lille (Nord).

Ferguson aîné et fils,   id.   Amiens (Somme).

Fermant et Cie, tulles, St-Pierre-les-Calais (Pas-de-Calais).

Flambart, dentelles, Lion-sur-Mer (Calvados).

Fleuret-Jean, tulles, blondes et dent., Le Puy (H.-Loire).

Folieta, dentelles, Charmes (Vosges).

Fontaine (C.) et fils, tulles, St-Pierre-les-Calais (Pas-de-Cal.).

Fontaine-Gelé,   id.   id.   id.

Fontaine-Cauchois,   id.   id.   id.

Forest (J), tulles et dentelles,   id.   id.

Foret frère et sœur, blond. et dent., Yssingeaux (H.-Loire).

Fortin (F.) et Morel,   id.   Caen (Calvados).

Fouju, tulles, St-Pierre-les-Calais (Pas-de-Calais).

Fouilloux (V^{re}), dentelles, Arlanc (Puy-de-Dôme).

Fourmentin, tulles, St-Pierre-les-Calais (Pas-de-Calais).

Fournier-Vardon, tulles, blondes et dent., Caen (Calvados).

Fourrière j., tul., bl. et dent., rue des Jeûneurs, 12, Paris.

—   id.   Caen (Calvados).

—   id   Mirecourt (Vosges).

—   id.   Le Puy (Haute-Loire).

Francis, tulles, Saint-Pierre-les-Calais (Pas-de-Calais).

Franck (Mlle), blondes et dentelles, Strasbourg (Bas-Rhin).

Gabet (P.), tulles, Caudry (Nord).

Gagnère (L.), tulles, blondes et dentelles, Le Puy (H.-Loire).

Gaigé, dentelles, Bayeux (Calvados).

Gaillard (j.), tulles, Saint-Pierre-les-Calais (Pas-de-Calais).

Garnier-Rolhion, dentelles, Ambert (Puy-de-Dôme).

Gast, tulles, blondes et dentelles, Caen (Calvados).

GAUBERT et GEST, tulles, St-Pierre-les-Calais (Pas-de-Calais).

GAUTHIER (Abel), dentelles, Beuville (Calvados).

GAUTIER-DALECHAMPS, tulles, blondes et dentelles, Caen (Calv.).

GAUTIER-VIMONT, dentelles, Villedieu-les-Poëles (Manche).

GAVEL, tulles, St-Pierre-les-Calais (Pas-de-Calais).

GAYME, dentelles, Dieppe (Seine-Inférieure)

GERME (L.), tulles, Saint-Pierre-les-Calais (Pas-de-Calais).

GESLIN (Mlle), dentelles, Alençon (Orne).

GIMBERT et Cie, blondes et dentelles, Le Puy (Haute-Loire).

GIMEL (Th.), dentelles, Viverols (Puy-de-Dôme).

GIRARD-GORY id. Le Puy (Haute-Loire).

GODDE, id. Caen (Calvados).

GORY-BESSON, tulles, blondes et dentelles, Le Puy (H.-Loire).

GOUILLY (Mme), id. Caen (Calvados).

GOURNA (Mmes), dentelles, Saint-Pierre-sur-Dives (id.).

GRAND frères, blondes et dentelles, Craponne (Haute-Loire).

GRATE, tulles, Carvin (Pas-de-Calais).

GUÉRIN, blondes et dentelles, Craponne (Haute-Loire).

GUÉRIN, tulles, Douai (Nord).

GUILBOT (N.), tulles, blondes et dentelles, Caen (Calvados).

GUILMOTO (N.) et A. PROVENÇAL, tul., blon. et dent. Caen (Calv.).

HALL frères, tulles et blondes, St-Pierre-les-Calais (P.-de-Calais).

HALLEY fils, id., Caen (Calvados).

HAZELDINE aîné, tulles, St-Pierre-les-Calais (Pas-de-Calais).

HAZELDINE (Veuve), tulles, St-Pierre-les-Calais (Pas-de-Calais).

HÉBERT, dentelles, Avranches (Manche).

HEDDE et BILBOQUE, tulles, St-Pierre-les-Calais (Pas-de-Calais).

HEMBERT et MANIEZ, tul., bl. et den., St-Pierre-l.-Cal., (P.-de-C.)

HENRI-JEANNE, dentelles, Plumetot (Calvados).

HERMANT jeune et Cie, tulles, St-Pierre-les-Calais (P.-de-Calais).

HEYRAUD (A.), dentelles, Viverols (Puy-de-Dôme).

HOLGER, dentelles, Charmes (Vosges).

HORRER et SANTERRE, tulles, blondes et dentelles, Caen (Calv.).

Horrer et Santerre, tulles, blondes et dent., Chantilly (Oise).

Houdey (Mme), tulles, blondes et dentelles, Caen (Calvados).

Houette (L.), tulles, St-Pierre-les-Calais (Pas-de-Calais).

Houzel, id. id. (id.)

Hue, May (Calvados).

Huet (E.), tulles, blondes et dentelles, Caen (Calvados).

— id. id. Chantilly (Oise).

Isabelle, id. id. Caen (Calvados).

Jacquemin-Lefebvre, tulles, Caudry (Nord).

James (L.), tulles, St-Pierre-les-Calais (Pas-de-Calais).

Jean (Mlle), blondes, Argences (Calvados).

Jeanne, dentelles, Pontorson (Manche).

Joigneau (H.) et fils, dentelles, Caen (Calvados).

Joly fils, dentelles, Mirecourt (Vosges).

Joseph, tulles, blondes et dentelles, Caen (Calvados).

Joubert, blondes et dentelles, Yssingeaux (Haute-Loire).

Joumart, id. Craponne (id.)

Jouve-Chirol, tulles, blondes et dentelles, Le Puy (H.-Loire).

Jouve-Jouve, id. id. id. (id.)

Kirb (Daniel), id. id. Caen (Calvados).

Labarthe (Mme), dentelles, Alençon (Orne).

Lacour, tulles et dentelles, Creully (Calvados).

Lafond-Lefebvre, tulles, St-Pierre-les-Calais (Pas-de-Calais).

Lagache, id. id. (id.)

Lagier, blondes et dentelles, Craponne (Haute-Loire).

Lagniez-Lenne, tulles, Lille (Nord).

Laignel (D.), id. St-Pierre-les-Calais (Pas-de-Calais).

Lambrecht, tulles, blondes et dentelles, Strasbourg (Bas-Rhin).

Lapersonne (Mme), dentelles, Tilly-sur-Seulles (Calvados).

Laporte-Marchand (V.), tulles, blon. et dent., Le Puy (H.-L.)

Laroche, tulles, blondes et dentelles, Caen (Calvados).

Latré, dentelles, Viarmes (Seine-et-Oise).

Laurent (veuve), tulles et dentelles, Balleroy (Calvados).

LEBLANC-EYMOND (E.), blon. et dent, r. des Jeûneurs, 8, Paris.

LEBRUN j., tulles, Inchy (Nord).

LECLERC aîné, dentelles, Mirecourt (Vosges).

LECLERC n., tulles, Inchy (Nord).

LECOMTE (Ch.), dentelles, Calais (Pas-de-Calais).

— id. Viverols (Puy-de-Dôme).

LECOMTE (E.), id. Caen (Calvados).

LECORNU (A.), id. Caen (id.)

LECORNU aîné, blondes et dentelles, Gonneville (Calvados).

LE CYRE (A.) et Cie, blondes et dent., Colleville-s.-Orne (Calv.).

LEFÉBURE (Aug.), dentelles, Bayeux (Calvados).

LEFÉBURE (C.), tulles, blondes et dentelles, Caen (Calvados).

— id. id. Le Puy (H.-Loire).

LEFEBVRE (Th.), tulles, St-Pierre-les-Calais (Pas-de-Calais).

LEFEBVRE (veuve), tulles, id. id.

LEFÉVRE (L.), id. Inchy (Nord).

LEFORT, id. Grand-Couronne (Seine-Inférieure).

LEFRANC, tulles, blondes et dentelles, Caen (Calvados).

LEGENDRE (N.), tulles, St-Pierre-les-Calais (Pas-de-Calais).

LEGRAS-DELESTRE (Mme), dentelles, Arras (Pas-de-Calais).

LELEU (veuve), id. Bayeux (Calvados).

LELEU aîné, tulles, St-Pierre-les-Calais (Pas-de-Calais).

LEMAIRE (J.-B.), tulles, Lille (Nord).

LEMAIRE et Cie, id. St-Pierre-les-Calais (Pas-de-Calais).

LEMONNIER, tulles, blondes et dentelles, Caen (Calvados).

LEMONNIER (Joséphine), dentelles, Villedieu-les-Poëles (Manche).

LEMORE f., tulles, blondes et dentelles, Caen (Calvados).

LENORMAND (Mlle), dentelles, Alençon (Orne).

LENSEN, tulles, Lille (Nord).

LEPELLETIER (O.), dentelles, Caen (Calvados).

LEPERCQ, tulles, Saint-Pierre-les-Calais (Pas-de-Calais).

LEPERSONNIER, dentelles, Tilly-sur-Seulles (Calvados).

LÉPINE (Mlle), id. Alençon (Orne).

Leroux frères, tulles, St-Pierre-les-Calais (Pas-de-Calais).

Leroy (A.),   id.   Calais,   id.

Leroy-Maxton frères, tulles, St-Pierre-les-Calais, id.

Lesénécal (H.), blondes et dentelles, Caen (Calvados).

Leté (H.), dentelles, Mirecourt (Vosges).

Leteinturier (J.), dentelles, rue du Mail, 3, Paris.

Lezoux,   id.   Bayeux (Calvados).

Lheureux, tulles, Saint-Pierre-les-Calais (Pas-de-Calais).

Liénard-Destombes, dentelles, Lille (Nord).

Loiseau, dentelles, Le Puy (Haute-Loire).

—   id.   Mirecourt (Vosges).

—   id.   Chantilly (Oise).

Longuet (R.), tulles, blondes et dentelles, Caen (Calvados).

Lovioz, dentelles, Arras (Pas-de-Calais).

Loysel (F.-L.), dentelles, Caen (Calvados).

Loysel la Billardière, dentelles, Caen (Calvados).

Magnier, tulles et dentelles, Guines (Pas-de-Calais).

Malapert (Ch.), dentelles, Créteil (Seine).

Mallat, blondes et dentelles, Luzarches (Seine-et-Oise).

Magniez père, tulles, St-Pierre-les-Calais (Pas-de-Calais).

Manoury, blondes et dentelles, Caen (Calvados).

Manson et Avox, tulles, blondes et dent., Le Puy (H.-Loire).

Mansuy, dentelles, Remoncourt (Vosges).

Marand père, blondes et dentelles, Craponne (Haute-Loire).

Marc (A.), tulles, Séclin (Nord).

Marcellin-Vernalde, tulles, St-Pierre-les-Calais (P.-d.-Calais)

Marcet-Michel, blondes et dentelles, Le Puy (Haute-Loire).

Marie, dentelles, Lion-sur-Mer (Calvados).

Marie-Pichon, dentelles, Luc-sur-Mer (Calvados).

Marie-Roussel,   id.   Mirecourt (Vosges).

Marquet et Cie,   id.   Caen (Calvados).

Martin (W.), blondes et dentelles, Valognes (Manche).

Massip (veuve), id.   id.   id.   id.

Mathieu (A.), dentelles, Jevoncourt (Meurthe).

Maxton (J. Mlle), tulles, St-Pierre-les-Calais (Pas-de-Calais).

Maxton (R.),   id.   id.   id.   id.

Maxton (W.),   id.   id.   id.   id.

Mérouze (Paul), tulles, blondes et dentelles, Caen (Calvados).

Mérouze, dentelles, Tilly-sur-Seulles,   id.

Mérouze (Ulysse), dentelles, Caen,   id.

Messeant, blondes, Saint-Pierre-les-Calais (Pas-de-Calais).

Meyer, blondes et dentelles, Yssingeaux (Haute-Loire).

Meyns, tulles, Saint-Pierre-les-Calais (Pas-de-Calais).

Michel (N.), blondes et dentelles, Caen (Calvados).

Middleton aîné, tulles, St-Pierre-les-Calais (Pas-de-Calais).

Middleton frères, id.   id.   id.

Middleton et Cie, id.   id.   id.

Mignien,   id.   id.   id.

Milet et Caris, blondes et dentelles, Caen (Calvados).

—   id.   Le Puy (Haute-Loire).

Monroger, tulles, Saint-Pierre-les-Calais (Pas-de-Calais).

Montay (F.), tulles, Inchy (Nord).

Montigny (veuve) et fils, dentelles, Caen (Calvados).

Morel, tulles, Saint-Pierre-les-Calais (Pas-de-Calais).

Morel, dentelles, Vittel (Vosges).

Mosnier-Michel, tulles, blondes et dent., Le Puy (H.-Loire).

Moulin, Fabre et Cie, blondes et dentelles, id.   id.

Mullie (A.), Ch. Bernard et fils, tulles, S-Pierre-les-Cal. (P.-d.C.)

Munich (veuve), dentelles, Vittel (Vosges).

Mussel, tulles, Calais (Pas-de-Calais).

Neveu (J.) et Samson, dentelles, Bailleul (Nord).

Normand (Louisa Mlle), tulles, Douai,   id.

Oswin (J.) et Cie, tulles, St-Pierre-les-Calais (P.-de-Calais).

Oulton-Robert, dentelles, Le Puy (Haute-Loire).

Pagny (Edouard), tulles, blondes et dent., Caen (Calvados).

Pagny (A.), dentelles, Bayeux,   id.

Pagny aîné, tulles, blondes et dentelles, Caen (Calvados).

Parenty, tulles, Saint-Pierre-les-Calais (Pas-de-Calais).

Parisot (E.), dentelles, Mirecourt (Vosges).

Pascal-Roche, dentelles, Marsac (Puy-de-Dôme).

Pascal aîné, blondes et dentelles, Le Puy (Haute-Loire).

Patridge, tulles, Saint-Pierre-les-Calais (Pas-de-Calais).

Pepin et Thioulouse (Mme), tulles, blond., dent., Le Puy (H.-L.)

Peron, tulles, Saint-Pierre-les-Calais (Pas-de-Calais).

Perrachon, blondes et dentelles, Yssingeaux (Haute-Loire).

Perret (L.) et Richard, blondes et dent., Le Puy, id.

Perrier (P.-L.), id. Bailleul (Nord).

Perrin (Mlle), dentelles, Charmes (Vosges).

Pesché, tulles, blondes et dentelles, Caen (Calvados).

Petit (Ed.) et Elie Quarez, tulles, Calais (Pas-de-Calais).

Petit-Jean, dentelles, Mirecourt (Vosges).

Petit-Raynaud, tulles, blondes et dentelles, Le Puy (H.-Loire).

Peteau, tulles, Saint-Pierre-les-Calais (Pas-de-Calais).

Philip-Bonnet, tulles, blondes et dentelles, Le Puy (H.-Loire).

Picard-Terrasson, blondes et dentelles, Craponne, id.

Pigache et Cie, dentelles, Bayeux (Calvados).

Pigache, blondes et dentelles, Chantilly (Seine-et-Oise).

— id. Luzarches (Oise).

Pigache (L.) et J. Badois, dentelles, Le Puy (Haute-Loire).

Pin, tulles, Sury-le-Comtal (Loire).

Pinsard aîné (Le Mora, succr), dentelles, Lille (Nord).

Piquot-Hamon, Caen (Calvados).

Poret (A.) et Costallat, tulles, blondes, dent., Le Puy (H.-L.)

— id. Luc-sur-Mer (Calvados).

— id. Caen, id.

Potdevin, blondes, Argences, id.

Pougheol, blondes et dent., Caen (Calvados)

Planté (Vve) et Solvain, dentelles, Le Puy (Haute-Loire).

Plez, tulles, Caudry (Nord).

PRADIER, dentelles, Ambert (Puy-de-Dôme).

PRÉVOST, tulles, St-Pierre-les-Calais (Pas-de-Calais).

PRILLIEZ (A.), tull.,   id.   id.

PRIVAT (V.), tulles, bl. et dent. Le Puy (Haute-Loire).

PRUDHOMME, tulles, St-Pierre-les-Calais (Pas-de-Calais).

PULSFORD,   id.   id.   id.

QUILLACQ et Cie, id.,   id.   id.

RACHAT, blondes et dentelles, Craponne (Haute-Loire),

RANDON (L.), tulles, bl. et dent., Caen (Calvados).

    —   id.   Le Puy (Haute-Loire).

REBIER (L.) et F. VALOIS, tull., St-Pierre-les-Calais(P.-de-C..)

REBIÈRE (F.),   id.   id.   id.

REDLY, dentelles, Mirecourt (Vosges).

RENAULT (A.) (Mlles), dent., Alençon (Orne).

RENNEPONT (Mlles),   id. Wittel (Vosges).

RESUCHE jeune et sœurs, dent., Mirecourt (Vosges).

REVILLE (H.) et DARTOUT, tull., Lille (Nord).

    —   St-P.-les-Calais (Pas-de-Cal.).

REYNAUD-REBOULET, tull., bl. et dent., Le Puy (Haute-Loire).

RICHARD (A.),   id.   id.

RICHEZ (H.) et SILLARD, tull., St-P.-les-Calais (Pas-de-Calais).

RICHEZ-BASQUIN, tulles, Inchy (Nord).

RICHEZ (L.), tulles, St-Pierre-les-Calais (Pas-de-Calais).

RICHIER-HERVIEU, tull., bl. et dent., Caen (Calvados).

RIDOUX fr., tulles, St-Pierre-les-Calais (Pas-de-Calais).

RIVAL-VERGNES, blondes et dentelles, Craponne (Hte-Loire).

RIVET,   id.   id.

ROBERT, tulles, Boironfosse (Aisne).

ROBERT (Régis), tulles, blondes et dent., Le Puy (Hte-Loire).

ROBERT-FAURE,   id.   id.

ROBILLARD (L.), dentelles, rue des Jeûneurs, 27, Paris.

ROCHER-BLANC, tull., bl. et dent., Le Puy (Haute-Loire).

    —   id.   Caen (Calvados).

ROCHETTE frères, tulles, blon. et dent., Le Puy (Haute-Loire).

ROGER-DERREZ, dentelles, Troyes (Aube).

ROGUES (Eug.), tulles, bl. et dent, Le Puy (Haute-Loire).

ROGUES (M. et H.) frères, tulles, bl. et dent.. Le Puy (H.-L.).

ROMAIN-TALBOT et P. LEBLANC, dent., pl. Madeleine, 4, Paris.

ROOPER, tulles, St-Pierre-les-Calais (Pas-de-Calais).

ROPPART, dentelles, Bayeux (Calvados).

ROULAND (Vve), tulles, bl. et dent., Caen (Calvados).

ROURE et Cie, blondes et dent., Craponne (Haute-Loire).

ROUSSEL, dentelles, Alençon (Orne).

ROUSSY (J.-L.), dent., Beuville (Calvados).

ROUX (B.), tull., bl. et dent., Le Puy (Haute-Loire).

ROZÉE,   id.   Caen (Calvados).

SABATIER-SALON, blondes et dent., Le Puy (Haute-Loire).

SABY,   id.   Craponne,   id.

SAINT-RAYMOND et DELACROIX, bl. et dent., Caen (Calvados).

SAURET (V.), tull., bl. et dent., Le Puy (Haute-Loire).

SAUVAGE, dentelles, Creully (Calvados).

SAYVEL (A.), tulles, St-Pierre-les-Calais (Pas-de-Calais).

SCHOUTTETON-SCHWARTZ, dentelles, Lille (Nord).

SÉGUIN (J.), tull., bl. et dent., Le Puy (Haute-Loire).

—   id.   Chantilly (Seine-et-Oise).

SERGEANT,   tulles, St-Pierre-les-Calais (Pas-de-Calais).

SHEPHERD (N.), id.   id.   id.

SIMON et fils, blondes et dent., Talmontiers (Oise).

SION, BONNET et Cie, dent. brodées, Lunéville (Meurthe).

—   id.   r. N.-S.-Eustache, 11, Paris.

SMITH (J.), tulles, St-Pierre-les-Calais (Pas-de-Calais).

SMITH (W.), id.,   id.   id.

SOUFFLET et HERNEM, tulles, Inchy (Nord).

SPREYERMANN (A.), tull., bl. et dent., Strasbourg (B.-Rhin).

SURREL frères et Cie,   id.   r. du Sentier, 15, Paris.

—   id.   Le Puy (Haute-Loire).

TERRASSON (L.),   blondes et dent., Craponne (Haute-Loire).

TERRASSON-BERGIER,   id.   id.   id.

TERRASSE-MAZAUDIER, tulles, bl. et dent., Le Puy,   id.

TILLIER, tulles, St-Pierre-les-Calais (Pas-de-Calais).

TIXIER-DURAND, dentelles, Ambert (Puy-de-Dôme).

THOREZ et MERCIER, tulles, St-Pierre-les-Calais (Pas-de-Calais).

TOFFIN (L.) frères,   id.   Caudry (Nord).

TONNELLIER (F.), dentelles, Lille (Nord).

TOPHAM frères,   tulles, St-Pierre-les-Calais (Pas-de-Calais).

TOURNEUR (L.),   id.   id.   id.

TOURNEUR et DHILY, id.   id.   id.

TOUZIN (L.) et MALHERBE, t., bl. et d., r. des Jeûneurs, 6, Paris.

       —   id.   Nancy (Meurthe).

TRIBOULLIARD, tulles, St-Pierre-les-Calais (Pas-de-Calais).

TROUSSEL,   id. Arras,   id.

VACHER (A.), dentelles, La Chaise-Dieu (Haute-Loire).

VACHER sœurs,   id.   id.   id.

VAILLANT, tulles, St-Pierre-les-Calais (Pas-de-Calais).

VALETTE (E.) Vve, dentelles, Caen (Calvados).

VANEUILLE et Cie, bl. et dent., r. Ferdinand-S.-Maur, 9, Paris.

VAN-HENDE (V.), dentelles, Le Puy (Haute-Loire).

       —   id.   Mirecourt (Vosges).

VARENNE-BOYER, bl. et dent., Le Puy (Haute-Loire).

VARIN,   id.   Caen   (Calvados).

       —   id.   Thury-Harcourt, id.

VASSEL (B.), dentelles, La Chaise-Dieu (Haute-Loire).

VAUQUELIN (Mme), tulles et dent., Balleroy (Calvados).

VENIÈRE frères, dentelles, Bailleul (Nord).

VERDIER-DAVID (Mme), dent., Alençon (Orne).

VERNALDE, tulles, St-Pierre-les-Calais (Pas-de-Calais).

VERPOOTER (J.), dentelles, Lille (Nord).

VERRET, tulles, St-Pierre-les-Calais (Pas-de-Calais).

VIDAL (A.) fils aîné, tull., S.-Pierre-les-Calais (Pas-de-Calais).

VIDECOQ et Cie, tull., bl. et dent., Alençon (Orne).

—   id.   Chantilly (Seine-et-Oise).

VIGNAL, bl. et dent., Craponne (Haute-Loire).

VIGUEROUX, dentelles, Saint-Pierre-sur-Dives (Calvados).

VINCENS-BESSON, tull., bl. et dent., Le Puy (Haute-Loire).

VINAY-FAURE, blondes et dentelles.   id.

VIOLARD (G.), dentelles, Courseulles (Calvados).

VISSAGUET (Mlle), dent., Le Puy (Haute-Loire).

WALCH, tull., blond. et dentelles, Caen (Calvados),

WALKER et MESSE, tulles, St-Pierre-les-Calais (Pas-de-Calais).

WASHER (Victor), dentelles, Bayeux (Calvados).

—   id.   Le Puy (Haute-Loire),

WASSE et DUPRÉ, tulles, Amiens (Somme).

WATTRÉ et Cie, tulles, St-Pierre-les-Calais (Pas-de-Calais).

WEBSTER frèr.,   id.   id.   id.

WERKS,   id.   id.   id.

WERKS-LEROY,   id.   id.   id.

WEST (J.),   id.   id.   id.

WEST (James), blondes et dent., Caen (Calvados).

WOLFF (Vve), tull., bl. et dent., Strasbourg (Bas-Rhin).

WOTTON (Vve), tulles, Douai (Nord).

WRAGG (J.) fils, S.-Pierre-les-Calais (Pas-de-Calais).

SOIES A COUDRE.

(Fabricants.)

ARMAND-VARIN et frère, boulevard Sébastopol, 64,   Paris.

BARONNAT frères, rue Cloître-St-Jacques, 7,   id,

BATEMAN (W.), rue Thévenot, 25,   id,

BATTIER (Eug.), rue de la Banque, 17,   id.

BAZIN (Alphonse), boul. de Sébastopol, 91,   id.

BERNARD (C.), Alais (Gard).

BERTRAND-LEVESQUE, Alais (Gard)..

BÉTILLE (Achille), rue Bourbon-Villeneuve, 59,   Paris.

BIRAUD (H.), rue St-Denis, 289,   id.

BOISRAMEY, Caen (Calvados).

—   Le Puy (Haute-Loire).

BOUCACOURT (E.), rue St-Denis, 243,   Paris.

CADEL (P.), fils aîné, Nîmes (Gard).

CAPON, Ercuis (Oise).

CHAMOUX et BARRIÈS, boul. de Sébastopol, 45,   Paris.

CHARDIN (E.), rue Saint-Denis, 175,   id.

CHARPENTIER (J.), Ercuis (Oise).

CHILLIAT (Édouard), rue Saint-Denis, 127 et 129,   Paris.

—   Les Andelys (Eure).

CONUÉ et Cⁱᵉ, rue Saint-Denis, 217,   Paris.

D'HOSTEL, boul. Sébastopol, 93,   id.

DOTTE (Eug.), rue Saint-Denis, 248,   id.

DUBAIL (Henri), boul. Sébastopol, 83,   id.

DUFRENEY et Cⁱᵉ, rue du Caire, 10,   id.

DURAND (Léon), Tours (Indre-et-Loire).

EYME et Cⁱᵉ, rue Rambuteau, 66,   Paris.

FABRE (Charles), rue St-Denis, 124,   id.

FOUCHER (F.) et LEBLOND, r. Deux-Portes-St-Sauveur, 22, id.

FOURNIER (J.), Ercuis (Oise).

FRÈRE et ROUSSEAU, rue Rambuteau, 81,   Paris.

FROMENTIN (L.), boul. Sébastopol, 43,   id.

FUSY et VIGERIE, r. Faubourg-St-Martin, 91,   id.

GALLY (veuve) et FABRE, Alais (Gard).

GARNIER-LOMBARD, Nîmes,   id.

GASSE (Jules), Tours (Indre-et-Loire).

GENET et POINTE, rue de l'Échiquier, 14,   Paris.

GENEVOIS (F.), boul. Bonne-Nouvelle, 28,   id.

GÉRARD (Hippolyte), rue St-Denis, 211,   id.

GETZ (S.), rue Martel, 11,   id.

Gibert et Cie, rue du Faubourg-St-Denis, 23,   Paris.
Gillet (A.), boul. Sébastopol, 47,   id.
Glassier père et fils, Tours (Indre-et-Loire).
Gontard (Ch.), rue Rambuteau, 74,   Paris.
Guttinger (U.), passage Saulnier, 13,   id.
Hamelin (A.) fils, rue St-Denis, 266,   id.
—— Les Andelys (Eure).
Haquin aîné, Tours (Indre-et-Loire).
Henri (J.), rue St-Martin, 24,   Paris.
Hesse (Ad.), rue Hauteville, 26,   id.
Hue, rue Tracy, 5,   id.
Jacques (Joseph) et Morio, rue Saint-Denis, 159,   id.
Jaricot (veuve) et fils, rue Mauconseil, 18,   id.
Lamy (Victor), boul. Sébastopol, 60,   id.
Langlois (H.), rue Saint-Denis, 257,   id.
Laurent (J.-B.) fils, boul. Sébastopol, 62,   id.
Leprince (A.), rue du Petit-Lion, 4,   id.
Lévy (Pierre), rue des Quatre-Fils, 22,   id.
Lyottier (veuve), rue Saint-Denis, 366,   id.
Marais, rue Saint-Denis, 169,   id.
Marquis (E.-F.), rue du Caire, 7,   id.
Mellis et Davet, rue Poissonnière, 13,   id.
Ménars, rue Richelieu, 59,   id.
Mézières (Henry), Vauxbuin (Aisne).
—— rue Saint-Denis, 277,   Paris.
Michel-Castanet, Nîmes (Gard).
Michel-Colombet, rue Rambuteau, 64,   Paris.
Monnier-Lichaire, Nîmes (Gard).
Moulin, Ercuis (Oise).
Outrequin, rue des Lombards, 31,   Paris.
Parain (Ch.), rue de la Lune, 41,   id.
Pasquier et Picard, rue Saint-Denis, 200,   id.
—— Vauxbuin (Aisne).

PAULHAN (J.) et CADEL, Nîmes (Gard).
PIQUEFEU (Victor), boulevard Sébastopol, 50,   Paris.
—   Neuilly-en-Thèle (Oise).
PINSON (Eug. et Ernest), rue Saint-Denis, 264,   Paris.
PIPAUT (C.), rue Hauteville, 12,   id.
PLAILLY, Grenoble (Isère).
—   rue Saint-Denis, 217,   Paris.
—   Septeuil (Seine-et-Oise),
PONS (veuve), rue Saint-Denis, 341,   Paris.
QUESNEL (J.), rue Thévenot, 19,   id.
RENNEVILLIERS p., Ercuis (Oise).
RÉVILLET, rue Saint-Denis, 278,   Paris.
RHODÉ (Edmond) et Cie, rue Saint-Denis, 234,   id.
ROUSSY et BERNARD, Nîmes (Gard).
ROUX (née Bertrand), Alais (Gard).
ROUYER (P.), rue Saint-Denis, 153,   Paris.
—   Chambly (Oise).
ROYER, ROUX et DURET, rue du Caire, 30,   Paris.
SAINT-AUBIN, Ercuis (Oise).
SERRAIN (N.), Ercuis (Oise).
TORNE (Ch.), Puiseux-le-Hauberger (Oise).
TOUSSAINT (Victor), Ercuis (Oise).
TOUSSAINT (Z.),   id.   id.
VAQUEZ-FESSART, boulevart Sébastopol, 54,   Paris.
—   Crouy-en-Thelle (Oise),
VARÉ (A.), Ercuis (Oise).
VERTIER-HAMELIN, rue Saint-Denis, 277,   Paris.

PELUCHE.

(Fabricants.)

BIZE (F.), Puttelange (Moselle).
BOQUET (J.) et Cie, Amiens (Somme).

Boulouneix rue Simon-le-Franc, 20, Paris.
Brisson frères, rue Ste-Croix-la-Bretonnerie, 5. id.
Donat-Achard et Cⁱᵉ, Riom (Puy-de-Dôme).
Gachinard et Cⁱᵉ, Gaillon (Eure).
Galibert (E.), rue Payenne, 11, Paris.
Gilly (J.), rue Charlot, 9, id.
Lacour et Walter, Sarreguemines (Moselle).
— rue des Francs-Bourgeois-Marais, Paris.
Martin (J.-B. et P.), Metz (Moselle).
— rue de Vendôme, 24, Paris.
— Puttelange (Moselle).
— Tarare (Rhône).
Massing fr., Hubert et Cⁱᵉ, Puttelange (Moselle).
— rue des Quatre-Fils, 20, Paris.
Renard frères et Cⁱᵉ, Sarreguemines (Moselle).
— rue des Vieilles-Haudriettes, 4 et, Paris.
Ruzé (A.), Gachinard (B.) et Cⁱᵉ, Gaillon (Eure).
— rue du Temple, 71, Paris.
Thibert et Cⁱᵉ, Metz (Moselle).

BOURRE DE SOIE.
(Fabricants.)

Annat aîné et Cⁱᵉ, Le Vigan (Gard).
Acquier frères, Saint-Victor (Loire).
— Thizy (Rhône).
Armandy (D.) fils et Maurier, r. du Fg-Poissonnière, 9, Paris.
Bergeau-Lavie, Nîmes (Gard).
Bindschedler, Legrand et Fallot, Thann (Haut-Rhin).
Blondeau-Billet, rue Sainte-Catherine, 37, Lille.
Bonjour (J.) et H. Poulain, rue Hauteville, 25, Paris.
Bourdoux (Félix), rue Hauteville, 49, id.

BURLAT, rue Hauteville, 42,   Paris.
CHANCEL frères, Briançon (Hautes-Alpes).
CLAYON jeune, Fourmies (Nord).
COLLET-LEFRANC, Amiens (Somme).
CLERMONT (de), rue de Tracy, 7,   Paris.
DEROUBAIX (H.), rue Tournay, 88, Lille.
DESPERNEX, boulevard de Strasbourg, 11,   Paris.
DIVRY, MICHELET et Cie, Fourmies (Nord).
DUMAS (F.), rue Neuve-Saint-Eustache, 36,   Paris.
FAURE et Cie, Chauffailles (Saône-et-Loire).
FERRAND-THIVIND, Arcinge (Loire).
FERRERI (Alex.), rue Bergère, 21,   Paris.
GAUTHEY (Edouard), r. du Caire, 4, id.
GERMAIN (A.) et Cie, rue de l'Echiquier, 32,   Paris.
GUIOT (Vve), Nîmes (Gard).
HESSE (A.), rue d'Hauteville, 35,   Paris.
HESSE (Ad.), rue d'Hauteville, 26,   id.
HOPPENOT frères, Troyes (Aube).
       —   Chapelle-sur-Luc (Aube).
KARCHER (Jules) fils, Colmar (Haut-Rhin).
LANGEVIN et Cie, Illeville (Seine-et-Oise).
LANGLOIS (H.), rue Saint-Denis, 287,   Paris.
LARNAC (Joseph), Nîmes (Gard).
       —   Le Vigan, id.
LAURENT sœurs, Aubenas (Ardèche).
LEPOUTRE-PARENT, Roubaix (Nord).
MARTIN, Pont-de-l'Hérault (Gard).
MARTIN-SAUSSINE, Uzès,   id.
MATHIEU (J.), Guillestre (Hautes-Alpes).
MATHON et MASSON, Roubaix (Nord).
MAURY-MONMERT, rue Richer, 30,   Paris.
MAZAURIN (J.), VIEL et Cie, rue des Petites-Ecuries, 47,   id.
MELLIS et DAVET, rue Poissonnière, 13,   id.

MEYNIER (G.), rue des Jeûneurs, 10,   Paris.
NEUVILLE (Sébastien de), rue Cadet, 9,   id.
PAUL (Aug.), rue Sainte-Croix-la-Bretonnerie, 26,   id.
PIGNAT, Aubenas (Ardèche).
POSNO (L.-J.), boul. des Capucines, 41,   Paris.
POUSSARD, Versailles (Seine-et-Oise).
QUESNEL (J.), rue Thévenot, 19,   Paris.
RAFFARD, rue Saint-Denis, 374,   id.
REVIL (Ch). et Cie, Amilly (Loiret).
ROYER, ROUX et DURET, rue du Caire, 50,   Paris.
SARRUS (C.), Nîmes (Gard).
SCHREINER, Saint-Amarin   (Haut-Rhin).
SIMON, GROS et Cie, Soultzmatt,   id.

IMPRIMEURS SUR ÉTOFFES.

ALIPS (Victor), Saint-Germain-en-Laye (Seine-et-Oise),
ANGREMY (Toussaint), r. Neuve-St-Eustache, 31,   Paris.
BARON et Cie, Saint-Denis (Seine).
BERNOVILLE fr., LARSONNIER fr. et CHENEST, r. des Jeûneurs, 23,
                                              Paris.
BERNAUX (J.) Amiens (Somme).
BEROLLES (André), Oullins (Rhône).
BLONDEL (Vve), Neuilly (Seine).
BONVALLET fr., St-Maurice-les-Amiens (Somme).
BOREL, BOURGEOIS, A. DESMET et Cie, St-Denis (Seine).
BOUDOT (A.), Grande-Rue-Chapelle, 37,   Paris.
BOULEAU et PETHOTON, r. de la Banque, 16,   id.
BOURGÈS (A.). rue du Sentier, 6,   id.
BOURGET et DOYEN, rue Gravilliers, 38,   id.
BRUNET-LECOMTE (Henri), Jallieu (Isère).
BUCHER, rue Cuissard-Auteuil, 14,   Paris.

CHRÉTIEN, rue Parchemincrie, 2,   Paris.

DELAMARRE, rue de Limoges, 3,   id.

DE LA MORINIÈRE et BLONDIN, Royaumont (Seine-et-Oise).

DRIESSENS et Cie, Saint-Denis (Seine).

DUBOST, FAVIER fils et Cie, Le Pecq (Seine-et-Oise).

DUPLAN et MARONNIER, rue Vivienne, 18,   Paris.

DUPUYTREN, PÉRICAUD et NAUDE, r. des Jeûneurs, 23,   id.

FARJAS et Cie, rue Neuve-Saint-Eustache, 5;   id.

FAVRE et DUFOUR, rue Jussienne, 9,   id.

    —   Suresnes (Seine).

FEVEZ frères et CHARVET, rue Hauteville, 10,   Paris.

FRANÇOIS et JOURDAIN, St-Maurice-les-Amiens (Somme).

GALLIEN (L.-E.), r. Neuve-St-Eustache, 41,   Paris.

GESCHWINDT, rue Charlot, 55,   id.

GIGAULT et GILLOT, rue du Mail, 30,   id.

GIRAUD (F.), Oullins (Rhône).

GONIN, DEPOULLY et DROGARD, q, Impérial, 19, Suresnes (Seine).

GRUMBER, Ivry (Seine).

GUIGNARD, Poligny (Jura).

GUILLAUME père et fils, Saint-Denis (Seine).

HAGENBACH (J.), rue Ferdinand-Saint-Maur, 9,   Paris.

HALDER cadet, Saint-Just-sur-Loire (Loire).

HERBET (A.), rue Sainte-Foy, 8,   Paris.

HOFER-GROSJEAN, Nieder-Morschwiller (Haut-Rhin).

HUSSENOT, BERNE et BRUNARD, rue du Mail, 16,   Paris.

JACOB frères, Tournon (Ardèche).

JACQUIER, Poligny (Jura).

JOLIVARD et CHEREAU, Saint-Denis (Seine).

LE BRASSEUR et Cie, rue Saint-Joseph, 6,   Paris.

LECLERRE fils, Coye (Oise).

LEFRANÇOIS, rue de l'Asile-Popincourt, 5,   Paris.

LEFÉVRE-JULLIART, Amiens (Somme).

LEROUX (A.), Neuilly (Seine).

LERIDAN (A.), DAMJÉ et Cie, Saint-Denis (Seine).

LOSSERAND, rue de l'Asile-Popincourt, 5,   Paris.

LUTHRINGER et Cie, St-Symphorien-d'Ozon (Isère).

MAHEU, Saint-Denis (Seine).

MARCHAND, Poligny (Jura).

MASSON et Cie, Saint-Denis (Seine).

MEILLER (Armand), Oullins (Rhône).

MEYER jeune, Nieder-Morschwiller (Haut-Rhin),

MONFRAY, rue de la Muette, 41,   Paris.

OHNENBERGER (Dominique), quai de Passy, 38,   id.

ONFROY et Cie, boulevard d'Italie, 73,   id.

PACOT D'YENNE (E.), pl. des Victoires, 6,   id.

PARAF-JAVAL frères et Cie, rue du Sentier, 32,   id.

PERREGEAUX (F.) et fils, Jallieu (Isère).

PETIT frères, Vernaison (Rhône).

POLLE-DEVIERMES, Beauvais (Oise).

RAY jeune, St-Clément-sur-Valsonne (Rhône).

REVILLARD (François), Vizille (Isère).

RHEINS (D.), boulevard de Strasbourg, 30,   Paris.

RIVE, Saint-Denis (Seine).

RINGARD-SOYEZ, Amiens (Somme).

SALIOT jeune (sur velours), r. Montmorency, 36,   Paris.

SANDOZ (Eugène), Miribel (Ain).

SANIAL (Noël), Valence (Drôme).

SATIS (P.), quai de Grenelle, 41,   Paris.

SCHARTZ et HUGUENIN, Dornach (Haut-Rhin).

SCHWOB (Joseph), rue Beauregard, 8,   Paris.

SIESS (E.), rue Fontaine-au-Roi, 49,   id.

SURMONT et AUCLER, rue du Sentier, 31,   id.

TELLIER et FRANÇOIS, Amiens (Somme).

THOMANN (Jacques), quai Impérial, 41, à Puteaux (Seine).

TRÈVES (Adolphe) et frère, rue du Sentier, 16,   Paris.

VAILLANT, Poligny (Jura).

VANDEDRIÈS, rue Claude-Villefaux prolongée,   Paris.
WEILL (Emile), Marly (Nord).

LISEURS DE DESSINS.

ABOIRE, rue Fontaine-au-Roi, 64,   Paris.
BOYE (Mlle), Amiens (Somme).
COILLET (Vve), rue Fontaine-au-Roi, 47,   Paris.
COLAS (L.), rue St-Maur-Popincourt, 60,   id.
COLLET, passage d'Isly, 8,   id.
FAUVEL (Mme), rue Richer-Belleville, 4,   id.
GAND (Ed.), Amiens (Somme).
MOLIN, rue Feutrier-Montmartre, 5,   Paris.
PITIOT, rue Reine-Blanche, 8,   id.
ROBERT, r. Trois-Couronnes-du-Temple, 40.   id.

PEIGNES A TISSER.
(Fabricants.)

AUDE (A.), chemin de ronde des Amandiers, 25,   Paris.
BASQUIN (Th.), rue Saint-Sauveur, 104, Lille (Nord).
BATARD, Laval (Mayenne).
BEGAIN, rue de l'Industrie, 4,   Paris.
BERGEON (J.-M.), Tarare (Rhône).
BEZANCOURT, Amiens (Somme).
BIÉ (F.), Le Mans (Sarthe).
BIGNON, rue Ménilmontant, 38,   Paris.
BONNELYE, Amiens (Somme).
BORDEAU, Laval (Mayenne).
BORDEAU (Yvain), Mayenne (Mayenne).
BORNOT (A.), Savoisy (Côte-d'Or).

Bornoy-Martin (Vve), Savoisy (Côte-d'Or).

Castelain-Scies, rue des Urbanistes, 13, Lille.

Cauchy et dames Vanoutryve frèr., rue Croquet, 36, Lille.

Chapé (J.-B), Savoisy (Côtes-d'Or).

Chauvin, Flers (Orne).

Cercus-Durieux, Bohain (Aisne)

Chenet, r. du Faubourg-du-Temple, 60,   Paris.

Coquelin-Zberg, Mulhouse (Haut-Rhin).

Coste (J.), Lodève (Hérault).

Dechavanne, Charlieu (Loire).

Delatre (C.), Gouzeaucourt (Nord).

Dieul, Flers (Orne).

Dufour, Thann (Haut-Rhin).

Duhazé, Flers (Orne).

Durand, Laval (Mayenne).

Foigne-Bertin, Bohain (Aisne).

Fontaine-Foigne, Bohain (Aisne).

Fouque, rue du Faubourg-Saint-Denis, 17,   Paris.

Gand (Ed.), Amiens (Somme).

Gillotin, David et Cie, Lisieux (Calvados).

Groulard-Segairs, Bohain (Aisne).

Harding-Cocker, rue de Metz, 6 bis, Lille.

Hartley (J.), rue de Wagram, Lille.

Joubain, Flers (Orne).

Lainé, passage Ménilmontant, 7,   Paris.

Langenard, rue Trois-Couronnes, 3,   id.

Lebas, rue Saint-Denis, 380,   id.

Lefebvre, Amiens (Somme).

Lefebvre, rue Pont-aux-Choux, 17,   Paris.

Lefrançois (D.) (Vve), Flers (Orne).

Lemaire (J.-B.), rue des Fossés-Saint-Victor, 42,   Paris.

Lisch (J.), Thann (Haut-Rhin).

Marchand, Alençon (Orne).

Mas fils aîné, Mazamet (Tarn).

Moyne fils, Tarare (Rhône).

Moyne (Vve) et Nicolas, Charlieu (Loire).

Paris, Alençon (Orne).

Pécheux, Alençon (Orne).

Rolla, Mulhouse (Haut-Rhin).

Salomon (Honoré), Savoisy (Côte-d'Or)

Schweilzer, Rothau (Vosges).

S..nnery-Lacroix, Tarare (Rhône).

Testart, Frémoy-le-Grand (Aisne).

Throendlé, Mulhouse (Haut-Rhin).

Troublé, Carlepont (Oise).

Tschieret (J.-F.), Thann (Haut-Rhin).

Tschieret (J.-J.), id. id.

Vacogne, Charlieu (Loire).

Vallon-Joly, rue Lafayette, 1? Paris.

Vanoutryve aîné et L. Rousseaux, r. du Marché, 13 b., id.

Varlet, Inchy (Nord).

Voets frères, rue Saint-Sauveur, 2, Lille (Nord.

Vote, rue Saint-Paul, 47, Paris.

Ward (John), rue de Douai, 25, Lille.

Wharton (G.), rue de Lille, 31, Lille.

BROCHES ET CYLINDRES POUR FILATURES.

(Fabricants.)

Aubert (C.), cylindres, Laveline (Vosges).

Aubertin frères, broches, Liffol-le-Grand (Vosges).

Boutté, cylindres, Escarbotin (Somme).

Briet p., broches, id. id.

Bruniaux, id. rue de Wagram, 3, Lille).

Cramoisy, id. Liffol-le-Grand (Vosges).

DANDOY-MAILLARD, LUCQ et Cie, broch. et cyl., Rousies (Nord).

DELHAIE et Cie, broches, rue d'Arras, 162, Lille.

DERAMBURE (H.), broches, Escarbotin (Somme).

DURAND (F.) et H. PRADEL, broches, battants, rue Claude-
    Villefaux, 11,   Paris.

HUSSON frères, broches, Remilly (Ardennes).

KINCK-ELENCHER,   id.   rue Princesse, 50, Lille.

KLEIN (C.), cylindres, Laveline (Vosges).

LATSCHA père et fils, broches, Jungoltz (Haut-Rhin).

LEMAIRE frères, broches, Pont-de-Saint-Uze (Drôme).

LEVÊQUE, broches, Vaxaincourt (Vosges).

MARIE-HENNO, cylindres, rue de l'Hôtel-de-Ville, 10, Lille.

MARTIN-PETIT, toutes machines de filature, rue Saint-Maur-
    Popincourt, 45,   Paris.

PASSIEUX (J.), cylindres, Rouen (Seine-Inférieure).

PEUGEOT (C.), broches et cylindres, Audiacourt (Doubs).

POUGNY père et fils, broches, Liffol-le-Grand (Vosges).

TOUTAIN et Cie, broches, Deville (Seine-Inférieure).

VOEGELE, cylindres, Laveline (Vosges).

WERRIEZ (L.), cylindres, rue de Fives, 64, Lille.

ANGLETERRE.

—

COMMISSIONNAIRES ET MARCH^{ps} DE SOIES.

Balfour (H.). 7, Gt Winchester street,	Londres.
Batt (J.), Old Broad street,	id.
Batemin (J.) et fils, Norwich,	Norwich.
Bell (W.) et Cⁱᵉ, 50, Old Broad street,	Londres.
Bodmer (Christ),	id.
Coken-Mejasson, 67, Newgate street,	id.
Davey (J.), Norwich,	Norwich.
De Ferre (S.-S.-O), 6, Gt Winchester street,	Londres.
Dumas (C.), 25, Ancher st. Bethnnal green,	id.
Elliot (M.), 8, Little Winchester street,	id.
Fallot et Bevis,	id.
Fischer (S.), 11 1/2, Union court, Old Broad st.,	id.
Fischer (W), 11 1/2, Union court, Old Broad st.,	id.
Gagniere (A.), 21, Golden square,	id.
Lavrence (G.), 4, Union court, old Broad street,	id.
Marley, Bell et Cⁱᵉ, 5, Crown street city,	id.
Mercier (B.-D.), 5, Church pas. Spital sq.,	id.
Patisson (J.) et frères, 5 1/2, Old Broad, street,	id.

Pitiot (C.) et Cie, 15, Addle street, Wood street., Londres.
Sons et Nephen, id.
Springfield, 66, Coteman street, id.
Springfield fils et neveu, Norwich.

ÉTOFFES DE SOIES.

(Fabricants.)

Allen et Holmens, Derby.
Alkinson et Cie, Dublin.
Baker, Tuckers et Cie, 30, Gresham street, Londres.
Ballance (T.) et fils, 37, Steward street, id.
Brooks (Th.), 26, Spital square, id.
Caffrey (N. et J.), Dublin.
Caley frères, Windsor.
Campbell, Harisson et Lloyd, 19, Friday street, Londres.
Candy (C.) et Cie, 25, 4 et 5, Watling street, id.
Cheetham, Derby.
Courtauld et Cie, 1 et 2, Carey Lane, Londres.
De la Mare frères, 37, Union street, id.
Duthoit (J), 26, Steward street, id.
Edmunds et Cie, 5, Fort street, id.
Emerson (W.), 28, Spital square, id.
English et Drury, Dublin.
Evans, David et Cie, 121, Cheapside. Londres.
Forster, Norwich.
Fry (W.) et Cie, Dublin.
Grosvinor (W.), Kidderminster.
Grout et Cie, 12, Foster Lane, Londres.
Keit et Cie, 124, Wood street, id.
La Mare (J.), id.
Lindsay, Dublin.

O'REILLY, Dublin.

PIM frères et Cie, Dublin.

ROBINSON (J. et W.) et Cie, 4, Milk street,   Londres.

ROBINSON (J.-C. et R.), Derby.

SANDERSON et REID, 7, Gresham street,   Londres.

SÉNÉCAL (R.), 15, Steward street ,   Londres.

SOPER (H.) et fils, Spital square,   id.

SMITH et CRAVEN, 17, Gutter Lane,   id.

STONE et KEMP, 35, Spital square,   id.

VANNER et fils, 15, Spital square,   id.

WILSON, MASSEY et PHILLIPS, 13, Spital square,   id.

PASSEMENTERIE.

BALL, HAGGETT et Cie, 7 et 8, Foster Lane.   Londres.

BENNOCH TWENTYMANN et RIGG, 78 Wood street,   id.

HUTTON, THOMAS et Cie, 6, Newgate street.   id.

RIDLEY frères et ELLINGTON, 46, Newgate street,   id.

SHUTER, St-Martin's court,   id.

DENTELLES.

ADAMS (D.), dentelles, 18 a. Gresham street City, Londres.

ADAMS et SAGE, id. Nottingham.

ALLIOT,   id.   id.

BALL et Cie, id.   id.

BARNETT et MALTHY, dent., id.

BIRKIN, dentelles,   id.

CLARKE, id. 18 à Margaret st. Cavendish sq. Londres.

COPESTAKE, dent., 1, Leicester place,   id.

CRAMPTON, COPESTAKE et Cie, dent., 50, Cheapside,   id.

Dent et Stevens, dent., 64, Aldermanbury,   Londres.

Duclos et Collier, dent.,   Nottingham.

Dunnicliffe,   id.   id.

Fisher et Robinson, id. 12, Watling st., Lond., id.

Forrest et fils, dentelles,   Dublin.

Frost (R.), dent., 4, Goldsmith st. Cheapside, Londres.

Galloway, dent.,   Nottingham.

Goblet (H.-F.), dent., 20, Milk street,   Londres.

Goldney, dent., 4, St-Paul's church yard,   id.

Heathcoat (I.) et Cie, dent., 13, Ironmonger lane, id.

Heathfield-Richard, dent., 5, Addle street,   id.

Hebb,   dentelles,   Nottingham.

Herbert,   id.   id.

Heymann et Alexander, dent.,   id.

Jacobi et Cie,   id.   id.

Kendle et Horsley, dent., 9, Cheapside,   id.

Kulph et frères, dent.,   Nottingham.

Lambert et Bury, id. 77, Aldermanbury,   Londres.

Liberty et Tomlison, dent.,   Nottingham.

Mallet,   id.   id.

Manlovv,   id.   id.

Marx,   id.   id.

Mason, Barlove et Butt, dent., 118, Wood st., Londres.

Morris et Cie, dent., 59, Aldermanbury,   id.

Mumford (J.), id. 1, Milk st. Cheapside,   id.

Northcote (S.) et Cie, dent., 96, Watling st. City, id.

Reckless et Hickling, id. 137, Cheapside,   id.

Salomons (B.), id. 82, Old Change,   id.

Smith, dent.,   Nottingham.

Smith et Dervey, dent., 9, Wood st. Cheapside, Londres.

Sweetman (Mme), dent.,   Dublin.

Thos, dent.,   Nottingham.

Vickers, id.   id.

WATS et MOUAT, dent., 3, Russia, Row., Milk s.   Londres.
WHEATLEY et Cie, id.,   Nottingham.
WEEDON, FRAS et Cie, dent., 13, Goldsmith st. City, Londres.
WODHOUSE, dent.,   Nottingham.
WREFORD (J.) et Cie, dent., 17, Aldermanbury,   Londres.

AUTRICHE.

—

COMMISSIONNAIRES ET MARCH⁰ˢ DE SOIES.

Agugiano frères,	Venise.
Andretto (G.-E.),	Trévise.
Angeli (L.),	Vérone.
Arvedi (G.-A.),	id.
Battagia,	Venise.
Belloni (P.),	Vienne.
Bettini (D.),	Roveredo.
Bianchi (A.),	Udine.
Biasi (L.),	Vérone.
Bisia (F.),	Padoue.
Bonazzeri (N.),	Udine.
Brandolin (G.),	Trévise.
Brunello (A.-G.-B.),	Vicence.
Brunich (C.),	Udine.
Canton (V.) et frères.	Vicence.
Colle (A.),	Roveredo.
Delaini (M. et F.),	Vérone.
Detto,	Padoue.

Eberle frères.	Vienne.
Gera (G.),	Trévise.
Giacomelli et Clemente,	id.
Giacomelli (S.),	id.
Granalberger (A.),	Roveredo.
Grob,	Vienne.
Heiman (M.),	Trévise.
Heimann (A.),	Udine.
Keppel (J.),	Roveredo.
Kircher (A.-A.),	Udine.
Lanev (J.),	Bruun.
Locatelli (L.),	Udine.
Luccardi (O.),	id.
Lunato (G.),	id.
Luzatto,	Vienne.
Luzatto (M.),	Udine.
Magistris (P.) et Cie,	id.
Manotti	Vienne.
Marcon.	Padoue.
Marcotti (G.),	Udine.
Marsilli (F.),	Roveredo.
Maruzzi (A.),	Vicence.
Mattiuzi (G.),	Udine.
Ongaro (F.),	id.
Palazzoli (A.),	Vérone.
Patek (J.),	Bruun.
Perni (D.),	Trévise.
Pion (C.),	id.
Plancher,	Vienne.
Pross (H.),	Roveredo.
Querini (J.),	Venise.
Ranzi,	Vienne.
Ranzi frères,	Roveredo.

Schiavi (L.),	Udine.
Siess,	Vienne.
Smiconix (G. et P.) frères	Vérone.
Stofella (D.-A.),	Roveredo.
Tacci (J.-B.),	Roveredo.
Triesse (G.),	Padoue.
Turri,	Vienne.
Violetto (G.),	Trévise.
Vulcassinovich (A.),	Fiume.
Zamparo (G.),	Udine.

ÉTOFFES DE SOIE.

(Fabricants.)

Andréac, soieries,		Vicence.
Andréac (Ch.) fils, nouveautés, velours,		Wiener-Neustadt.
Ascoli (H.), nouveautés, rubans,		Gorice.
Bader frères, soieries, nouveautés,		Vienne.
Braunlich (Félix Dorf), velours,		Vienne.
Bulfulin frères, nouveautés, rubans,		Gorice.
Bujatti (F.), soieries, nouveautés,		Vienne.
Drnictriewitz (J.),	id.	id.
Fassbender-Junier,	id.	id.
Fickenscher (B.),	id.	id.
Fink (J.),	id.	id.
Flaemich (veuve),	id.	id.
Frank,	id.	id.
Friedmann (M.),	id.	id.
Fries et Zeppezauer,	id.	id.
Frischling, Arbesser et Cie,	id.	id.
Garber (J.),	id.	id.
Gressauf (J.) et fils,	id.	id.

Grusewald et fils,	soieries et nouveautés	Vienne,
Haas (Ph.) et fils,	id.	id.
Hagler (G.),	id.	id.
Hell (J.),	id.	id.
Hell (G),	id.	id.
Herzig (J.),	id.	id.
Heutsch (J.-A.),	id.	id.
Hirsch,	id.	id.
Hormbostel (C.-G.) et Cie,	id.	id.
Levis,	soieries,	Vicence.
Lindow (H.),	soieries,	id.
Mayer (A.) et fils,	soieries et nouveautés,	Vienne.
Mayer (F.),	id.	id.
Mothwurth (J.),	id.	id.
Oberlander (Ed.),	id.	id.
Paltinger (veuve,	id.	id.
Pointner (J.),	id.	id.
Reder (F.),	id.	id.
Reichert (F.) et fils,	id.	id.
Schipper,	id.	id.
Schlee (A.),	id.	id.
Schlik (F.),	soieries, velours,	id.
Schopper,	id.	id.
Seigmand (J.),	soieries, nouveautés,	id.
Spamaf (T-H.),	id.	id.
Wallisch (W.),	soieries,	id.
Waschla (S.),	id.	id.
Watech (F.),	id.	id.
Wegener et Cie,	id.	id.
Weigert et Cie,	id.	id.
Wolff (F. et R.),	id.	id.

PASSEMENTERIE.

(Fabricants.)

Agnino (T.),	Venise.
Bellatin (F.)	id.
Bembo (G.),	Vérone.
Hein et Strauss,	Vienne.
Kreh (veuve),	id.
Kreils,	id.
Lesehnorn,	id.
Minconi (H.),	Venise.
Panciera (G.),	id.
Parteneau fils,	id.
Pollorini (G.),	Vérone.
Sauro,	id.

TULLES ET DENTELLES.

(Fabricants.)

Baum et Faber, tulles,	Brunn.
Damboeck (les héritiers de), dentelles,	Vienne.
Fuchs et fils, id.	Graslitz.
Rolz (J.), id.	id.
Schlik, id.	id.

BELGIQUE.

—

COMMISSIONNAIRES ET MARCH⁰ˢ DE SOIES.

Delhez (V.), rue de l'Or, 17,	Bruxelles.
Gilhain (V.), rue des Grands-Carmes, 29,	id.
Thys (Charles), rue Etuve, 34,	id.

ÉTOFFES DE SOIES.

(Fabricants.)

Afchain fils, soieries,		Bruxelles.
Bayon-Bertholin, soieries,		id.
Busschot, soieries noires,		Lierre.
Gool,	id.	id.
De Smet, soieries,		Deynze.
Deuysters frères, soieries noires,		Lierre.
Devries-Peeters,	id.	Anvers.
Fonteyn frères,	id.	Alost.
Ehrlich (E.),	id.	Anvers.
Gevvets, soieries,		Malines.

Grossé (L,), soieries,	Bruges.
Lagrange frères, soieries,	Deynze.
Lagrange-Réters, id.	id.
Levionnois-Dekens, soieries,	Alost.
Lotz (H.), soieries,	Bruxelles.
Maus (C.), soieries noires,	Anvers.
Petit (II.), soieries,	Bruxelles.
Ralet (J.), id.	id.
Rappard et Reppe, soieries,	Malines.
Rogi (O.), soieries et velours,	Anvers.
Rolleus (A.), soieries,	Deynze.
Vanderdonckt, id.	Bruxelles.
Van Bellinghen (J.), soieries et velours,	id.
Van Bellinghen (J.-H.), id.	id.
Vanderlaat-Peeters, id.	id.
Van Heurq (P.-F.), id.	id.

PASSEMENTERIE.

(Fabricants.)

Baillon (J.),	Gand.
Belloni-Ance,	Bruxelles.
Bellout,	id.
Blondel (J.),	id.
Cammaerts (Vve),	id.
Cavaillon (E.),	id.
Cocquyt sœurs,	id.
Cocquyt-Grossé,	Bruges.
De Bontridder (A.),	Bruxelles.
Depatoul-Vandenschrieck,	id.
D'Haenens (S.),	id.
Durant (L.),	id.
Goiderioge (F.),	id.

GOUVERNEUR fils,	Bruxelles.
GROSSÉ (Louis).	Bruges.
HOOGAERTS (J.),	Bruxelles.
LEBRET,	Bruges.
LEDER-FERDINAND,	Bruxelles.
LEMAIEUR-DETIGE (C.) et Cie,	id.
LEVÉQUE-ANDRÉ,	id.
LOTAR (A.),	id.
MELOTTE (E.),	id.
MINGERS (J.),	id.
MOGIN-VAN MELLO,	id.
MOMMAERT-HERINCK,	id.
MOTTE,	id.
PAULIN et Cie,	id.
PENNINCK (F.).	id.
RAVET frères (J. et H.),	id.
RAVET (P.),	id.
SCHILDKNECHT (Ch.),	id.
VANDERPERRE (Ed.),	id.
WANHOEV-DEBRUYNE,	id.
WELMER (J.),	id.

TULLES, DENTELLES ET BLONDES.

(Fabricants.)

ALLAERT-VERPOOTER,	dentelles,	Bruges.
ANTHIEREENS,	id.	id.
APOLD (G.),	id.	id.
ARENTS,	id.	Alost.
AUGUSTINUS,	id.	Bruges.
BALCAEN f.,	id.	Gand.
BARBENSON,	id.	Grammont.

BASTIEN (Mme),   dentelles, Bruxelles.
BEECKMAN,   id.   Bruges.
BEEK,   id.   Gand.
BENOIT (A.),   id.   Courtrai.
BERGEREM,   id.   Ypres.
BERGERON,   id.   Bruges.
BERTRAM,   dentelles, blondes, Bruxelles.
BEYAERT-DEFOOR,   dentelles, Bruges.
BONDUE sœurs,   id.   Ostende.
BOSSAERT ,(Vve),   id.   Ypres.
BOUSSON,   id.   Bruges.
BRUNFAUT-CARNIAUX,   id.   Bruxelles.
BRECK-DARA,   id.   Grammont.
BUCHHOLTZ et Cie,   id.   Bruxelles.
BUYSE (J.),   id.   Roulers.
BYL frères,   id.   Bruxelles.
BYL-CRUSENER,   id.   Grammont.
BYL-VANACTER,   id.   id.
CAPET,   id.   Turnhout.
CARPENTIER (M.) et sœur, id.   Bruxelles.
CARON-ROBYN,   id.   Grammont.
CASSIERS-PERCQ,   id.   Anvers.
CAUSIAU sœurs,   id.   Alost.
CHARLES et Cie,   id.   Bruxelles.
CHEVALLIER (Mlle),   id.   Binche.
COENEGRACHT,   id.   Gand.
COESEN (J.),   id.   Bruxelles.
COLONIUS (Vve,   id.   Bruxelles.
COOLS MERTENS,   id.   Turnhout.
COOSEMAN frères,   id.   Termonde.
CORDIER-COLMAN,   id.   Binche.
CORNELIS (Vve),   id.   Bruxelles.
COSTE.   id.   Binche.

Couke (V^re),	dentelles,	Ostende.
Courtmans (Mme),	id.	Lierre.
Cuztis sœurs,	id.	Gand.
Damiens (Mlle),	id.	Binche.
Dams (Mlles),	id.	Malines.
Danneries-Petitjean,	id.	Bruxelles.
Dartevelle et Mounoury,	id.	id.
Debaise (G.),	id.	Binche.
Bebaise-Colman,	id.	id.
De Beck,	blondes et dentelles,	Bruxelles.
De Boé,	dentelles,	Grammont.
De Buscher,	id.	Gand.
De Castiau,	bl. et dent.,	Bruxelles.
De Clippelle,	id.	id.
Defoort,	dentelles,	Bruges.
Defooz,	bl. ndes et dentelles,	Bruxelles.
Deffenne,	id.	id.
Dehaen,	dentelles,	Malines.
D'Hont (B.),	id.	Gand.
De Jong,	id.	Lierre.
Dekinder-Verbert.	id.	Anvers.
De l'Arbre-Vranex,	id.	Grammont.
Delaet,	id.	Eecloo.
Delehaye,	blondes et dentelles,	Bruxelles.
Delettré,	dentelles,	Grammont.
Delva-Ghequière,	id.	Menin.
De Meulaere-Robyn,	id.	Bruges.
De Meyer,	id.	Lierre.
De Meyer sœurs,	id.	Gand.
De Moors et sœurs,	bl. et dent.,	Bruxelles.
De Munck,	dentelles,	Nieuport.
De Net,	id.	Bruges.
Deruyter-Vanderdonckt,	id.	Grammont.

DETERMMEMAN (Mme), dentelles, Gand.

DETIGE-BEURET (H.), bl. et dent., Bruxelles.

DE VERGNIES et sœurs, id. id.

DE VILLERS (Mme), id. id.

DE VOS, dentelles, Nieuport.

DEWEERDT (Vve), id. Menin.

DE WEERT et sœurs, id. Gand.

DEWINNE sœurs, id. Gand.

DERVOLF, id. Alost.

D'HAESE sœurs, id. Gand.

D'HAVÉ (Mme), id. id.

DIERCKX (J.), id. Lierre.

DIERICX, id. Grammont.

DONCDT, dentelles, Grammont.

DOUBLET sœurs et Cie, id. Gand.

DRUWÉ frère et sœurs, id. Grammont.

DE SNEL ((Mlle), id. Bruges.

DUCHÉNE-PIÉRON, id. Bruxelles.

DUDEN frères, id. id.

DUHAYON-BRUNFAUT et Cie, id. id.

DUPONT et Cie, id. Gand.

DURAND, id. Bruxelles.

DUVAL sœurs, blondes et dent., id.

EEMAN sœurs, dentelles, Gand.

ENGELEN et DAUDIBERT, bl. et d., Bruxelles.

EVERAERT, dentelles, Bruges.

EVERAERT (J.) et sœurs, id. Bruxelles.

FINET, dentelles, Lierre.

FONTAINE (Mlle), blond. et dent., Bruxelles.

FONTAINE-LIOTTIER, dentelles, Grammont.

FRANCART (Vve) id. Binche.

FRANCKE (J.-B.), blond. et dent., Bruxelles.

FREYMAN (J.) (Mme), dentelles, id.

FREYMAN sœurs,   dentelles, Ostende.
FROOST,   tulles, Gand.
FUÉRISON (Ch.),   dentelles, Bruxelles.
GHYSBRECHT,   id.   Grammont.
GHYSELINCK-VAN-HAELEN, b. et d., Bruxelles.
GHYSELS (V.) et Cie,   id.   id.
GILKIN-VANDEN BROECK (Mme) id.   id.
GLEESENER-DUHAYON, dentelles, Gand.
GOBART-GHISLAIN,   id.   Binche.
GODDERIS,   id.   Bruges.
GOEMANS (L.),   blond. et dent., Bruxelles.
GORDON,   tulles et dent., Berlin.
GOVAERT fils,   dentelles, Alost.
GOVAERTS sœurs,   id.   Ostende.
GRÉGOIR-GELOEN, bl. et dent., Bruxelles.
GUELLETTE-BERGERON, dentelles, Gand.
GUILLEMAN,   id.   Bruges.
HAMELRATH,   id.   Ypres.
JACQUEMYNS, blondes et dentelles, Bruxelles.
JOIE,   dentelles, Ypres.
JORIS,   id.   Lierre,
JOOS,   id.   Ypres.
JOURET frères,   id.   Grammont.
JUNCKERS sœurs, bl. et dentelles, Bruxelles.
KEVMEULEN (H.),   dentelles, id.
KEYMOLEN (Eugénie), bl. et dent., id.
KINA-VOLFCARIUS,   dentelles, Grammont.
LADOUCE (V.), bl. et dentelles, Bruxelles.
LAFORCE,   dentelles, Nieuport.
LANGERMEERSCH,   id.   Bruges.
LAUREYNS,   id.   id.
LEBRUN-MASSEZ,   id.   id.
LECLERCQ (Vve),   id.   Binche.

LECLECQ (Vve), dentelles, Grammont.

LECOMTE (Mlles), id. Bruges.

LEGRAND, tulles, Gand.

LEMAIRE D'OURS, blondes et dent., Bruxelles.

LENAERTS GORP, dentelles, Turnhout.

LENOIR (T.) sœurs, bl. et dent., Bruxelles.

LEPAGE-KINA, dentelles, Grammont.

LEVA sœurs, id. Anvers.

LIPPENS-DUHAYON, id. Gand.

LODDEWYCKX (J.-B.), bl. et dent., Bruxelles.

LOEWENSTEIN, POLAK et Cie, bl. et d. id.

MABILDE-PLETTINCH, dentelles, Gand.

MALINGIÉ, id. Menin.

MALLET (Vve), id. Grammont.

MARICHAL (E.), id. Bruxelles.

MARTINY-ROBYT, bl. et dentelles, id.

MASSILIS, id. Roulers.

MAUTRIVE, id. Menin.

MAZEMAN, id. Bruges.

MICHEL-CASTELEIN (H.), dentelles, Menin.

MILCAMPS (A.) et frère, bl. et dent., Bruxelles.

MIMAERT enfants, dentelles, Grammont.

MINNE-DANSAERT, bl. et dent., Bruxelles.

MOENTAECK-MESSEMACKERS, dent., Anvers.

MOULAERT, id. Bruges.

NAELTJENS (G.), blond. et dent., Bruxelles.

NAVEZ, dentelles, Ypres.

NOYTERIS, id. Alost.

NYS, id. Menin.

NYSSEN D'HOGHE, id. Tamise.

OCKET-GOVAERTS, id. Ostende.

OCREMAN et Cie, id. Malines.

OPPELT-BOURLAERT, id. Bruxelles.

PAQUET-DERUYTER,   dentelles, Grammont.

PEEMANS (Mme),   blond. et dent., Bruxelles.

PEETERS-VANDENBOSSCHE, dentelles, Gand.

PETTENS (E). et HINAULT,   id.   Bruxelles.

PHASRAZYN-STOOP,   id.   Gand.

PIÉRON, dentelles,   Anvers.

PIESENS-RYKASEYS, dentelles,   Bruge..

PIGACHE et Cie, blondes et dent., Bruxelles.

PILLE, dentelles,   Menin.

PIRENOU-CORNETTE, dentelles,   Ypres.

PLUCKER, blondes et dentelles,   Bruxelles.

POTTEVYN, dentelles,   Bruges.

QUESTIER,   id.   Ostende.

RAY (Mme) et J. SCHUERMAN, dent. Bruxelles.

ROBILLARD (L.), blondes et dent.,   id.

ROBYT (L.),   id.   id.

ROBYT (C. et J.),   id.   id.

ROEMAEST (Mlles), dentelles,   Gand.

ROMBOUTS (P.),   id.   Bruxelles.

ROOS,   id.   Nieuport.

ROOSEN (H.),   id.   Bruxelles.

RUBENS (A.),   id.   id.

SALIGA VANDEN BERGHE, id.   Grammont.

SASSE (P.), dentelles,   Bruxelles.

SCHAETSAERT,   id.   Gand.

SCHEPPR,   id.   Nieuport.

SERRUYS,   id.   Menin.

SERVAES,   id.   Alost.

SIMON (A.) et V. CHASTEL, bl., d. Bruxelles.

SIREJACOB,   id.   id.

SMAELEN et FERRICK, dentelles, Ypres.

SMETS,   id.   Malines.

SNAUVAERT,   id.   Bruges.

STAES-STOCK,   dentelles, Menin.
STAPPAERTS (N.),   id.   Anvers.
STAPPAERTS-BERTRAND,   id.   id.
STEENVELDE,   id.   id.
STEVENS sœurs,   id.   Grammont.
STEYAERT,   id.   Bruges.
STOCQUART frères,   id.   Grammont.
STOCQUART sœurs,   id.   id.
STOOP-BROETE,   id.   Gand.
STORDEUR-DEREINE (V.), bl., dent. Bruxelles.
STREEL (D.),   dentelles,   id.
STREILER (J.), blondes et dent., Bruxelles.
STROBBE (Mlle), dentelles,   Gand.
SYMAYS (A.),   id.   id.
TACK,   id.   Oostroosebek.
TONNELIER (V.),   id.   Tournay.
TRIEST (J.), blondes et dent..   id.
VALCKE, dentelles,   Bruges.
VAN BELLEGHEM-LEPAGE, dent., Grammont.
VAN BOMBERGEN (J.), dentelles, Anvers.
VAN BORGHS et Cie,   id.   Turnhout.
VAN CAEZEELE (J.-B.), bl. et d., Bruxelles.
VAN CAULAERT-STIÉNON(E.), bl., d.,   id.
VAN COMBRUGGE, dentelles,   Grammont.
VANDAMME,   id.   Bruges.
VANDAMME-MAÏEUR,   id.   Menin.
VANDECASTELE,   id.   Bruges.
VANDELANVITE (J.), id.   Ypres.
VANDELANVITE (L.), id.   id.
VANDEL ABELE,   id.   Nieuport.
VANDEN BRANDE,   id.   Lierre.
VANDENSCHRIEK et MERCKX, blondes et dentelles, Bruxelles.
VANDERHAEGEN et Cie,   id.   id.

VANDERKEN-BRESSON, dentelles,		Bruxelles.
VANDER SMISSEN (V.), blondes et dentelles,		id.
VANDER SMISSEN (P.),	id.	id.
VANDEUREN (veuve),	dentelles,	Malines.
VANDERVEKEN,	id.	Lierre.
VANDERWEGHE-TERMOTTE,	id.	Roulers.
VANDEVELDE (P.),	id.	Gand.
VANDEZANDE-BARBIER,	id.	Ypres.
VAN ECKHNOUT (H.) et Cie, bl. et dentelles,		Bruxelles.
VAN GEEL,	dentelles,	Malines.
VAN GOBBELSCHROG,	id.	id.
VANHOLLEDEKE (P.),	id.	Gand.
VAN-HOVE-SABBE,	id.	id.
VANKIEL,	id.	Malines.
VAN LANGENBIECK,	id.	Bruges.
VAN-MELDEER,	id.	Gand.
VAN-MIGEN (veuve),	id.	Anvers.
VAN MOORSEL sœurs,	id.	Bruxelles.
VAN OUTRYVE-POLLET,	id.	Bruges.
VAN RAFFEEGHEM (C.), blondes et dentelles,		Bruxelles.
VAN REGHEM,	dentelles,	Bruges.
VAN RENTERGHEM (Mme),	id.	id.
VAN ROLLEGHEM,	id.	id.
VAN-SPEYBROUCK,	id.	id.
VANUXEM sœurs,	id.	id.
VANUXEM (Rosalie),	id.	Bruxelles.
VAN-VEERSSEN (Th.)., blondes et dentelles,		Bruxelles.
VERCAEMER,	dentelles.	Nieuport.
VER CAMMEN,	id.	Tamise.
VERGAERT,	id.	Bruges.
VERGER (J.),	id.	Bruxelles.
VERHÉ,	id.	Eecloo.
VERHEGEM,	id.	Turnhout.

VERMET,	dentelles.	Nieuport.
VERMEULEN,	id.	Ypres.
VERMEULEN,	id.	Malines.
VETS-PAVOT,	id.	Bruges.
VINCK-VANDENSTEEN (M.),	blondes et dent.,	Bruxelles.
VIOLARD (G.),	id.	id.
VITSE-ALLAERT,	dentelles,	Bruges.
VREYS-PAVOT,	id	id.
WACH TENDONCK BIEBUYCK,	id.	Roulers.
WASHER (V.),	blondes et dentelles,	Bruxelles.
WAUTERS (M\u1d50\u1d49) et C\u1d35\u1d49,	id.	id.
WEIL (A.) et C\u1d35\u1d49,	id.	Anvers.
WILMART (A.) et C\u1d35\u1d49,	id.	Bruxelles.
WITTAMER (M.),	id.	id.
WITTOCK (H.),	dentelles,	Bruxelles.
WOOD (W.),	id.	Anvers.
WUILLOT (V.),	id.	Bruxelles.
YVES-VILLEQUET,	id.	Gand.
ZWAENEPOEL sœur,	blondes et dentelles,	Bruxelles.

La Maison des Orphelines dites Filles-Bleues, dent., Gand.

La Maison des Orphelines dites Corsets-Rouges, id. id.

L'Etablissement de Saint-Joseph, id. Verviers.

ESPAGNE.

ÉTOFFES DE SOIE.
(Fabricants.)

Berini (Louis), soieries, cravates,	Barcelone.
Bornel et Puyadas, châles, cravates, foulards,	id.
Dotiès (G), Clavé et Fabra, soieries,	id.
Escuder, id.	id.
Ferrier (J.) et Cie, id.	id.
Garriga (José), soieries, châles, nouveautés,	id.
Jorge Chornet, soieries,	Valence.
Luis Catala, id.	id.
Merelo (J.), id.	id.
Miguel de St-Vicente, id.	id.
Pamplo, id.	id.
Reig (José), soieries, châles, crêpes,	Barcelone.
Viuda da Casesnoves, soieries,	Valence.
Viuda de Gonzalès, id.	id.
Vilumara, Hermanos et Cie, soieries,	Barcelone.

PASSEMENTERIE.
(Fabricants.)

De la Tapisera,	Barcelone.
Vinets (G.),	id.

PORTUGAL.

—

ÉTOFFES DE SOIE.

(Fabricants.)

BETENCOURT,	soieries,	Lisbonne.
MARTIN (R.-J.),	id.	Porto.
PIEMENTEL (J.-M.),	id.	id.
SILVA (J.-J.),	id.	id.

ITALIE.

COMMISSIONNAIRES ET MARCH^ DE SOIE.

Abba (G.),	Rimini.
Aducci (G.),	id.
Almici et Zappa,	Bergamo.
Andreis et Barberis,	Turin.
Andreossi (M.),	Bergamo.
Anselmi frères.	Crémone.
Baili (P.),	Plaisance.
Barbaroux et Ce,	Turin.
Barberis (G.-B.),	id.
Bartarelli (C.),	Crémone.
Bartanelli (E.),	id.
Belli (G.-B.),	Bergamo.
Bellino frères,	Rivoli.
Bellosta (G.),	Turin.
Berne (F.) et Cie,	Turin.
Berreta (D.),	Ancône.
Bertini (G.-B.),	Turin.
Bevilacqua,	Lucques.

BLUMER et JENNY (P.),	Ancône.
BOCH oncle et nevou,	Turin.
BOLENS (L.) et Cie,	id.
BOLMIDA frères et Cie,	id.
BONAVERIO (M.) et Cie,	Turin.
BONORANDI (D.),	Bergame.
BONSIGNORI,	Milan.
BORELLI (H.),	Savigliano.
BOSISIO (Jean),	Milan.
BOZZOTI et Cie,	id.
BRAMBILLA,	id.
BRAVO (M.) et fils.	Turin.
CADOLINO,	Crémone.
CAFI (G.-F.) et Cie,	Bergame.
CALOSSO BENEDETTO,	Turin.
CARAMELLO p. f. et Cie,	id.
CARCANO (César) et Cie,	Milan.
CARLI DI TOMASSO et Cie,	id.
CAROLI (A.),	Bergame.
CAROLI (L.),	id.
CASANA (J.) et fils,	Turin.
CEREDA frères,	Milan.
CERESOLE, PITTALUGA, MONGENET,	Turin.
CERIANA frères,	id.
CESANO (F.),	Turin.
CESARD DE ANTONI,	Milan.
CESARE et Cie,	Bergame.
CHIARINI frères.	Turin.
CHIZZONI,	Plaisance.
CIGHERA (François),	Milan.
COBELLI frères (A.),	id.
COLLEONI (G.) et frères,	Bergame.
CONTI (Luigi),	Milan.

Cota (G.-A.),	Turin.
Damian (E.) et Cie,	id.
De Fernex (C.),	id.
De Fernex (G.) et Cie,	id.
Denina (V.),	id.
Denina (L.) et Luciano,	id.
Donadoni (P.-F.),	Bergame.
Dunner (J.) et Cie,	Turin.
Dupré p. f.	id.
Felice Petrachi et Cie),	Milan.
Fermo-Conti,	id.
Filipi,	id.
Fontana (Benedict),	Turin.
Fontana frères,	id.
Franel (Eug.) et Cie,	id.
Frizzoni (A.),	Bergame.
Fubini (Samuel),	Turin.
Furina,	Cazabultano.
Fugier (F.-L.-B.),	Bergame.
Gallarati et Callet,	Turin.
Gallavresi (J.),	Milan.
Gardini (L.),	Rimini.
Gaudin et Cie,	Turin.
Gavalieri,	Bergame.
Gavazzi (Piétro),	id.
Gemignani, Sarri et Cie,	Lucques.
Gavero (Felice),	Turin.
Genicoud frères.	id.
Genochi,	Plaisance.
Giorelli frères,	Turin.
Ginoulhiac (E.),	Bergame.
Gnerri (E.),	Crémone.
Granger et Merati,	Bergame.

Gregorio-Gambarini,	Còme.
Grosso (Giuseppe),	Turin.
Guastalla et Cie,	id.
Gurletti (P.),	Soresina.
Hoz (C.),	Ancône.
Imhoff et Gesexer,	Bergame.
Imperatori (E.) et Cie,	Intra.
Imperatori (G.),	id.
Isaco (J.) frères,	Milan.
Isella et Maspes,	id.
Jacini (J.-B.),	Cazabultano.
Keller (Albert),	Turin.
Lafranchi (G.),	Crémone.
Lagorio et Camero,	Milan.
Levi frères,	Turin.
Lloyd,	Còme.
Lupi (E.),	Plaisance.
Malliani (G.),	Bergame.
Malvano (A.) et Lévi,	Turin.
Mancardi (A.) et frères,	id.
Mancardi frères,	id.
Mayrargues et Cie,	Ancône.
Mosca frères,	Biella.
Mussi (A.-C.),	Turin.
Nessi (G.-A.),	Còme.
Neveux,	Ancône.
Novellis (C.-G.),	Savigliano.
Paleari,	Milan.
Palvis (G.) et Cie,	Bergame.
Pasquale Devecchi,	Milan.
Pasquina et Varoxe,	Turin.
Payia, Travi et Cie,	id.
Pegusi (M.),	Bergame.

Pelisseri (Lorenzo),	Turin.
Perinetti (C.),	Plaisance
Pestalozza (P.),	id.
Piatti (L.),	id.
Piazzoni (J.-B.) et frères,	Bergame.
Piccinelli frères,	Seriate.
Pio Cozzi et Cie,	Milan.
Pizzi (A.),	Bergame.
Pogliani (Giuseppe) et Cie,	Turin.
Ponzie,	Ivrée.
Quaranti (G.),	Crémone.
Radici,	Gandino.
Radini (A.) et Cie,	Côme.
Rampinelli,	Colognola.
Rezzonico (G.),	Côme.
Rignon (F.) et Cie,	Turin.
Riva (S.),	Bergame.
Rizzi,	Crémone.
Rizzi (Antonio),	Côme.
Rizzini (G.),	Soresina.
Rossi (G.-G.),	Bergame.
Scanagatti (G.-M.),	Turin.
Senigagllia (S.) et frères,	Busca.
Sicardi,	Céva.
Soldati (F.) et fils,	Turin.
Sormani et Verdmuller,	Milan.
Sozzi (G.-A.),	Caprino.
Sperati (Ambroise),	Milan.
Stagni (Giovanni),	Côme.
Steiner (D.),	Bergame.
Steiner (G.) et fils,	id.
Talucchi frères,	Turin.
Thaola (G.) et fils.	Bergame.

Tedoldi-Rivard Luigi et Cie,	Crémone.
Testa (P.) et fils,	Milan.
Testa (P.),	Gandino.
Tiraboschi (J.) et Cie,	Bergame.
Todros et Cie,	Turin.
Vagina d'Emmareze,	Ivrée.
Valazzi,	Pesaro.
Valerio frères,	Soresina.
Valli (A.),	Bergame.
Valtolina frères,	Milan.
Vertua (A.),	Soresina.
Viola (A.),	id.
Viola (G.),	Soucino.
Vismara (Barthélemy),	Milan.
Wialetton et Cie,	Turin.
Zerga (A.),	Plaisance.
Zoncada (V.),	Crémone.
Zuppinger, Siber et Cie,	Bergame.

ÉTOFFES DE SOIE.

(Fabricants.)

Baragiola (P.),	soieries,	Côme.
Benini, Verita et Cie,	id.	Florence.
Bianchini,	id.	Turin.
Bolgeri (L.),	id.	id.
Brachetti,	soieries et velours,	Sienne.
Braghenti (G.),	soieries,	Côme.
Cagnassi et Aubert,	id.	Turin.
Chichizola (G.) et Cie,	id.	id.
Comba (G.),	id.	id.
Costa Scravegna et Cie,	id.	id.

Fassola Remigio et Cie,	soieries,	Côme.
Fiorentino (A.-R.),	id.	Florence.
Fossi et Bruscoli,	id.	id.
Fortis fils et Cie,	id.	Côme.
Frullini (F.),	id.	id.
Gacciamognaga,	id.	Monza.
Gamma et Gravier,	soieries et nouveautés,	Turin.
Garneri (Giacomo),	soieries,	id.
Garneri (Giuseppe),	id.	id.
Guastalla (Israël),	id.	id.
Guastalla (Samuel),	id.	id.
Guillot et Cie,	id.	id.
Lensi (J.) et fils,	id.	Florence.
Lombardi,	id.	Lucques.
Linghetti,	soieries et velours,	Sienne.
Massoti,	id.	id.
Matteoni (Ph.),	id.	Florence.
Nencini (G.),	soies et velours,	Sienne.
Nessi et Barberini,	soieries,	Côme.
Paradisi et Cie,	id.	Florence.
Perego (M.) et Negreti,	id.	Côme.
Pieri (A.),	id.	Florence.
Raille (Francesco) et Cie,	id.	Turin.
Rodi (Pierre),	id.	id.
Solei,	id.	id.

PASSEMENTERIE.

(Fabricants).

Assum,	Turin.
Bayno (J.-H.),	id.
Brun (Vve) et fils,	id.

Bruno (Félix),	id.
Carignano,	id.
Germano	id.
Guadanini,	id.
Laignier (G.),	id.
Marino,	id.
Mottura,	id.
Pantaleone,	id.
Soley,	id.
Sutterlin,	id.
Tardi.	id.

PRUSSE.

—

COMMISSIONNAIRES ET MARCH⁽ˢ⁾ DE SOIES.

BECKER (J.),	Wesel.
BECKERATH (VON) HEILMANN et SCHNEIDER,	Crefeld.
BECKERATH (VON) (H.-L.),	id.
BOHNEN (F.),	Wesel.
BREAT (C.),	Crefeld.
COENEN (P.) et fils,	id.
CROUS (W.),	id.
ERNST REMIES,	id.
GREINERT,	Postdam.
HAUSER (A.),	Crefeld.
HEILGER, IHLEC et Cⁱᵉ,	id.
HEYDWEILLER et Cⁱᵉ,	id.
HOENINGHAUS (C.) et fils,	id.
HOENINGHAUS (W.),	id.
HOMPEL frères,	Wesel.
HAYGER-SIEGFRIED,	Crefeld.
PETERS frères,	id.
ROB (VON) (Peter),	id.

Scheibler et Vielhaber,		Crefeld.
Tigler frères,		Wesel.
Vaïsse jeune,		Berlin.
Winckelmann (J.),		Crefeld.
Wolfferts (J.),		id.

ÉTOFFES DE SOIE.

(Fabricants.)

Audojer et Wolff,	soieries et velours,	Crefeld.
Baudoin (E.) et Cie,	soieries,	Berlin.
Becker et Hauerbach,	soieries,	Berlin.
Beckerath (Von) (H.) et C.,	soieries et vel.,	Crefeld.
Beckerath (Von) et Cie,	id.	id.
Beckerath (Von) (Jacob),	id.	id.
Beindorff et Von Beckerath,	soieries et vel.,	Crefeld.
Boekmann,	soieries,	Bielefeld.
Bornach (W.),	soieries et velours,	Crefeld.
Bornheim et Janssen,	id.	Cologne.
Braubach frères,	id.	id.
Bruch (Von) fils,	id.	Crefeld.
Carstangen et Ebelmy,	soieries,	Crefeld.
Colm et Schreiner,	id.	Berlin.
Corn et J. Floh,	id.	Crefeld.
Daniel,	soieries nouveautés,	Berlin.
Derg,	id.	id.
Deluis (E.-A.) et fils,	soieries,	Bielefeld.
Domnick,	id.	Berlin.
Ehrembaum et Cie,	id.	id.
Engelmann (C.) et fils,	id.	Crefeld.
Feisser et Raunitz,	id.	Berlin.
Flunckert (W.),	soieries et velours,	Crefeld.

Forder (N.),	soiries et nouveautés,	Crefeld.
Gabain,	soieries et nouveautés,	Berlin.
Gehe et Cie,	soieries.	id.
Gerhardt (M.),	id.	id.
Gerson,	soieries nouveautés,	Berlin.
Goldberg,	id.	id.
Godlstien,	soieries,	id.
Gotzens,	soieries et velours,	Cologne.
Grabenstien et Greiff,	soieries,	Berlin.
Haanen (C. Th.),	soieries et velours,	Cologne.
Haugemann (J.-C.),	id.	Crefeld.
Heese,	id.	Berlin.
Heinitz,	id.	id.
Heinr,	soieries nouveautés,	Crefeld.
Hermes frères,	soieries,	Crefeld.
Herzog (A.),	soieries et velours,	id.
Heydweiller et fils,	soieries,	id.
Heuss et Krauss,	soieries et velours,	Cologne.
Heymann (Ch.) et Cie,	id.	Crefeld.
Hipp et Better,	id.	id.
Hoecker (R.-W.),	soieries,	id.
Hœninghauss et De Greiff,	id.	id.
Hollender et Schelleckes,	soieries et velours,	id.
Itzig et Cie,	soieries,	Berlin.
Jacobs et Bering,	soieries et velours,	id.
Kaufmann (H.),	soieries.	id.
Kelm et List,	soieries et velours,	Brandebourg.
Kirschgens (W.),	soieries,	Crefeld.
Koenigs (C.) et Cie,	id.	id.
Korn et Berger,	soieries,	Berlin.
Kafft et Kindermann,	id.	id.
Kronig (C. Th.),	id.	Bielefeld.
Kuchler Emkes,	soieries et velours,	Crefeld.

KUEPPERS et KINDERMANN,	soieries et velours.	Crefeld.
KUPPERS et KINDERMANN,	soieries,	Berlin.
LAMPSON et OPDENHOFF,	id.	id.
LANDWEHRER (H.),	soieries et nouveautés,	id.
LEHMANN (D.-F.),	nouveautés,	id.
LEVIN (H.),	soieries,	id.
LIEBERMANN et AUERBACH,	soieries,	id.
LINTERMANN et TER-MEER,	soieries et velours,	Crefeld.
LISSAUER (S.),	soieries,	Berlin.
LUDMANN fils,	id.	id.
LUMIN VON et BUETTEN,	soieries et velours,	Crefeld.
MAGNUS et Cie,	soieries,	Berlin.
MARCUS et Cie,	id.	id.
MATHIAS (M.),	soieries et velours,	Cologne.
METZ et Cie,	id.	id.
MEUBRINCK (A.F.),	soieries,	Berlin.
MEYER (A.-W.) fils,	soieries,	id.
MEYER (M.) et Cie,	id.	id.
MEYER et Cie,	soieries et velours,	Crefeld.
MEYER-WOLFF,	id.	id.
MEYER et VOSS,	id.	Cologne.
MEYER fils (J.-A.) et Cie,	id.	Brandebourg.
MOEHLAU et FISCHER,	soieries et velours,	Cologne.
MULLER (A.),	soieries,	Berlin.
MULLER et Cie,	id.	id.
NELLESSEN et SCHERRER,	velours unis et fac.,	Crefeld.
NEUMANN (N.-H.),	soieries,	Berlin.
NIC,	soieries et velours,	Cologne.
OEHME (C.-W),	soieries,	Berlin.
PAPE (P.),	soieries et velours,	Cologne.
PASTOR et F .GEMANN,	soieries et velours,	Crefeld.
PEAN (P.),	id.	Cologne.
PETERS (C. et E.)	id.	Crefeld.

Pfennings (P.),	soieries et velours,	Cologne.
Rimpler frères,	soieries,	Berlin.
Risler et Kerner,	soieries et velours,	Crefeld.
Sasse (C.-J.),	id.	Cologne.
Scheibler et Cie,	id.	id.
Scheidt et Von Beckerath,	id.	Crefeld.
Schifflins (L.) et fils,	id.	id.
Scheibler et Cie,	id.	id.
Schopen-Ter-Meer,	id.	id.
Schramm et Von Lunn,	id.	id.
Schroeder (P.-A.) et Cie,	id.	id.
Schroers (G. et H.),	id.	id.
Schmitz Vogelsand,	id.	id.
Schulzse,	soieries,	Berlin.
Seip et Hedrveiller,	soieries et velours,	Crefeld
Simons Erben (J.),	id.	id.
Spandon (C.),	soieries et nouveautés,	Berlin.
Spinlder (C.),	id.	Crefeld.
Staegemann (J-W.-R.),	id.	id.
Volckart (V.) et fils,	soieries,	Berlin.
Vander-Westen et Cie,	id.	Crefeld.
Waldhausen et Montandon,	id.	id.
Weyermann et Hundhausen,	id.	id.
Wiefel et Cie,	id.	id.

PASSEMENTERIE.

(Fabricants.)

Ebel (F.),	Berlin.
Engels (G.),	id.
Ingelbach (F.),	Eberfeld.

TULLES, DENTELLES ET BLONDES.

(Fabricants.)

Bab,	tulles et dentelles,	Berlin.
Bandow et Cie,	id.	id.
Briet,	id.	id.
Cohn et Lohnstein,	id.	id.
Deser,	id.	id.
Erck,	id.	id.
Firnhaber,	id.	id.
Freudenberg et Meyer,	id.	id.
Friedlaender,	id.	id.
Geber,	id.	id.
Gehe et Cie,	id.	id.
Gerson,	id.	id.
Goldschmidt,	id.	id.
Gordon,	id.	id.
Gruenwald,	id.	id.
Jacob et Richter,	id.	id.
Jacobs ot Alexander,	id.	id.
Jacoby et Waldow,	id.	id.
Kaesse,	id.	id.
Kannegiesser,	id.	id.
Kanter,	id.	id.
Landsberg et Cie,	id.	id.
Lehmann et Lagowitz,	id.	id.
Magnus et Cie,	id.	id.
Oppenheim et Hausen,	id.	id.
Rehaye,	id.	id.

Renard et Cie,	tulles et dentelles.	Berlin.
Schultheiss (J.-G.),	id.	id.
Schwarez fils et Cie,	id.	id.
Voigt,	id.	id.

SUISSE.

—

COMMISSIONNAIRES ET MARCH^{DS} DE SOIES.

Appenzeller (G.).	Zurich.
Bodmer (H.),	id.
Burkli frères,	id.
Corroti et Tobler,	id.
Escher et Pestalozzi,	id.
Fiez (Henri),	id.
Giovanni,	id.
Henri de Daniel Murald,	id.
Hess (Paul),	id.
Meiss Reinhard,	id.
Meyer (Melchior),	id.
Murat (H.-C.-E.) fils,	id.
Oschwald (J.-U.),	id.
Pestalozzi (J.-C.) et fils,	id.
Schwarzenbach-Imhof,	id.
Sieber-Wasser,	id.
Usteri-Muralt et Cie,	id.
Veber et Wild,	id.
Zuppinger Siber et Cie.	id.

ÉTOFFES DE SOIES.

(Fabricants.)

Banziger et Moser,	mantilles de soie,	Alstaetten.
Baumann aîné et Gædecke,	soieries,	Zurich.
Baumam et Streuli,	id.	Horgen.
Bodmer (H.),	id.	Zurich.
Bischoff (C. et J.),	id.	Bâle.
Bodmer-Finsler,	id.	Zurich.
Brumer (H.),	id.	id.
Brupbacker-Muller,	id.	id.
Burkhart et fils,	id.	Horgen.
Burrle frères,	id.	Zurich.
Ciret,	id.	Berne.
Dreyfus fils,	velours,	Bâle.
Egli (J.-C.),	soieries,	Plaeffikon.
Ernst (J.-R),	id.	Zurich.
Ernst (G. Rodolf),	soieries et nouveautés,	Seefeld.
Ernst (J.-R.),	soieries.	Neumünster.
Escher (S.),	id.	Zurich.
Fener (G.),	id.	Meilen.
Fierz (Henri),	id.	Zurich.
Fiez (W) et Cie,	id.	Herrliberg.
Finsler (G. et R.),	id.	Zurich.
Forrer Biedermann,	soieries,	Winterthur.
Gessner,	id.	Waedenschwyl
Gossoer,	soieries et nouveautés.	Zurich.
Gramiger, Zundt et Cie,	soieries,	Alstaetten.
Hardmeyer frères,	id.	Zurich.
Hauser (U.),	id.	Waedenschwyl
Hirzel et Bourgeois,	id.	Zurich.

Hohn et Staurli,	soieries.	Horgen.
Hotz et Egg,	id,	Zurich.
Huni-Stettler,	id.	Horgen.
Hurlemann, Trumpler et Cie.	id.	Waedenschwyl
Kaegi-Fierz (J.) et Cie,	id.	Kussnacht.
Kaestle-Borat,	Id.	Zurich.
Koella,	id.	Staefa.
Landis (H.)	id.	Pfaeffikon.
Lussi et Cie,	id,	Zurich.
Mahler frères,	id.	Lucerne.
Meiss (H),	id.	Zurich.
Meyer (Melchior) et Cie,	id.	id.
Meyer frères,	id.	id.
Naef et Schwartzenbach,	id.	Thalwyt.
Naegeli et Wid,	id.	Zurich.
Naegeli,	id.	Horgen.
Noz et Diggelmann,	id.	Zurich.
Oehler et Cie,	id.	Aarau.
Oetiker,	id.	Waedenschwyl
Reithar (Jh),	id.	Zurich.
Richard (T.),	id.	Maennedorff.
Reiter et Hollingen,	id.	Berne.
Ritter et Pestalozzi,	id.	Zurich.
Roth (Gaspard),	id.	id.
Rottenschweiller-Huni,	id.	Horgen.
Rungger (.J-U),	id	Coire.
Rutschi (S.) et Cie,	id.	Zurich.
Ryffeld et Cie,	id	Staefa.
Schmid (C),		Kussnacht.
Schulthess frères,		id.
Schwarzenbach-Landais,	id	Kilchberg.
Schwarzenbach frères,	id.	Ruschilkon.
Schmid (H.),	id.	Gattikon.

Simon (J.-D.),	soiries.	Berne.
Sieber et Sennhausser, unis, crav. tissus mi-soie,		Seefeld.
Siber (L.) de J. R.,	soieries,	Zurich.
Sieber (J.-L.),	id.	Neumünster.
Stapfer Huni et Cie, soieries et nouveautés,		Horgen.
Vonder Muhl et Cie,	soieries,	Bâle.
Wirz et Cie,	unies et cravates,	Seefeld.
Widmer-Hnn (J.-J.),	soieries,	Horgen.
Zinggeler frères.	id.	Winterthur.
Zeler (Henri),	id.	Zurich.
Zurrer (J.),	id.	Hausen-Albis.
Zuppinger (J.),	id.	Meltmenstetten
Zuppinger (R.) et fils,	id.	Meltmenstetten

PASSEMENTERIE.

(Fabricants.)

Altorser (F.),	Zurich.
Altorser (H.),	id.
Barteufeld-Wirth (P.),	id.
Boudry,	Genève.
Burkoert (J.),	Zurich.
Gouy et Rojoux,	Genève.
Hubert et Bryner,	Zurich.
Lidard-Escuyer et Cie,	Genève.
Locher (C.),	Zurich.
Renoud,	Genève.
Werdmuller (G.),	Zurich.

RUBANS.

BACHOFEN,	Bâle.
BADAN (L.) et Cie,	Genève.
BAUD (Vve) et Cie,	id.
BISCHOFF (F.),	Bâle.
BISCHOFF et fils,	id.
BURCKHARDT (J.-B.),	id.
BURGY (E.) et Cie,	id.
BUXTORF-BISCHOFF,	id.
CHAUFFIAT, HENSEL et Cie,	Genève.
CHAUSSONNE,	Birsfelden.
DEBARY et fils,	Bâle.
DREYFUSS (Isaac) (les fils de),	id.
FEER et Cie,	Trogen et Aarau.
FICHTER et fils,	Bâle.
FREY (J.-F. et J.),	Aarau.
FREY (V.),	Genève.
FREY-THURNEISEN et CHRIST,	Bâle.
FREYVOGEL et HEUSSLER,	id.
FORCART-WEIS et BURCKARDT-WILD,	Bâle.
GIESSLER (H.) et OUDE,	Genève.
GOETZ et ECKLIN,	Bâle.
HAUSER (A.) (les fils de),	Waedenschwyll.
HEDIGER et Cie,	Bâle.
HERGOZ et Cie,	Aarau.
HINDERMANN-MERIAN (J.-J.),	Bâle.
HOFFMANN (E.),	id.
KERN et fils,	id.
KNOBEL et KOENIG,	id.
LACOMBE (J.-L.) et Cie,	Genève.

Linder (J.-J.),	Bâle.
Long-Bousquet,	Genève.
Malan (J.-P.) et Cie,	id.
Magalion (H.) et Cie,	Bâle.
Meyer (Ed.),	id.
Nordmann (J.),	Berne.
Oswald et Cie,	Bâle.
Paravicini, Dietiker et Cie,	id.
Paur (J.-H.),	Zurich.
Preiswerk (D.) et Cie,	Bâle.
Preiswerk (Luc),	id.
Richter-Linder (E.-F.-K.),	id.
Ryhiner (Ch.),	id.
Sarasin et Cie,	id.
Sarasin (J.-F.),	id.
Schindler et Cie,	Aarau.
Schmurziger (J.-F.),	Trogen et Aarau.
Senn et Suter (H.-A.),	Zofingue.
Soller et Cie,	Bâle.
Stachelin (B. de B.),	id.
Sulger et Stuckelberger,	id.
Treboux (L.),	Genève.
Trudinger et Cie,	Bâle.
Wirz et Schaffter,	Burgdorf.
Wurthner-Cabrit,	Genève.

—

QUATRIÈME PARTIE

RENSEIGNEMENTS DIVERS

POUVANT INTÉRESSER

L'INDUSTRIE DES SOIES.

MONNAIES ÉTRANGÈRES

ET

LEURS RAPPORTS AVEC LES MONNAIES FRANÇAISES.

AMÉRIQUE DU NORD.

ÉTATS-UNIS.

		1000es de fin.		fr.	c	m.
Or........	Double aigle (de 1810)	(917) 10 dollars,		55	21	»
	Double aigle (de 1837)	(900) id.		51	98	»
	Aigles et demi-aigles à proportion.					
Argent...	Dollar (avant 1837)	(903) 100 cents,		5	42	»
	Demi-dollar, quart de dollar, à proportion.					
	Cent,			»	05	4

Dans les États de l'Amérique du sud on emploie les monnaies espagnoles et anglaises.

ANGLETERRE.

		1000ᵉ de fin.		fr.	c.	m.
Or........	Guinée	(917)	21 schellings,	26	25	»
	Demi-guinée	(917)	10 sch. 6 pence,	13	12	50
	Souverain	(916)	26 schellings,	25	»	»
	Demi-souverain	(916)	10 id.	12	50	»
Argent...	Couronne	(923)	5 id.	6	25	»
	Demi-couronne	(923)	2 id. 6 pence	3	12	50
	Schelling	(923)	« — 12 pence	1	25	»
	Demi-schelling	(923)	« — 6 pence	«	62	50
Cuivre....	Penny,			«	10	42
	Demi-penny,			«	05	21

AUTRICHE, BOHÉME, HONGRIE.

		1000ᵉˢ de fin.			fr.	c.	m.
Or........	Souverain	(986)	13 florins 20 kr.,		34	84	»
	Ducat, ad legem imperii	(986)	4 id. 6 kr.,		11	85	»
	Ducat impérial	(984)	4 id. 6 kr.,		11	81	»
	Demi-souver.	(986)	6 id. 40 kr.,		17	41	»
	Double-ducat	(986)	9 id. «		23	81	»
	Ducat	(986)	4 id. «		10	36	»
Argent...	Risdale	(878)	2 florins 10 kr.,		5	61	»
	Couronne, écu de Brabant	(878)	2 id. 14 kr.,		5	78	»
	Écu (de convention)	(876)	2 id.		5	18	»
	Florin (gulden)	(833)	60 kr.		2	59	»
Cuivre....	Kreutzer,				»	04	3

BRÉSIL.

		1000es de fin.	fr.	c.	m.
Or........	Dubrao,	(917)	169	61	»
	Demi-dubrao	(917)	84	80	»
	Dubrao	(917)	90	43	»
	Demi-dubrao	(917)	45	27	»
	Portugaise	(917)	40	75	»
	Demi-portugaise	(917)	20	37	»
	Couronne	(917)	30	16	»
	Cruzade neuve	(917)	5	36	»
Argent...	Couronne d'argent	(917)	6	03	»
	Cruzade vieille	(917)	2	83	»
	Cruzade neuve	(903)	6	12	»
	Cruzade neuve,	(903)	2	94	»

CHINE.

		fr.	c.	m.
Taël (le-ang),	10 maces,	7	50	»
Mace (tseen),	10 candarins,	«	75	»
Candarin (fun),	10 cashs,	«	07	5
Cash,		«	«	75

DANEMARK.

		1000es de fin.		fr.	c.	m.
Or........	Ducat courant	(875)	21 marcks,	9	47	»
	Ducat, spécies	(979)	2 risdales d'esp.,	11	86	»
	Chrétien,	(903)	8 risdales courts,	20	95	»
	Frédéric	(896)	8 risdales courts	20	32	»

ARGENT...	Risdale d'Esp. (875) 2 risdales cour^ts,	5 68	»
	Risdale cour^t (875) 96 shillings,	2 84	»
	Mark danois (875)	« 44 08	
CUIVRE....	STUVER,	« 12 05	
	Shilling,	« 02 08	

ESPAGNE.

		1000es de fin.	fr. c. m.	
OR........	Quadrup. ou once (917)	16 piastres,	85 42	»
	Doublon, 1/2 quad.,(902)	8 id.	42 71	»
	Doublon d'Isabelle, (917)	5 id.	27 »	»
	Pistole (900)	4 id.	21 60	»
	Écu (002)	2 id.	10 80	»
	Piastre d'or (903)	1 id.	5 40	»
ARGENT...	Piastre (1848) (900)	20 réaux,	5 40	»
	Réal (900)	16 ochavos,	« 27	»
CUIVRE....	Ochavo	2 maravédis,	« 01 60	
	Maravédis,		« « 80	

ÉTATS-ROMAINS.

		1000es de fin.	fr. c. m.	
OR........	Zecchino (1000)	2 scudos 20 baj.,	11 77	»
	Doppia (917)	3 scudos 21 baj.,	17 12	»
	Mezza doppia (917)	1 id. 60 id.	8 56	»
	Zecchino (900)	10 id.	53 50	»
	Id.	5 scudos,	26 75	»
	Id.	2 id. 1/2	13 38	»

		1000ᵉˢ de fin	fr.	c.	m.
Argent...	Scudo	(917) 10 paoli,	5	35	»
	Paolo	(917) 10 bajoucci,	«	53	5
	Bajoucco,	5 quatrini,	«	05	»
	Quatrino,	1 danari,	«	01	»
	Denaro,		«	»	53

GRÈCE.

		1000ᵉˢ de fin.	fr.	c.	m.
Or........	Othon	(900) 20 drachmes,	17	90	»
Argent...	Écu	(900) 5 drachmés,	4	47	»
	Drachme	(900) 100 leptas,	»	90	»

Decalepton,
Pantalepton, } subdivisions de la drachme en 10, 5, 2 et
Dilepton, } 1 leptas.
Septon,

HAVANE.

		1000ᵉ de fin.	fr.	c.	m.
Or........	Onza espagnola	(917) 17 piastres,	91	80	»
	Media onza	(917) 8 piast. 1/2,	45	90	»
	Doblon	(917) 4 id. 1/4,	22	95	»
	Demi-doblon	(917) 2 id. 1/8,	11	48	»
	Onza méjicana,	(902) 16 id.	86	40	»
Argent...	Peso fuerte	(903) 10 réaux,	5	40	»
	Medio peso	(903) 5 id.	2	70	»
	Réal fuerte	(903)	»	54	»

HOLLANDE ET PAYS-BAS.

		1000es de fin.	fr.	c.	m.
Or	Ducat de Hollande	(982) 5 flor. 1/2,	11	78	»
	Ducat de Guillaume	(986) id.	11	85	»
	Ryders	(917) 14 flor. 67,	31	40	»
	Guillaume	(900) 10 florins,	21	25	»
	Denis-Guillaume	(900) 5 flor.,	10	62	»
Argent	Drye-Gulden	(910) 3 florins,	6	41	»
	Gulden de 1848	(947) 2 id. 12,	5	26	»
	Florin	(893)	2	14	»
	1 2, 1 4, 1/10, 1 20 en proportion.				
	Florin de 1848	(947)	2	10	»
Cuivre	Cents,		»	02	»

PERSE.

		1000es de fin.	fr.	c.	m.
Or	Mohur	(917) 15 roupies,	36	83	»
	— de Calcutta	(917) 16 id.	41	87	»
	— de Tippoo	(858) 4 pag. étoilées,	40	57	»
	Pagode étoilée	(800) 3 roupies 1/2,	9	38	»
	Toman	(972 1/2)	15	95	»
Argent	Roupie de la Cie	(917),	2	38	»
	— de Calcutta	(917),	2	53	»
	— de Perse	(945),	2	16	»

PORTUGAL.

	1000es de fin.		fr.	c.	m.
Or	Couronne,	10,000 réis,	62	50	»
	1 2 Couronne,	5,000 réis,	21	95	»
	Cinquième de Couronne,	2,000 réis,	12	50	»
	10e de Couronne,	1,000 réis,	6	25	»
Argent	Cinq testons,	500 réis,	3	12	»
	Deux testons,	200 réis,	1	25	»
	Teston,	100 réis,	»	62	»
	Demi-teston,	50 réis,	»	31	»

MONNAIES ANCIENNES MAINTENUES.

Or	Pèça,	8,000 réis,	50	80	»
	Demi-pèça,	4,000 réis,	25	40	»

Les rapports des monnaies portugaises avec le *franc* ont été calculées au pair conventionnel du change entre Lisbonne et Paris, fixé, depuis une époque ancienne, à 160 réis pour 1 franc.

PRUSSE.

		fr.	c.
Or	Ducat,	11 f. 85 c.	
	Frédéric,	20	78
Argent	Ecu, rixdale ou thaler,	3	71
	1/6 d'écu ou 5 silbergros,	»	61
Cuivre	Silbergros,	»	11

RUSSIE.

		1000es de fin.		fr. c. m.
Or........	Ducat à l'aigle éployée	(979),	2 roub. 95 kop.,	11 78 »
	Ducat de 1763	(969),	2 id. 90 id.	11 59 »
	Pièces de Paul Ier dites (10 roub.)	(969),	13 id. 40 id.	52 38 »
	Pièces de 5 roubles (1849)	(916),	5 id. 16 id.	20 66 »
Argent...	Rouble	(868),	100 kopecks,	4 » »
Cuivre...	Kopeck			» 04 »

SUÈDE.

		1000es de fin.		fr. c. m.
Or........	Ducat	(976),	5 riksd. 18 skil.	11 70 »
	1/2 ducat,			5 85 »
	Riksdaler,		48 skillings,	5 69 »
Argent...	Spécies	(750),	125 skillings,	5 66 »
	1/2, 1/4, 1/8, 1/16 à proportion.			
Cuivre....	Skilling,			» 04 54

TURQUIE.

		1000es de fin.		fr. c. m.
Or........	Memdoyé	(833)	20 piastres,	4 52 »
	id.	(833)	10 id.	2 26 »
	id.	(833)	5 id.	1 13 »

ARGENT...	Bechlik	(227)	5 piastres,	» 80	»
	Crouch-piastre	(227)		» 16	»
	Alteleck	(462)	6 id.	1 29	»
	Yrmilik	(170)	1 2 id.	» 06	»
MONNAIES DE COMPTE.	Piastre,		40 paras,	» 24	»
	Para,		3 aspres,	» 60
	Aspre,			» » 20

VÉNÉTIE.

		1000es de fin.		fr. c. m.
OR........	Scudo d'oro	(1000)	3 ozellas,	144 35 »
	Ozella	(1000)	4 zecchino,	48 11 »
	Zecchino	(1000)	14 lire,	11 89 »
	Ducat	(1000)	9 lire.	7 50 »
	Doppia	(908)	23 lire,	19 76 »
	Souverain	(900)	40 id.	35 13 »
	1/2 souverain	(900)	20 id.	17 56 »
	Double napoleone	(900)	46 id.	40 » »
	Napoleone	(900)	23 id.	20 » »
ARGENT...	Ecu	(900)	6 lire,	5 22 »
	Lira	(900)	100 centesim.	37 »
	Centesimo,			» » 87

Le système des monnaies françaises est suivi en Italie, Belgique et Suisse.

TÉLÉGRAPHIE.

—

TARIF FRANÇAIS.

Le tarif en vigueur, à dater du 1ᵉʳ janvier 1862, pour les correspondances télégraphiques à l'intérieur de l'Empire, est réglementé par les articles suivants de la loi du 27 juin 1861.

ARTICLE PREMIER.

Il est permis à toutes personnes de correspondre au moyen du télégraphe électrique par l'entremise des fonctionnaires de l'Administration des lignes télégraphiques ou des agents délégués par elle.

L'Administration peut toujours exiger que l'expéditeur d'une dépêche établisse son identité.

ART. 2.

Les dépêches télégraphiques privées, de un à vingt mots, adresse et signature comprises, sont soumises aux taxes suivantes, perçues au départ, savoir :

Les dépêches échangées entre deux bureaux d'un même département, à une taxe fixe de un franc.

Les dépêches échangées entre deux bureaux quelconques

du territoire continental de l'Empire, hors le cas précédent, à une taxe fixe de deux francs. La même taxe sera appliquée à la Corse, lorsque des communications télégraphiques directes entre la France continentale et ce département auront été établies.

Au-dessus de vingt mots, ces taxes sont augmentées de moitié pour chaque dizaine de mots ou fraction de dizaine excédante.

L'indication de la date, de l'heure du dépôt, et du lieu de départ est transmise d'office. Sauf ces indications, tous les mots inscrits par l'expéditeur sur la minute de sa dépêche sont comptés et taxés.

Les règles à suivre pour la constatation de l'identité, pour le calcul des mots, des chiffres et de tous autres signes dont la dépêche se compose, les règles concernant le mode de réception et de conservation des dépêches, et le mode de perception des taxes, sont déterminées par des règlements d'administration publique, concertés, en ce qui touche les matières de comptabilité, avec le Ministre des finances.

La taxe des dépêches transmises entre les bureaux d'une même ville, fixée à un franc par la loi du 21 juillet 1856, pourra être réduite par des décrets de l'Empereur.

Des décrets de l'Empereur détermineront également la taxe à percevoir pour les dépêches télégraphiques privées entre la France continentale et l'Algérie, lorsque des communications télégraphiques directes auront été établies.

Art. 3.

Il ne sera admis de dépêches de nuit qu'entre les bureaux ouverts d'une manière permanente pendant la nuit.

Ces dépêches ne sont soumises à aucune surtaxe.

ART. 4.

Le port des dépêches à domicile ou au bureau de la poste, dans le lieu d'arrivée, est gratuit.

Tout ce qui concerne l'envoi des dépêches au-delà du lieu d'arrivée, soit par la poste, soit par exprès, soit par estafette, lorsque ce service est possible, soit par tout autre moyen de transport ; enfin, les mesures propres à faire concourir au service des dépêches télégraphiques, celui de l'administration des postes, seront déterminées par des règlements d'administration publique, concertés, en ce qui concerne le service des postes, avec le Ministre des finances.

ART. 5.

L'expéditeur peut comprendre dans sa dépêche la demande de collationnement ou d'accusé de réception, par le bureau de destination.

La taxe du collationnement est égale à celle de la dépêche. Copie de la dépêche collationnée est remise, sans frais, au domicile de l'expéditeur, selon ce qui est réglé à l'art. 4.

La taxe de l'accusé de réception, avec mention de l'heure de la remise à domicile, est égale à celle d'une dépêche simple pour le même parcours télégraphique.

ART. 6.

Les dispositions des lois antérieures auxquelles il n'est pas dérogé par la présente loi continueront de recevoir leur exécution.

ART. 7.

La présente loi est exécutoire à partir du 1er janvier 1862.

(Délibéré et voté en séance, au palais du Sénat, le 27 juin 1861.)

AVIS AUX EXPÉDITEURS.

Un tarif est déposé dans toutes les salles d'attente des bureaux télégraphiques, et est à la disposition du public.

Il existe des bureaux dans tous les chefs-lieux de département, dans la plupart des sous-préfectures et dans beaucoup de chefs-lieux de canton. Tout centre important a un bureau télégraphique.

APERÇU SUR LA MANIÈRE DE COMPTER LES MOTS.

En France, ne sont comptés que pour un mot les noms composés, les noms géographiques, et les noms de famille composés de plusieurs mots.

A l'étranger, les nombres écrits en chiffres comptent pour un mot, jusqu'au maximum de cinq chiffres, et pour autant de mots qu'ils contiennent de fois ce nombre ; mais les noms de rue, les noms composés, etc., comptent pour autant de mots qu'ils en contiennent.

Tout mot ayant plus de sept syllabes est taxé pour deux mots.

Les lettres isolées, les marques de colis, etc., sont prises chacune pour un mot.

La virgule et la barre de division sont comptées pour un chiffre.

OUVERTURE DES BUREAUX.

Les bureaux sont ouverts, en été, à 7 heures du et en hiver, à 8 heures ; ils se ferment, en toute saiso 9 heures du soir, excepté ceux pour lesquels il existe un service de nuit, qui ne ferment jamais. Les bureaux français à service de nuit sont : Strasbourg, Lyon, Lille, Tours, Toulouse, Nice, Marseille, Montpellier, Paris, Dijon, Calais, Bordeaux, Narbonne, Chambéry et Nancy.

Il est permis à toutes les personnes dont l'identité est établie, de correspondre au moyen des télégraphies électriques de l'État, par l'entremise des fonctionnaires de l'Administration des lignes télégraphiques.

Les dépêches doivent être écrites lisiblement, en langue ordinaire et intelligible, sans abréviation de mots. Elles doivent être signées par l'expéditeur, qui doit approuver avec soin les ratures, les surcharges, les interlignes, même les plus légers, s'il ne veut s'exposer à des retards dans la transmission de sa dépêche.

L'expéditeur doit indiquer le destinataire et sa résidence, de manière à ne laisser aucun doute.

Il peut se dispenser d'indiquer le lieu de départ et la date du dépôt, ces renseignements étant transmis d'office.

La réponse peut être payée d'avance ; la personne qui se présente pour expédier une réponse payée, doit se munir de la copie authentique de la dépêche qui en fait mention.

Le Directeur du télégraphe peut, dans l'intérêt de l'ordre et des bonnes mœurs, refuser de transmettre les dépêches. En cas de réclamation, il en est référé à Paris, au Ministre de l'Intérieur, et, dans les départements, au Préfet. Si, à l'arrivée au lieu de destination, le Directeur estime que la communication d'une dépêche peut compromettre la tranquillité publique, il en réfère à l'autorité administrative, qui a le droit de retarder ou d'interdire la remise de la dépêche.

Tout fonctionnaire qui viole le secret de la correspondance télégraphique est puni des peines portées en l'article 187 du Code pénal.

TARIF ÉTRANGER.

A l'étranger, la longueur de la dépêche est fixée à 20 mots, y compris l'adresse, qui est taxée.

La taxe de la dépêche simple est augmentée de moitié pour chaque série ou fraction de série supplémentaire de dix mots.

Une dépêche peut être adressée à plusieurs personnes dans la même ville ; il est perçu, en sus de la taxe, autant de fois 75 centimes qu'il y a de destinataires, moins un.

Pour connaître l'heure d'arrivée d'une dépêche à domicile, l'expéditeur payera la taxe d'une dépêche simple.

La réponse peut être payée d'avance ; toute réponse non présentée dans les huit jours qui suivent la date de la demande est refusée au bureau destinataire comme réponse payée. Cinq jours sont accordés pour le remboursement des taxes des réponses payées non arrivées.

Toute dépêche peut être retirée avant la transmission ; la taxe est alors remboursée sous déduction de 75 centimes.

Les dépêches à destination de l'Amérique septentrionale sont transmises jusqu'à Liverpool, puis réexpédiées par les paquebots réguliers qui partent deux fois par mois de cette ville ; elles reprennent ensuite la voie télégraphique jusqu'à destination.

DÉPÊCHES ADRESSÉES EN DEHORS DES LOCALITÉS TÉLÉGRAPHIQUES.

Ces dépêches peuvent être mises à la poste au bureau télégraphique le plus voisin du lieu de destination, ou portées par exprès ou estafettes. Les frais de poste pour affranchissement sont de 1 fr. pour un point quelconque de l'Europe, et de 2 fr. 50 c, pour les autres parties du monde.

L'exprès, qui ne peut être employé dans un rayon de plus de 15 kilomètres, coûte 3 francs.

Le prix de l'estafette est fixé à 4 fr. par myriamètre.

TAXES DE LYON AUX BUREAUX SUIVANTS.

—

BUREAUX DONT LES RELATIONS AVEC LYON SONT LES PLUS FRÉQUENTES :

	fr.	c.		fr.	c.
Athènes	37	»	Lausanne	4	50
Amsterdam	12	»	Liverpool	12	»
Andrinople	21	»	Lisbonne	13	50
Anvers	9	»	Livourne	6	»
Barcelone	7	50	Londres	12	»
Belgrade	15	»	Madrid	9	»
Berlin	12	»	Malaga	12	»
Berne	4	50	Malte	18	»
Bologne	7	50	Manchester	12	»
Brescia	6	»	Mayence	7	50
Bruxelles	7	50	Milan	6	»
Cadix	12	»	Moscou	24	»
Carthagène	10	50	Newcastle	12	»
Cologne	9	»	Naples	15	»
Constantinople	22	50	Odessa	22	50
Corogne	10	50	Riga	19	50
Crefeld	9	»	Rome	10	50
Dublin	12	»	Saint-Pétersbourg	22	50
Fiume	10	50	Smyrne	31	»
Florence	7	50	Stockholm	24	»
Francfort-sur-le-Mein	7	50	Turin	4	»
Gênes	6	»	Udine	9	»
Genève	4	50	Valence (Espagne)	9	»
Glascow	12	»	Zurich	4	50
Jassy	18	»			
Jersey	9	»	Bureaux angl. tax. uniq. 12 f.		

AFRIQUE.

—

COLONS S'CCCUPANT DE LA CULTURE DES SOII

Gauran (Mme),	Birkadem,	
Reverchon,		
Morin *	El-Biar,	
Boensch,	Kouba.	départ. d'Alger.
Ladrin,		
Masson (Mme),	Mustapha.	
Meignan (A.),		
Cordier et Maisons,	La Rassauta	
Gérardot,	Boufarik,	
De Lambert (Mme),	Philippeville, dép. de Constant
Soux (plantat. de mûriers)	Aboukir,	départ. d'Oran.
Orphelinat du Bon-Past^r	Misserghin,	

EXPOSANTS

DE

DE L'INDUSTRIE DES SOIES

A LA DERNIÈRE EXPOSITION UNIVERSELLE DE PARIS.

FRANCE.

ABRIAL (P.) et Cie, rubans façonnés, St-Etienne, Loire.

AFFOURTIL (G.-L.), soies grég. et ouvr., Nîmes, Gard.

AMADIEU (P. F.), gazes à bluter, Martel, Lot.

AMBARD fils (G.), soies gréges, Carcès, Var.

ANDRÉ (J.), soies gréges, cocons, Bordeaux, Gironde.

ANGLIVIEL (J.), soies gréges, Valleraugue, Gard.

ARBAUD (Mme Vve), soies de cocons de la seconde
    éducation de l'année, Manosque, B.-Alpes.

ARDUIN et CHANCEL, peignes de déchets de fila-
    ture de soie, Briançon, H.-Alpes.

ARIBAT (J.-P.), soies gréges et ouvr., Granne, Drôme.

ARNAUD (J.-A.), tissus de soie, Lyon, Rhône.

AUBERT jeune, tulles de soie, id. id.

AURENCHE, soies gréges et ouvr., Grand-Serre, Drôme.

AUTRAN et ROCHAS, s. gr. et ouv., Montélimart, id.

AUVENCHE fr., soies gr., ouv. et cuites, La Sône, Isère.

AYNÉ fr., soies ouvr., grenad. pour dent., Lyon, Rhône.

BADOIL (G.) et Cie, tissus de soie unis et fa-
    çonnés, Lyon, id.

BALAY aîné, rubans unis et façonn., St-Etienne, Loire.

BALLEYDIER fr., velours faç. et gilets,   Lyon, Rhône.

BALMONT et Cie, velours et passementeries pour
     voitures,   Lyon,   id.

BANSE (L.), fantaisie et soie retorse,   Tenay, Ain.

BARBE et TROUILLEUX, rubans faç., St-Etienne, Loire.

BARDON et RITTON, tissus de soie unis, moire,
     velours,   Lyon, Rhône.

BARLET et BÉLINGARD, rubans faç., St-Etienne, Loire.

BARLET et Cie,   id.   id.   id.

BARNOIN frères, soies grèges et ouvr.,   Nyons, Drôme.

BARON et GONON, tissus de soie et laine, gilets,
     cachemires,   Lyon, Rhône.

BARRAL (Ch.-Em.), soies gr. et ouvr., Ganges, Hérault.

BARRAL et LASCOUR, soies gr., organs..   Crest, Drôme.

BARRALON et BROSSARD, rubans unis, façonnés et
     imprimés,   Saint-Etienne, Loire.

BARRÈS fr., soies grég. et ouvrées, St-Julien-en-
                            Saint-Alban, Ardèche.

BARTH, MASSING et PLICHON, peluches, Sarre-
                           guemines, Moselle.

BAYARD fr., rub. et passementerie, St-Etienne, Loire.

BAYARD fr., tiss. de soie pour chapell., Lyon, Rhône.

BAYON et DENIS, rubans, galons,   St-Etienne, Loire.

BAYON (M.) et Cie, rub. faç., cravat.,   id.   id.

BELLON et Cie, tissus de soie noire unis, Lyon, Rhône.

BELLON (J.) et Cie, modèles d'invention pour le
     perfectionnement du tissage et tissus de
     soie,   Vizille, Isère.

BÉRARD, tiss. de soie pour meubles et ornements
     d'église,   Lyon, Rhône.

BÉRANGER (A.), soies gr. et ouvr., Chamaret, Drôme.

BERNE père et fils, rubans, bords et bourdalous
  pour chapellerie,   Bourg-Argental, Loire.
BERLIET et Cie, tuiles de soie brodés, imitation
  de dentelles,   Lyon, Rhône.
BERTHOLLET (V.), rub. unis et faç., St-Etienne, Loire.
BERTRAND, GAYET et DUMONTET, tissus de soie,
  châles,   Lyon, Rhône.
BIDET (R) et COMPARE, fantais. card., St-Rambert, Ain.
BLACHE et Cie, velours,   Lyon, Rhône.
BLACHIER et fils, soies grég. et ouv., Tournon, Ardèche.
BLACHIER frères, étoffes de soie unies tissées sur
  métier mécanique, florences, marcelines,
  lustrines, etc.,   Annonay, Ardèche.
BLANC, soies gréges et ouvrées,   Mirmande, Drôme.
BLANCHON (L.), s. gr. et ou., St-Julien-St-Alban, Ardèche.
BLONDEAU-BILLET, déchets de soie peig., Lille, Nord.
BOCOUP, VILLARD et SAUNIER, tissus de soie
  façonnés,   Lyon, Rhône.
BODOY (A.), rubans façonnés, gazes et taffetas
  lamés d'or et d'argent,   Saint-Etienne, Loire.
BOIS (Ant.), tissus de soie unis et faç., Lyon, Rhône.
BONNAL (L) fils, soies g., gaz. à blut., Montauban, Tarn-et-Gar.
BONNEFOY (Ed.), soies ouvrées,   Dieulefit, Drôme.
BONNET (Cl.-J.) et Cie, tissus de soie unis, Lyon, Rhône.
BONNETON (R.), soies gr. et ouvr., St-Vallier, Drôme,
BOUDET fr., coc., soies gr. et doupions, Uzès, Gard.
BOUDON (L.), cocons jaunes et blancs, soies
  gréges,   St-Jean-du-Gard, id.
BOULEAU et PETHOTON, gazes, fil. de soie, dent.,
  rue de la Banque,   Paris.
BOUTARD aîné (L.), soies gr., Ste-Radegonde, Indre-et-L^{re}.
BOUVARD et LANÇON, tissus de soie pour orne-
  ments d'église et ameublements, Lyon, Rhône.

BOYRIVEN fr. et Cie, tiss. de soie p. voiture, Lyon, Rhône.

BREBAND, SALOMON et Cie, tissus de soie unis et
    façonnés,   Lyon,   id.

BROSSE et Cie, velours unis,   id.   id.

BROSSET aîné et DE BOISSIEU, tis. de s. unis, id.   id.

BRUGUIÈRE père et fils, soies gréges,   Ganges, Hérault.

BRUNET, soies gr. et ouv., Péage de Roussillon, Drôme.

BRUNET, COCHOT et Cie, tissus de soie unis et
    façonnés,   Lyon, Rhône.

BRUNET-LECOMTE, GUICHARD et Cie, étoffes, fou-
    lards, tissus chinés,   Lyon,   id.

BRUYÈRE (P.), soies moulinées, St-Julien-Molin-
                              Molette, Loire.

BUFFET (Fr.), fantaisie cardée,   Chaley, Ain.

BUISSARD (E.), soies gréges,   Le Touvet, Isère.

BUISSON aîné et Cie, rubans, gaz., St-Etienne, Loire.

BUISSON (Ch.), soies gr. et ouv., La Tronche, Isère.

BUISSON et ROBERT (Eug.), soies gr. et ouvrées,
                      Manosque, Bass.-Alpes.

BUIX (Hippolyte), soies gr. et ouvr., Mirabel, Drôme.

BUREL fr., tissus d'or et d'arg. pour orn., Lyon, Rhône.

CABRIT et ROUX, s. gr. St-André-de-Valbergue, Gard.

CACHEPOUTRE et Cie, soies à coudre pour passe-
    menterie,   Cire-les-Mello, Oise.

CAQUET-VAUZELLE, NAIME et COTE, tissus de soie
    unis et façonnés,   Lyon, Rhône.

CARQUILLAT (M.-M.), portraits tissés,   id.   id.

CARRIÈRE (F.), soies gr., St-André-de-Valborgne, Gard.

CAUSSE et GARIOT, soies gr. et ouvrées, Lyon, Rhône.

CHABANIT (F.), rubans façonnés,   St-Etienne, Loire.

CHABAUD (A.), foulards et crav. de soie, Nîmes, Gard.

CHALEYER fils, rub. unis, rub. de vel., St-Etienne, Loire.

CHALON et Cie, soies gr. et ouv.,   Alais, Gard.

CHAMBON (Fr.), foulards de soie, Le Cheylard, Ardèche.

CHAMBON (L. Vve), soies gréges et ouvrées,
St-Paul-Lacoste, Gard.

CHAMPAGNE (Ant.), tulle de soie damassé et
contourné, Lyon, Rhône.

CHAMPAGNE et ROUGIER, tiss. de soie faç., id. id.

CHAMPAILLET (Alf.), tulles et dentelles, id. id.

CHAMPANNET (J.-M.-M.), cocons, soies gréges
et ouvrées, Vals, Ardèche.

CHAMPOISEAU (N.), soieries et soies, Tours, Ind.-et-Loir.

CHANGEA (Fr.), soies grég. et ouv., La Mastre, Ardèche.

CHAPUIS et CROSSEGROS, rubans de gaze de soie
façonnés, St-Etienne, Loire.

CHARBIN et TROUBAT, velours unis, Lyon, Rhône.

CHARTRON père et fils, s. gr. et ouv., St-Vallier, Drôme.

CHENNEVIÈRE (Th.), peluches, moire antique,
rue d'Hauteville, 58, Paris,

CHENEVIER-ROUX et DURESSY, châles de crêpes,
Lyon, Rhône.

CHILLIAT (A.-E.), soies écrues moulinées pour
la passementerie, rue St-Denis, 127, Paris.

CHIROL-BIZALION, soies moulin., St-Julien-Molin-
Molette, Loire.

CHOMEL (N.), s. moul., St-Julien-Molin-Molette, id.

CLAVON (X.-J.), fils de bour. de soie, Fourmies, Nord.

CLERC (H.), fantaisie filée, Rive-de-Gier, Loire.

COLCOMBET fr. et Cie, rubans unis et façonnés,
St-Etienne, Loire.

COLLARD et COMTE, rubans de soie façonnés,
St-Etienne, Loire.

COLOMBIER père et fils, cocons, soies gréges,
organsin, Divajeu, Drôme.

COLOMBON père et fils, soies grèges, Allan, id.

CORNUD et Cⁱᵉ, soies ouvrées,   Montélimart. Drôme.

COUCHOUD (A.) et BÉTHENOD, rubans unis et façonnés fabriqués sur des métiers mus par la vapeur,   Montbrison. Loire.

COUDERC (A.) et SOUCARET, soies gréges, gazes à bluter,   Montauban, Tarn-et-Gar.

COUTURIER (A.) et RENAUD, tissus de soie, peluches,   rue du Temple, 51, Paris.

CRÉPET jeune et MAYGRE (A.), rubans, St-Etienne. Loire.

CRÉPET (P.) et GRANGER, rubans façonnés,   St-Etienne, Loire.

CRESPIN (Al.), tissus de soie,   Cambrai. Nord.

CROIZAT (H.) et Cⁱᵉ, tissus de soie façonnés,   Lyon, Rhône.

DAILHE (Max), soies gréges d'une 2ᵉ récolte de l'année et soies ouvrées,   Taulignan, Drôme.

DAMIRON et Cⁱᵉ, châles de soie,   Lyon, Rhône.

DAMON (L.), cocons filés et ouvrés par un procédé de son invention,   Viviers, Ardèche.

D'ARLOS (le comte), soies gréges,   Grammont, Ain.

DARVIEU aîné, VALMALLE et Cⁱᵉ, soies gréges et ouvrées,   Granges, Hérault.

DAUDET-QUEIRETY, foulards et cravates de soie,   Nîmes, Gard.

DAVID (J.-B.), rubans de velours et de taffetas,   St-Etienne, Loire.

DE BANNEVILLE (marquis), cocons, soies gréges,   Banneville-la-Campagne, Calvados.

DEBARY-MÉRIAU, rubans de soie,   Guebwiller, Haut-Rhin.

DE BENTZMANN p. et fils, soies gr., Ste-Bazeille, Lot-et-Gar.

DE BOULENOIS fr., soies gréges blanches et jaunes,   rue Chaillot, 85, Paris.

DE BRONNO-BRONCKI (comte), soies gréges et
tissus de soie, St-Selve, Gironde.

DE COSNAC (marquis J.-Al.), soies gr., Cosnac, Corrèze.

DE FÉLIX (Th.), gréges et ouv., Montélimart, Drôme.

DEGERS (J.-M.), soies, Bazet, H.-Pyrénées.

DELACOUR, soies gréges et ouvrées, Tain, Drôme.

DE LA LOYÈRE (Ed.), soies gréges, Savigny, Côte-d'Or.

DELARBRE (Vᵉ), soies gréges et ouvrées, Ganges, Hérault.

DE MASQUARD (E.), cocons, soies gréges blanches
et jaunes, Nîmes, Gard.

DESMARQUEST (F.) et Cⁱᵉ, tissus de soie pure et
mélangée pour gilets, Lyon, Rhône.

DESQ (P.) et Cⁱᵉ, tiss. de soie unis et faç., id. id.

DESVERNAY-PÉRICAUD, tiss. de soie faç. vel., id. id.

DEYDIER (Ch.-P.), cocons, soies gr. et ouv., Ucel, Ardèche.

DOGNIN fils et ISAAC, tulles de soie damassés et
brodés, Lyon, Rhône.

DOMINICI frères, soies gréges, Bastia, Corse.

DONAT (A.) et Cⁱᵉ, tissus de soie un. et faç., Lyon, Rhône.

DONAT (J.) et Cⁱᵉ, peluches, L'Arbresle, id.

DONZEL et MAUSSIER, rubans de velours, rubans
façonnés, St-Etienne, Loire.

DROGUE, SAUNIER et BINOUX, velours unis, Lyon, Rhône.

DUBOUCHET (D.) et Cⁱᵉ, rub. faç., St-Chamond, Loire.

DUBOURG (S.), BARRAL et Cⁱᵉ, tissus de soie unis
et façonnés, Lyon, Rhône.

DUCIS fr., tulles de soie unis et façonnés, id. id.

DUMAINE (X.), soies gréges, organsins, Tournon, Ardèche.

DUMONTEIL (Em.), cordonnets et soies floches,
tissus de soie, armoiries tissées et dessins
pour passementerie. Paris.

DURAND fr., crêpes, foulards de soie, Lyon, Rhône.

Duseigneur (Ed.), histoire pratique de la filature
des soies. Appareils div., fils de s., Lyon, Rhône.

Dussol (J.-J.), soies gréges, Sumène, Gard.

Dutour (B.), id. Montélimart, Drôme.

Dutrou fils (J.-B.), rubans de soie, unis, brochés, moirés, taffetas unis et façonnés,
rue St-Denis, 315, Paris.

Duval (Ach.), soies moulinées pʳ blondes, Caen, Calvados.

Epitalon frères, rubans de soies, St-Etienne, Loire.

Eymieu père et fils, frisons, fantaisie peignée,
fantaisie filée, Saillans, Drôme.

Fara fils et Chateauneuf, rubans de soie,
Bourg-Argental, Loire.

Farge (P.), tissus de soie imprimés, Lyon, Rhône.

Farjon (H.), soies gréges, Roquemaure, Gard.

Faure (Ernest) et frères, cocons, soies gréges,
organsins, Saillans, Drôme.

Faure (L.), soies gréges, Grignan, id.

Faveton fils et Morin, tissus de soie pour ornements d'église et ameublements, Lyon, Rhône.

Fayolle (N.) et Cⁱᵉ, velours, id. id.

Fey et Martin, brocatelles, damas, lampas, reps,
Tours, Indre-et-L.

Figon (L.-R.), soies ouvrées, Privas, Ardèche.

Filippi (C.), soies gréges, Ajaccio, Corse.

Flachat fils (Al.), rubans façonnés, St-Etienne, Loire.

Fontaine (F.), tissus de soie façonnés pʳ robes,
Lyon, Rhône.

Font et Chambeyron, velours unis, id. id.

Forest (M.), Canel et Cⁱᵉ, rubans de velours et
de peluches, St-Etienne, Loire.

Foucamprez frères et Cⁱᵉ, fils de soie, Fourmies, Nord.

Fougeirol (A.), soies gr. et ouv., Les Olliéres, Ardèche.

Fraisse frères, Vaillant et Marsais, rubans de
  taffetas unis,   St-Etienne, Loire.

Franquebalme (Ad.), soies gréges,   Avignon, Vaucluse.

Fulchiron (A.) et Cie, tissus de soie p^r meubles
  et ornements d'église,   Lyon, Rhône.

Furnion père et fils aîné, tissus de soie façonnés
  pour gilets, robes, etc.,   Lyon, id.

Furnion jenne (Et.), façonnés p^r gilets, velours
  de soie,   Lyon, id.

Gaillard (J.) et Cie, peluches, tissus p^r gilets
  et autres,   Lyon, id.

Galimard (E.) p. et fils, soies gr. et ouv., Vals, Ardèche.

Gascon neveu et Albrespy, gazes à bluter,
                          Montauban, Tar-et-Gar.

Gélas (L.) et Cie, châles impr. et faç., Lyon, Rhône.

Gemier fils et Cie, rubans façonnés, St-Etienne, Loire.

Gérix et Rosset, soies gr. et ouvr., Chabeuil, Drôme.

Gerinon fils, rubans de gaze de soie et façonnés,
                          St-Etienne, Loire.

Gibelin et fils, soies gréges,   Lasalle, Gard.

Gillier et Micolon, rubans de passementerie,
                          St-Etienne, Loire.

Gindre et Cie, tissus de soie unis,   Lyon, Rhône.

Girard et Gauthier, velours unis,   id.   id.

Girard neveu, Poizat (C.), Sève et Cie, velours
  unis,   Lyon, id.

Giraud (Al.) et Cie, tiss. de soie unis et faç., id.   id.

Girodon (A.), tissus de soie,   id.   id.

Giron fr., rubans de velours unis et façonnés,
  galons,   St-Etienne, Loire.

Godemar, Meynier et Cie, tissus de soie riches,
  brochés et façonnés,   Lyon, Rhône.

Gondre et Cie, tissus de soie unis et faç., id.   id.

GONON et FAYOLLE, rubans de satin et de taffetas
unis et façonnés, St-Etienne, Loire.

GONON, REMILLEUX et GERINON, rub. faç., id. id.

GRAND fr., tissus de soie pour ameubl., Lyon, Rhône.

GRANGIER frères, rubans de soie façonnés, rub.
de soie fabriqués au métier brodeur,
St-Etienne, Loire.

GRANIER fils (Cl.), rameau de bruyère chargé de
cocons, soies grèges, Camaret, Vaucluse.

GRATALOUP (J.-B.) et Cie, tissus de soie unis,
velours, Lyon, Rhône.

GUÉRIN (J.), cocons, soies gr. et ouv. Chomérac, Ardèche.

GUIGON père et fils, soies gr. et ouv., Nyons, Drôme.

GUILBERT et WATEAU, gazes de soie, St-Quentin, Aisne.

GUISE et ROLLET, velours unis, Lyon, Rhône.

HAMELIN (J.-B.), soies écrues, ouvr. et teintes,
Les Andelys, Eure.

HECKEL (L.) et Cie, tissus de soie unis, satins,
Lyon, Rhône.

HECTOR (J.-J.), soies ouvrées, St-Ranz, Isère.

HELLY (Ad.), soies grèges et ouvrées, Avignon, Vaucluse.

HENNECART (J.-Fr.), gazes de soie à bluter et à
tamiser, rue de l'Echiquier, 30, Paris.

HERMANN frères, tissus de soie unis et façonnés
pour robes et cravates, Thann, Haut-Rhin.

HOCK (A.), soies dorées et argentées en fin et en
faux, fils de soie de couleur, broderies,
tissus de soie dorée, Neuilly, près Paris.

HOOPER (G.), CARROZ et TABOURIER, tissus, tulles,
dentelles et filets de soie, rue des Fossés-
Montmartre, 6, Paris.

IDRIL (Lévy), tis. de soie imitant la dent., Lyon, Rhône.

Imbs (J.) et Cie, fils de déchets de bourre de soie, tissus fabriq. avec ces fils, Bramath, Bas-Rhin.

Jandin (C.) et Duval (A.), foulards, tissus imprimés, Lyon, Rhône.

Janin et Falsan, velours, id. id.

Jarosson et Gonin, peluches, id. id.

Journoud père et fils, rubans unis et façonnés, St-Etienne, Loire.

Jousse (Ch.-S.), soies gréges, Bonneval, Eure-et-Loir.

Jumon (V.), tulles damassés et brodés, Lyon, Rhône.

Kuister-Margaron, tissus de soie unis, id. id.

Labatie (L.), soies écrues, Le Puy, H.-Loire.

Lacoste père et Bouilhane, soies ouvrées, Montélimart, Drôme.

Lacroix (H.), soies grég. et ouv., Montboucher, id.

Lambert et Cie, id. Valence, id.

Lambert (Hipp.), soies gréges, Céreste, B.-Alpes.

Langevin et Cie, fils de bourre de soie, La Ferté-Aleps, Seine-et-Ois.

Landry jeune, Brun et Cie, moire antique, Lyon, Rhône.

Lapeyre neveu et Dolbeau, tissus de soie unis et façonnés, Lyon, Rhône.

Lapierre père et fils, soies gréges, Valleraugue, Gard.

La Providence de Montbrison, soies gréges, Montbrison, Loire.

Larcher, Faure et Cie, rub. faç., St-Etienne, id.

Larcher (A.) et Cie, rubans, id. id.

Larrieu-Estelle, tissus de soie pour l'ameublement et la carrosserie, Toulouse, Haute-Gar.

La Société d'Agriculture d'Ajaccio, soie grége, Ajaccio, Corse.

Luscan fr. et Cie, gazes à bluter, Blajan, Haute-Gar.

LEGUIT (P.-M.-A.), découpage et gaufrage sur
    velours, rue Neuve-des-Petits-Champs, 79, Paris

LEGAT (R.), soies gréges,   Montélimart, Drôme.

LE MIRE père et fils, tissus de soie pour orne-
    ments d'église et ameublements,   Lyon, Rhône.

LEPOUTRE-PARENT, fantaisie filée, tissus de soie
    mélangée de laine,   Roubaix, Nord.

LEROY (Fr.), châles et gilets brodés,   Lyon, Rhône.

LESCHENAULT DU VILLARS, cocons, fils de soie.
                        Le Villars, Saône-et-L.

LÉVY et Cie, rubans,   Souetz, Haut-Rhin.

LEYDIER frères, soies gréges et ouvrées, Buis, Drôme.

LIBEAU-BRÉCHET, soies gréges,   Thouars, Deux-Sèvr.

LUTHRINGER et Cie, tissus imprimés,   Lyon, Rhône.

MAILLARD (A.) et Cie, soies gréges, soies retorses,
                    rue de Berlin, 8, Paris.

MAILLOT et FERARY, velours, peluches, taffetas
    fabriqués à la Maison centrale de détention,
                    Embrun, Haut.-Alpes.

MARCHAND, soies gréges, Roches de Condrieu, Isère.

MARION (J.), fantaisie,   St-Oudras.   id.

MARLIO-PAPINOT, soies gr., Virrey-sous-Salmaise, Côte-d'Or.

MARTEL, GEOFFRAY et VALANSOT, tissus façonnés
    pour robes, cravates, etc.,   Lyon, Rhône.

MARTIN (J.-B.) et CASIMIR, peluches,   Tarare, id.

MARTIN (L.) et Cie, soies gréges,   Lasalle, Gard.

MASSING fr., HUBERT et Cie, peluche, Puttelange, Moselle.

MATHEVON et BOUVARD, tissus façonnés, Lyon, Rhône.

MATHIEU (J.), bourre de soie peignée, Guillestre, H.-Alpes.

MAURICE (J.-P) et Cie, rubans unis et façonnés,
                    St-Etienne, Loire.

MAURIER, EYMARD (P.) et Cie, tiss. unis et faç.,
                    Lyon, Rhône.

Mazel (A.) et Cie, tissus unis, Lyon, Rhône.

Mazellier (P.), soies grèges et ouv., St-Privat, Ardèche.

Mauzé fils et Pillet, tissus de soie, Tours, Ind.-et-Loir.

Méjean (A.) fils, fils de soie, soies ouv., Lyon, Rhône.

Melquion, Mazillier et Cie, rub. faç., St-Etienne, Loire.

Ménager frères, rubans et lacets, id. id.

Menet (J.), soies grèges et ouvrées, Grusse, Ardèche.

Mercier, Vuillemot et Nevret, tissus pour
gilets, Lyon, Rhône.

Mérieux (M.), rubans unis et faç., St-Etienne, Loire.

Merle frères et Lenoir, tissus unis, Lyon, Rhône.

Meurer (Ch.), foulards imprimés, id. id.

Meyer-Mériau et Cie, rubans de soie, Souetz, H.-Rhin.

Meynard (H.) et Cie, bassines de filatures dévi-
dant sur roquets, machine à étouffer et
sécher les cocons, cocons, soies diverses,
Valréas, Vaucluse.

Michard, Girel et Cie, châles de soie, Lyon, Rhône.

Michel (Ant.), soies ouvrées pour crêpes et
grenadine. Colombier, Loire.

Michel aîné, soies étrangères montées en trame,
Grillon, Vaucluse.

Michelin (Th.), rubans de soie et de velours,
rue Montmartre, 161, Paris.

Mignot frères, soies grèges et ouvr., Annonay, Ardèche.

Million (J.-P.) et Cie, tissus unis, Lyon, Rhône.

Molines (L.), soies grèges et déchets de soie,
St-Jean-du-Gard, Gard.

Mollière (C.), tissus et velours unis, Lyon, Rhône.

Monestier aîné et Rochas aîné, soie en trame,
taffetas, Avignon, Vaucluse.

Montessuy (A.) et Cromen (A.), crêpes de soie,
Lyon, Rhône.

Moras (F.), tissus pour ameublements et ornements d'église,   Lyon, Rhône.

Morel (J.-B.) et Cie, tissus façonnés.   id.   id.

Morier, Camus et Cie, velours unis,   id.   id.

Morin (P.-Th.-G.), tissus de soie et laine,
      rue Notre-Dame-des-Victoires, 32, Paris.

Moulin et Mounier, rubans, St-Just-Malmont, H.-Loire.

Mounier père et fils, rubans unis et faç., Lyon, Rhône.

Mourceau (H.), tissus de soie mélangés de laine
   pour ameublements,   rue du Mail, 27, Paris.

Musy et Galtier, velours unis,   Lyon, Rhône.

Nagel (J.-B.-Adr.), soies gr.,   Chenonceaux, Ind.-et-Loir.

Nelme (A.), soies gréges et ouvr.,   Crest, Drôme.

Nicolas fils (Ant.), soies gréges,   Pertuis, Vaucluse.

Nogarède (J.-L.), soies gr.,   St-Jean-du Gard, Gard.

Nourrigat (Em.), cocons, soies grég.,   Lunel, Hérault.

Noyer frères, soies gr. et ouvr.,   Dieulefit, Drôme.

Panisset et Meffre fils, soies gréges et ouvrées,
                     Saint-Robert, Isère.

Passerat fils et Cie, rub. unis et faç., St-Etienne, Loire.

Peillon fils (G.) et Cie, châles brochés et imp.,
                     Lyon, Rhône.

Pelcoq et Lespinasse (Vve), produit du délissage
   de la soie,   Bernay, Eure.

Pélegrin (M.), soies montées en trame et en
   poil,   Bollène, Vaucluse.

Pendrié et Cie, bourre de soie, Ivours-s.-Irigny, Rhône.

Perbost (A.), soies grég. et ouv., Largentière, Ardèche.

Perret, Bigot et Cie, foulards imp.,   Lyon, Rhône.

Perrier (J.-Cl.), soies ouvrées pour crêpe et
   grenadine,   St-Julien-Molin-Molette, Loire.

Perrier et Rocheblave, soies gr., Valleraugue, Gard.

PERRIN (Br.) et PÉALAT (L.), tissus façonnés,
gaze, crêpe, grenadine, Lyon, Rhône.

PEYOT (Fr.), cocons, soies, id. id.

PICQUEFEU (V.-Al.), soies écrues et teintes,
rue Rambuteau, 74, Paris.

PINONCELY et Cie, tiss. unis et façonn., Lyon, Rhône.

PLATARET et Cie, fils de soie, rue Pavée-Saint-
Antoine, 17, Paris.

PONCET-VERMOREL, tissus unis et façonnés, Lyon, Rhône.

PONSON (Cl.), velours et tissus pour robes, id. id.

PONTE (Ph.), soies gréges, Ajaccio, Corse.

POTTON (F.) et RODIER (Th.), tissus faç., Lyon, Rhône.

POUPY (B.) et FLORET, tissus unis et faç., id. id.

PRADIER (J.), soies gréges, Annonay, Ardèche.

PRAMABON et Cie, tissus pour tenture et ameublement, Lyon, Rhône.

PRAT (F.) et Cie, rub. unis et faç., St-Etienne, Loire.

PRENAT jeune (Vve), id. id. id.

PREYNAT, ROZIER et Cie, id. id. id.

PRIEUR (A.-H.), soies gréges et ouv., Lagarde-
Adhémar, Drôme.

PRIVAT-RIBOT, soies gréges jaunes, Anduze, Gard.

PUPIL et FORISSIER, rubans d'ordre et de cein-
ture, cordons de soie, St-Etienne, Loire.

REBOUL (J.-J.-A.), soies g. et ouv., Montdragon, Vaucluse.

REGARD frères, id. Privas, Ardèche.

REIDON (C.), soies gréges et ouv., St-Jean-de-
Valeriscie, Gard.

RENARD frères et Cie, peluches pour chapellerie,
Sarreguemines, Moselle.

REPIQUET et SILVENT, velours et peluches, Lyon, Rhône.

RÉROLLE (G,) et Cie, foulards imprimés, id. id.

Ressegaire (G.), soies grég. blanches et jaunes.

Saint-Ruff, Vaucluse.

Révil (Ch.) et Cie, fils de bour. de soie, Amilly, Loiret.

Rey (J.-P.), soies gr. et ouvr., St-Sauveur-de-

Montagut, Ardèche.

Reybaud (J.), portraits tissés, Lyon, Rhône.

Rey-Epitalon, rubans façonnés, St-Etienne, Loire.

Reynier cousins et Drevet, châles, Lyon, Rhône.

Ribard et Perrier, soies gréges, Valleraugue, Gard.

Ricard (Ch.) et Cie, velours façonnés, Lyon, Rhône.

Robas (E.), Galland et Cie, tissus façonnés pour
cravates et foulards, Lyon, Rhône.

Robichon (L.) et Cie, rubans de satins unis et
façonn., rubans de velours, St-Etienne, Loire.

Roche (Ant.) et Cie, velours unis, galons, Lyon, Rhône.

Roche et Bultner, tissus unis, id. id.

Roche et Dime, châles, id. id.

Rogeat (J.-L.), appareils pour le conditionnement des soies, balances, Lyon, id.

Roger (Fr.-S.), coc., soies gr. et ouv., Bruges, Gironde.

Ronget frères, tissus façonn. pour ameublement
et carrosserie, Toulouse, H.-Garonne.

Roque-Niel frères, fils de soie grége filés à la
vapeur, florence, marcelline, lustrine, taffetas, serge, velours, brocatelle, Avignon, Vaucluse.

Roudaire (J.-Fr.), soies gréges, Guéret, Creuse.

Rougier et Bonnet nev., tiss. un. et faç., Lyon, Rhône.

Rousset (L.-E.), fantaisie en trame, Uzès, Gard.

Roussy et Bernard, soies à coudre, Nîmes, id.

Roux (Alph.), soies ouvrées, Taulignan, Drôme.

Roux frères (L.-V.), tissus unis, Lyon, Rhône.

Roy (P,), tissus unis p^r parapluies, La Tronche, Isère.

Ruas fr. et Cie, soies gr., St-André-de-Valborgne, Gard.

SAGNIER-TEULON, châles, écharpes et kaïks de soie,

Nîmes, Gard.

SANDOZ (Ul.) et Cie, châles imprimés, Lyon, Rhône.

SANIAL, foulards et mouch., Bourg-lès-Valence, Drôme.

SANGOUARD (C.), rideaux, portières, schappes,

tapis de table en damas, Paris.

SARDA (A.), velours fabriqués à l'aide d'une ma-

chine hydraulique, Le Mazeau, H.-Loire.

SAUVAGE (R.) et Cie, tissus unis et façon., Lyon, Rhône.

SAVOYE, RAVIER et CHANU, id. id. id.

SCHERTZ (L.), cocons, soie filée, proven. des vers

nourris de feuill. de scorsonère, Strasbourg, B.-Rhin.

SCHINDLER (M.), soies gréges, Fixin, Côte-d'Or.

SCHMALTZ (J.-B.), velours dits velours de Creveld,

Metz, Moselle.

SCHULTZ fr. et BÉRAUD, tiss. faç., rob., chál. Lyon, Rhône.

SERRE et Cie, rubans façonnés, St-Etienne, Loire.

SÉRUSCLAT, soies, Etoile, Drôme.

SERVANT, DEVIENNE et Cie, tiss. pr gilets, Lyon, Rhône.

SIBUET (R.) et Cie, fantaisie cardée, Chaley, Ain.

SILO cousins et Cie, tissus façonnés pour robes

et cravates, Lyon, Rhône.

SOIDERQUELK (F.-O.), tissus pr orn. d'ég., id. id.

SOLICHON (J.-M.-A.), id. id, id.

SORRÉ-DELISLE et LIMOUSIN, velours, rubans,

taffetas, place de la Bourse, 31, Paris.

SOUBEYRAND fr., soies gr. et ouv., Montélimart, Drôme.

SOUBEYRAND (L.), id. St-Jean-de-Gard, Gard.

SOULIER p. et fils, rub. de satin un., St-Etienne, Loire.

SUC aîné et ROBIER, rubans façonn., St-Etienne, Loire.

TEILLARD (Cl.-M.), tissus de soie unis, Lyon, Rhône.

TEISSIER-DUCROS (E.), soies gr. et ouv. Valleraugue, Gard.

RILLON-FORT, soies grèges, Tournus, Saône-et-L.

THEVENET, RAFFIN et ROUX, châles, robes, Lyon, Rhône.

THIBERT, ADAM et Cie, peluches, Metz, Moselle.

THOLOZAN et Cie, tissus façonnés, Lyon, Rhône.

THOMAS fr., soies gr et ouv., tiss. de soie, Avignon, Vaucluse.

THUNOT (V.) et Cie, soie schappe provenant de frisons et de cocons, Roubaix, Nord.

TIVET (Cl.), rubans façonnés, St-Etienne, Loire.

TORNE (Ch.), soies écrues, teintes moulinées,
rue St-Denis, 137, Paris.

TOULON, LATOUR et NADAL, sois gr., Valleraugue, Gard.

THOUREL fils et Cie, soies gréges des Cévennes,
rue de Mulhouse, 11, Paris.

TRESCA (J.-Ed.) et Cie, tiss. pr fich., crav., Lyon, Rhône.

TROCCON (A.), tissus unis et fac., châles, id. id.

VALANSOT (M.), tissus unis, armures, id. id.

VALENCOGNE fils, rubans pr chapellerie, rubans
de velours, galons, St-Etienne, Loire.

VALLELION frères et Cie, soies gréges, Sumène, Gard.

VANEL (L.), tissus pr orn. d'ég. et meubles, Lyon, Rhône.

VATIN jeune (F.) et Cie, baréges, laine et soie,
rue de Cléry, 13, Paris.

VERDEL et Cie, soies ouvrées en org., Avignon, Vaucluse.

VERSET et FOREST, foulards et fantaisie enlumi-
nés et garancés, Lyon, Rhône.

VERZIER et Cie, tissus unis et façonnés, id. id.

VEYRE aîné, cordonnets fabriqués avec des soies
du Levant, St-Bueil, Isère.

VIALLETON et DUBIEU, rub. unis et fac. St-Etienne. Loire.

VIALLETON et SANGLARD, id. id. id.

VIEL (C.), soies gr. et ouvrées, Montbotucher, Drôme.

VIGNAT fr, rubans unis et façonnés, St-Etienne, Loire.

VINCENT (J.), soies gréges, Valleraugue, Gard.

VINCENT (P.), déchets de soie peignée, Meyrueis, Lozère.

VINDRY (P.) et Cie, rubans façonnés, rubans de
   velours, St-Etienne, Loire.
VIOLÈS (C.), soies gréges et ouvrées, Bollène, Vaucluse.
WALTER aîné (51me), peluches p^r chapell., Metz, Moselle.
WEBER-BLECH (E.), fils de bour. de s. Guebwiller, H.-Rhin.
YÉMÉNIZ, damas, lampas, tissus d'or et de soie
   pour ameublement, Lyon, Rhône.

ÉTRANGERS.

ALIOTH (J.-S.) et Cie, fils de bour. de s., Bâle, Suisse.
ALLEN et OLMES, rubans, soies à coudre, cor-
   donnets, Derby, Angleterre.
ALMGREN (K.-A.), tissus de soie, Stockholm, Suède.
ALSAYO (F.), tissus de soie et crèpes, Barcelone, Espagne.
ALMANRAS fils, soie à coudre, Joyantès, id.
AMANN (J.), tissus de soie, Thalwell, Suisse.
AMSLER (Arnold), tissus de soie, Zurich, id.
ANDREAE (C.), velours et rub., Mülheim-s.-le-R. Prusse.
ANDREIS et BARBERIS, soie gr. et org., Turin, Italie.
ARBENZ et SENN, tissus de soie, Balgrist, Suisse.
ASCOLI (Hélène), soie grége, Podgora, Autriche.
ASSOM fr. (F.-T.), id. Villastellone, Italie.
AVIGDOR aîné et fils, soie gr., bour. soie, Nice, id.
BACHOVEN et VOLLACHWITZ, peluche soie et
   coton, Gerbst, D^é de Dessau.
BACOFER (J.-J.) et fils, rubans soie, Bâle, Suisse.
BAEUMLER (Fr.), crèpe de soie, Ploesberg, Bavière.
BADER frères, tissus de soie, Vienne, Autriche.

BAKER (G.), soie, cap de B.-Espérance.

BAKER TUCKERS et Cie, foulards, Londres, Angleterre.

BALBI-PIOVERA (marquis de), soie gr., Turin, Italie.

BALDESI frères, id. Marradi, id.

BALDINI (L.), id. Pérouse, id.

BALOG (P.-M.), soie grége, Clausenbourg, Autriche.

BANDINI (Ant.), id. Marradi, Italie.

BARBERIS (G.-B.), soie gr. et organsin, Turin, Italie.

BARRAS (J.), tissus de soie, Barcelone, Espagne.

BATI (F.), soie grége, Borgo-San-Lorenzo, Italie.

BARTOLOMMEI (marquis F·) soie gr., Florence, id.

BARY (J. de) et BISCHOFF, rubans soie. Bâle, Suisse.

BAUCHE, écharpes soie, Mexico, Mexique.

BAUMANN et STREULI, tissus de soie, Horgen, Suisse.

BEDER (J.) et Cie, soies à coudre, organsin
et trames, Nedmünster, id.

BELLINO frères, soie grége, Rivoli, Italie.

BERETTA (D.), id., Ancône, id.

BERGMANN (J.-F.) et Cie, taffetas, Elberfeld, Prusse.

BERGUES et Cie, châles de crépe, Barcelone, Espagne.

BETTINI (D.), soie, Reveredo, Autriche

BILLO et AMBERGER, rubans soie, Aarau, Suisse.

BISCHOFF (Ch. et J.), tissus de soie, Bâle, Suisse.

BISCHOFF frères, rubans de soie, id. id.

BLACK et Cie, tissus de soie, Glascow, Angleterre.

BLUMER (P.) et JENNY, bourre de soie, Ancône, Italie.

BOARD (M.), soie, Sidney, Colonies angl.

BOELGER et RINGWALD, soie fantaisie, Zell-en-
Wiesentha, G.-D^é de Bade.

BOLGER (M.), fils de bourre de s., Schoenthal, Suisse.

BOLGER et RINGVALD, id. Zell, id.

BOLMIDA fr. et Cie, soie grége, et org. Turin, Italie.

BOLOGNINI RIMEDIOTTI, soie grége, Pistoie, id.

BORELLI (H.), organsin, Savigliano, Italie.

BORGOGNI et BORGOGNINI, tiss. de soie, Florence, id.

BOSSHARDT frères, id. Zurich, Suisse.

BRAUN (Al.), rubans de crêpe, Vienne, Autriche.

BRAVO (M.) et fils, soies gr. et ouvrées, Turin, Italie.

BRIDGETT et Cie, rubans de soie, Derby, Angleterre.

BRIGANTI BELLINI fr., soies gréges, Osimo, Et.-Pontificaux

BROOKS (Th.), velours unis et faç., Londres, Angleterre.

BRUPBACHER-MULLER, tissus de soie, Zurich, Suisse.

BUJATTI (F.), id. Vienne, Autriche.

BURCKHARDT (J.-B.) et fils, rubans soie, Bâle, Suisse.

BUXTORF-BISCHOFF, id. id. id.

CALEY frères, soieries, Windsor, Angleterre.

CALMELS, cocons, Pondichéry, France (colonies).

CAMOSSI (P.), soie grége, Moncalvo, Italie.

CAMPBELL, HARRISSON et LLOYD, tissus de soie,

Londres, Angleterre.

CAREGGIO-DEMONTÉ, org. trames, Castelrosso, Italie.

CASISSA (F.), soie grége, Novi, id.

CIARANFI (D.-M.), soie grége, Modigliana, id.

CHADWICK (J.), soieries, Manchester, Angleterre.

CHICHIZOLA (G.) et Cie, tissus de soie, Turin, Italie.

CHOBOD-DEBONEL (Cl.), peluch. soie, Lokeren, Belgique.

CHWALLA (A.) et Cie, soies ouvrées, Vienne, Autriche.

CLARKE (Jame), moire antique soie, Londres, Angleterre.

COHEN (S.), soies, Sidney, Angleterre (colonies).

COMBONI frères, soie grége, Limonie, Autriche.

CORNELL, LYEL et WEBSTER, rubans et soieries,

Londres, Angleterre.

COROMINAS (J.), tissus de soie, Barcelone, Espagne.

CORTI frères, soie grége, Milan, Italie.

COURTAULD (S.) et Cie, tissus de soie, Londres, Angleterre.

CURTIS (P.), soie, Sidney, id.

CRITCHLEY, BRINSLEY et Cie, soieries, Londres, Angleterre.

DA SILVA (J.-J.-Alvès), soie ouvrée, Porto, Portugal.

DE BÉTENCOURT (J.-J.), soieries, Lisbonne, id.

DE BRETTON (baron Ch.), soies gr., Moravie, Autriche.

DE CORBORON (comte), soies grég., Famisevec, Autriche.

DELLA RIPA (Laudadio), id. Florence, Italie.

DELAMINET (Chevalier M.), id. Scheerding, Autriche.

DENEGRI (G.-B.), id. Novi, Italie.

DENINA (V.), id. Turin, id.

DEVERINNE (J.), soies, Pundjab, Col. Anglaises

DE DZICDUSZYCKI (comte), soie gr., Zaszecze, Autriche.

DIERGARDT (F.), soieries, Viersen, Prusse.

DIMITRIEVITS (J.), id. Vienne, Autriche.

DISTRICT DE MANCHESTER et SALFORD, peluch., Angleterre.

DOTRÈS et Cie, soies gréges. Valence, Espagne.

DOTRÈS CLAVÉ et FABRA, soies gréges et tulles
      soie, Barcelone, id.

DREYFUS (les fils d'Isaac), rubans soie, Bâle, Suisse.

DUFOUR et Cie, tissus de soie, Thal, id.

DURSELEN frères, id. Viersen, Prusse.

Ecole pour tissage de Damas, tissus de Damas,

      Haida, Autriche.

EDEL-CASTILLOY-POVEA, tissus de soie, Séville, Espagne.

EGLI (J.-C.), tissus de soie, Richterschwell, Suisse.

ENGELMANN (Ch.) et fils, tiss. de soie, Refeld, Prusse.

ERNST (J.-K.), tissus de soie, Neumunster, Suisse.

ESCUDERO (J.), id. Barcelone, Espagne.

ESTRECH (J.-O.), dâmas de soie, id. id.

FABREGAS (F.), tissus de soie, id. id.

FASHOLD (L.), rubans de soie, Vienne, Autriche.

FEER (F.) et Cie, soieries, Aarau, Suisse.

FEOLI (Ag.), soies gréges, Rome, Et -Pontific.

FERRARI (Fr.), id. Codogno, Autriche.

FERRER (J.), tissus de soie, Barcelone, Espagne.
FICHTER et fils, rubans de soie, Bâle, Suisse.
FIERZ (W.) et Cie, tissus de soie, Herrliberg, id.
Filature de soie-fleuret, bourre de soie,
Strazig, Autriche.
Filature Royale, soies gréges, Athènes, Grèce.
FINK (J.), soieries, Vienne, Autriche.
FIORENTINO (A.-R.), soieries, Florence, Italie.
FLAMICH (Vve d'Ant.), id. Vienne, Autriche.
FLURY (J.), id. Uetikon, Suisse.
FONT (D.), rubans de velours, Barcelone, Espagne.
FORMENTO (C.), soies gr. et organs., Turin, Italie.
FORRER-BIEDERMANN (G.), tissus de soie,
Winterthur, Suisse.
FOSSI et BRUSCOLI, soies gréges, Florence, Italie.
FOURNER (A.), soies, Calames, Grèce.
FRANCOZ, soies gréges, Mexico, Mexique.
FRANCESCHINI (J.), soies gréges, Prato, Italie.
FRANCK (J.), rubans soie, Vienne, Autriche.
FRANCK (F.), soieries, id. id.
FREY (J.-F.), rubans soie, Aarau, Suisse.
FREYVOGEL et HEUSLER, rubans soie, Bâle, id.
FRIEDBERG (J.), soies gréges, Essegg, Autriche.
FRISCHLING-ARRESSER et Cie, soieries, Vienne, id.
FUNKE (R.), id. Gladbach, Prusse.
GABALDONI (V.), soies gréges, Gênes, Italie.
GALIMBERTI (C.-G.), soies gr. et ouv., Cella, id.
GARRO (C.), tissus de soie, Barcelone, Espagne.
GAVAZZI (P.), soies, Milan, Italie.
GENICOUD frèr., soies gr. et organs., Turin, id.
GIERLINGS frères, rubans soie, Dulken, Prusse.
GIOVANAZZI (J.), soies gréges, Villuta, Italie.
GHIGLIERI (Ch.) et Cie, soieries, Milan, id.

Gnorpff (R.), rubans,   Bâle, Suisse.
Goldemberg et Seyffert, velours et rubans,
                          Mulheim-sur-le-Rhin, Prusse.
Grau (P.) et Barnole, soies.   Barcelone, Espagne.
Greff (F.-W.), velours et soieries, Viersen, Prusse.
Grosvenor (W.), tis. de soie, Kidderminster, Angleterre.
Grout et Cie, crêpe, gaze,   Londres,   id.
Gruel et Carbi, velours et rubans, Rheydt, Prusse.
Gruber et Phlippi, rubans,   Vienne, Autriche.
Gunther (G.), cocons, soies gr.,   Lambach,   id.
Haas (Ph.) et fils, tissus p. meubles, Vienne, id.
Harpke (Ant.), rubans satin,   id.   id.
Haselmann (Ig),   id.   id.   id.
Hart (I.),   id.   Coventry, Angleterre.
Heimendahl jeune (G.); soies gr. et ouvrées,
                          Barmen, Prusse.
Hell (J.),   soieries.   Vienne, Autriche.
Hell (G.),   id.   id.   id.
Hents (J.-Ant.),   id.   id.   id.
Herzig (J.),   id.   id.   id.
Hetzel et Cie, tissus de soie,   Bâle, Suisse.
Hetzer (Ch.), rubans de soie,   Vienne, Autriche.
Heymann (Ch.) et Cie, gil. et crav., Crefeld, Prusse.
Hill (J.) et Cie, soieries,   Londres, Angleterre.
Hindermann-Merian, rubans soie,   Bâle, Suisse.
Hipp (H.-G.) et Better, soieries,   Crefeld, Prusse.
Hocker (R.-W.),   id.   id.   id.
Hoeffner (J.), soies,   Gratz, Autriche.
Hoff (Ch.), velours, rubans,   Viersen, Prusse.
Hoffmann fils frères, soieries,   Zurich, Suisse.
Hoffmann (E.), soieries,   Bâle,   id.
Hohn et Staubi, id.   Horgen, id.
Hotz frères, bourre de soie,   Heilen, id.

HORNBOSTEL (C.-G.) et Cie, soieries, Vienne, Autriche.

HUISGEN (F. et A.), id. Uerdingen, Prusse.

HUNI-STETTLER, id. Horgen, Suisse.

HURLIMANN - TRUMPLER et Cie, soieries,

Waedenschweil, id.

IMPERATORI (G.), gréges et organs., Intra, Italie.

IMPERATORI et Cie, id. id. id.

JACOBS et BERING, soieries, Crefeld, Prusse.

JARDINE St ANNER et Cie, soies filat., Surdah, Col. Anglaises.

JUNG (R.) et Cie, soies gréges, Elberfeld, Prusse.

KAGI-FIERZ (J.-), tissus de soie, Kussnacht, Suisse.

KEITH et Cie, soieries, Londres, Angleterre.

KELLER (Alb.), soies gr. et organs., Turin, Italie.

KENP-STONE et Cie, soieries, Londres, Angleterre.

KEMPE (Th.), velours et soieries, id. id.

KEPPEL (J.), soies, Roveredo, Autriche.

KISZEWSKI (Ant.), soies gréges, Paradies, Prusse.

KITTESWAITZ (Ch.), rubans soie, Vienne, Autriche.

KLINGER (E.), id. id. id.

KNORR (F.), peluches, Deux-Ponts, Bavière.

KOCHLIN et fils, rubans, Bâle, Suisse.

KOFLER (H.) et Cie. bour. de soie, St-Antoine, Autriche.

KONSTANTOULAKIS (K.), soieries, Hydra, Grèce.

KOSTNER (Alb.), id. Vienne, Autriche.

KRONIG, id. Bielefeld, Prusse.

LAMBERTI (L.) oncle et neveu, soies gréges,

Codogno, Autriche.

LANDIS (H.), soieries, Richterschweil, Suisse.

LANDOLT et Cie, soieries, Kussnacht, id.

LANDWEHR (H.), id. Berlin, Prusse.

LANGEMBECK et Cie, rubans, Barmen, id.

LARDINELLI, soies gréges, Osimo, Et.-Pontific.

LEBRUN (P.), soie grége, Flobecq, Belgique.

LEEMANN (J.) et fils, soieries,   Vienne, Autriche.
LE MARE (J.) et fils, satins-velours, Londres, Angleterre.
LENASSI (R.-A.), soie grége,   Gorice, Autriche.
LENSI (J.) et fils, soieries,   St-Eusèbe, Italie.
LEPORI (Th.), soie grége,   Modigliana, id.
Le ROI DE BURMA,   soieries,   Colonies angl.
LEVIONNOIS-DEKENS,   id.   Alost, Belgique.
LIEBERMANN et AUERBACH, id.   Berlin, Prusse.
LINPOW (H.),   id.   Vienne, Autriche.
LINGENBRINOCK et VIENNEMANN, velours et rub.,
                                         Viersen, Prusse.
LOMBEZZI (Ph.), soie grége, San-Sepolcro,   Italie.
LOPEZ (A.), soies ouvrées,   Barbastro, Espagne.
LOVATI et Cie, soie grége,   Bergame, Autriche.
LUSSI et Cie, soieries,   Seefeld, Suisse.
LYAL et Cie, soies,   Colonies angl.
MAFFIO et ROSSI fr., soie gr.,   Sondrio, Autriche.
MAGISTRIS (P.),   id. et org., Udine,   id.
MAGNANI (E.), soie grége,   Pescia, Italie.
MALET (M.), châles,   Barcelone, 'Espagne.
MALENOTTI (G.), soie grége,   Vicchio, Italie
MANCARDI a. et fr., soie grége et org.. Turin, id.
MANGANOTTI (Ant.), soie,   Vérone, Autriche.
MARGARIT Y LLEONART, soie gr.,   Barcelone, Espagne.
MARGARIT (J.), coc. et soies, Cuadra de Mirallès, id.
MATTIUZI (J.-B.), soie grége,   Varmo, Italie.
MATEU (Vve de P.), châles soie, Barcelone, Espagne.
MASSI (D.), soie grége,   Monterchi, Italie.
MAYER (A.) et fils, soieries,   Vienne, Autriche.
MAZZA (N.), soies ouvrées,   Vérone, Autriche.
MEISWINKEL (F.-H.), velours et rub., Viersen, Prusse.
MENGHIUS frères,   id.   id.   id.
MERTENS (J.-J.), cordonnets,   Geldern, id.

MESAS, soies ouvrées,   Murcie, Espagne.

MEYERSON (L.), châles soie,   Sto'holm, Suède.

MEYER et Cie, soieries,   Zurich, Suisse.

MEYER-WOLF (M.), soieries,   Crefeld, Prusse.

MICHIELI (L.),   id.   Venise, Autriche.

MONTAGNI (J.), soie grége,   Riva,   id.

MONTI (L.),   id.   Borgo-San-Lorenzo, Italie.

MORING (Ch.), rubans soie,   Vienne, Autriche.

MORLACCHI (Vve R.), soie grége,   Ancône, Italie.

MORROS et Bros, soieries,   Barcelone, Espagne.

MOSCA frères, soie grége,   Biella, Italie.

MOSER et Cie, rubans,   Herzogenbuchsee, Suisse.

MOTHWURF (J.), soieries,   Vienne, Autriche.

MUSY (Al.-C.), soie,   Turin, Italie.

MYLIUS (H.) et Cie, soie grége,   Boffalora, Autriche.

NAGLI et Cie, soieries,   Horgen, Suisse.

NAUPLIE (Dème de), soie,   Grèce.

NEUMANN (N.-H.), soieries,   Berlin, Prusse.

NEUMANN frères,   id.   Zurich, Suisse.

NEVIANDT et PFLEIDERER, cravates et fichus,

         Mettmann, Prusse.

NOË frères, soies grégos,   Valenza, Italie.

NOVELLIS (C.-P.), organsins,   Savigliano, id.

NOZ et DIGGOLMANN, soieries,   Zurich, Suisse.

OLIVE (J.),   id.   Barcelone, Espagne.

APPI (G.), soies,   Bologne, Et.-Pontificaux

OSWALD (M.) et Cie, rubans,   Bâle, Suisse.

PADOA (G.),   soie grége,   Cento, Et.-Pontificaux

PELISSERI (L.),   id.   Turin, Italie.

PETRUCCI (C.),   id.   Sienne, id.

PIAZZONI (J.-B.) et fr.,   id.   Adda, Autriche.

PIERI (comte J.),   id.   Sienne, Italie.

PIMENTEL (J.-M.),   soieries,   Porto, Portugal.

Pisler et Kerner,   id.   Crefeld, Prusse.

Pointner,   id.   Vienne, Autriche.

Portalés et Cie, soieries ouvrées, Talavera, Espagne.

Preiswerk et Cie, rubans,   Bâle, Suisse.

Preiswerk (Luc),   id.   id.   id.

Querin (J.), soie grége,   Venise, Autriche.

Rest (J.), châles,   Barcelone, Espagne.

Richard (T.),   soieries, Maennedorf, Suisse.

Rappard et Riepe fr.,   id.   Bruxelles, Belgique.

Roth (G.),   id.   Langgasse, Suisse.

Rothenschwieler-Hunt, id.   Horgen,   id.

Ryhiner et fils, bourre de soie,   Bâle,   id.

Ryhiner (Ch.), rubans,   id   id.

Richter-Linder,   id.   id.   id.

Ragny (C.),   soie grégo,   Sal, Italie.

Rallis (Loucas),   id.   au Pirée, Grèce.

Ravagli (P.),   id.   Marradi, Italie.

Reder (F.), velours,   Vienne, Autriche.

Reichert et fils, soieries,   id.   id.

Rignon (F.) et Cie, gréges,   Turin, Italie.

Ronchetti (P.),   id.   Milan,   id.

Rossing (J.-A.), soies,   Gothembourg, Suède.

Ronconi frères, soie gréges,   Modigliana, Italie.

Rungger (J.-U), soieries,   Coire, Suisse.

Ruschi frères, soie grégo,   Pise, Italie.

Rutschi (S.) et Cie, soieries,   Zurich, Suisse.

Ruffel et Cie,   id.   id.   id.

S. A. Saïn-Pacha, soies et soieries,   Égypte.

Salari (D.), soies gréges,   Suligno, Italie.

Samouri (M.),   id.   Modigliana,   id.

Sanderson (W.) soieries,   Londres, Angleterre.

Santonge (F.), rubans,   Barcelone, Espagne.

Sarasin (J.-F.),   id.   Bâle, Suisse.

Sarasin et Cie, id.	Bâle,	Suisse.
Sassé (Ch.-J.), id.	Cologne,	Prusse.
Scheibler et Cie, id.	Crefeld,	id.
Scheidt et Beckerath, soieries,	id.	id.
Schlick (F.), tulles soie,	Vienne,	Autriche.
Schmid (C.), soieries.	Küssnacht,	Suisse.
Schmidt (H.), id.	Gattikon,	id.
Schmitt (And.), rubans,	Vienne,	Autriche.
Schramm et Van Lumm, id.	Crefeld,	Prusse.
Schreiber (H.), id,	Vienne,	Autriche.
Schroder et Cie, soieries,	Crefeld,	Prusse.
Schroers (G.-H.), id.	id.	id.
Schulthess frères,	id. au Goldbach,	Suisse.
Schwarzenbach frères, id.	Blumental,	id.
Schwarzenbach (J.-J.), id.	Kilchberg,	id.
Schwarzenbach-Landis (J.), id.	Thalweil,	id.
Secchi (F.), soie,	Milan,	Italie.
Segre (S.), id.	Verceil,	id.
Selner fils (J.), soieries,	Dusseldorf,	Prusse.
Sicardi (L.), soies grèges,	Ceva,	Italie.
Sieber (J.-F.), soieries,	Neumunster,	Suisse.
Siebert (Fr.), fichus,	Vienne,	Autriche.
Simon (H.), peluches,	Deux-Ponts,	Bavière.
Simoni frères, soies ouvrées,	Vérone,	Autriche.
Simonetti (prince), soies grèges,	Osimo,	Italie.
Sinigaglia (S.) et frères, soies,	Busca,	id.
Sjogren (Mme Sophie), soieries,	Stockholm,	Suède.
Sollet et Cie, rubans,	Bâle,	Suisse.
Soper (H.), soieries p. parapluies,	Londres,	Angleterre.
Spanraft (F.-M.), soieries,	Vienne,	Autriche.
Specken-Weyermann, soieries,	Dulken,	Prusse.
Staegemann (J.-W.-R.), id.	Crefeld,	id.
Stahelin (B.), rubans,	Bâle,	Suisse.

STAPFER-KOLLA, soieries, Staefa, Suisse.

STAPFER-HUNI et Cie, soieries, Horgen, id.

STAPFER (les fils de J.), id. id. id.

STAUB (É.), id. Maennedorf, id.

STAUBLI (J.), id. Horgen, id.

STEINER (J.) et fils, soie grége, Sala, Italie.

STEINKAULER et Cie, soieries, Mulheim-s.-Rhin, Prusse.

STOFFELA (Ant-D.), soie ouvrée, Roveredo, Autriche.

STOCKER (J.-C.), soieries, Zurich, Suisse.

SULGER et STECKELBERGER, rubans, Bâle, id.

SUREMANN et Cie, soieries, Meilen, id.

SYFRIG (J.-J.), id. Mettmenstetten, id.

SZAYDER (J.), soie grége, Biaty, Autriche.

TACCHI (J.-B.), id. Roveredo, id.

TANI (Th.), id. Figline, Italie.

TAYLOR (J.) et Cie, peluches, Rochdale, Angleterre.

TER MEER et Cie, soieries, Crefeld, Prusse.

TER MEER (A.), id. id. id.

TER MEER KREMER et MAEULER, velours rub.,

Crefeld, id.

THURNEYSEN (F.) et CHRIST, rubans, Bâle, Suisse.

THYS frères, soies à coudre, Anvers, Belgique.

TOEPFFER (G.-A.), soie grége, Stettin, Prusse.

TRAVAGLINO (J.-A.) et fils, soieries, Harlem, Pays-Bas.

TRUMPY jeune et Cie, soies ouvrées, Glaris, Suisse.

USTERI frères, soieries, Zurich, id.

VAGNONE frères, soie grége, Pignerol, Italie.

VALAZZI (L.), id. Pesero, id.

VALGIMIGLI (C.), id. Modigliana, id.

VAN DER WESTEN et Cie, soieries, Crefeld, Prusse.

VAN DER KERKHOFF et KREITZ, soieries, id. id.

VANNER (J.) et fils, soieries, Londres, Angleterre.

VERZA frères, soies, Milan, Italie.

VILANESAN (J.), châles,   Barcelone, Espagne.
VILUMAN frères et Cie, soieries,   id.   id.
VON BECKERATH et Cie, soieries,   Crefeld, Prusse.
VUKASSINOVICH (Ant.), soies gréges,   Fiume, Autriche.
WALFORD, FAIRER et HARRISSON, soieries impr.,
                                           Londres, Angleterre.
WARDLE et Cie, soieries,   id.   id.
WARNER (Mlle), soies,   Port-Macquarie, Col. anglaises.
WASCHKA (T.), peluche,   Vienne, Autriche.
WASHINGTON et DAVISS, soieries,   Londres, Angleterre.
WEIGLE (W.), drapeaux,   Hoheneck, Wurtemberg.
WEISSENBERGER (J.), rubans,   Vienne, Autriche.
WEITLING (W.), rubans,   New-York, Amérique.
WERDMULLER-STOCKER, soieries,   Wetzikon, Zurich.
WIDMER et NAGELI,   id.   Horgen, Suisse.
WIEFEL et Cie,   id.   Crefeld, Prusse.
WILSON, CASEY et Cie,   id.   Londres, Angleterre.
WINKLER (J.-J.),   id. Schwerzenbach, Suisse.
WIRZ et Cie,   id.   Seefeld,   id.
WOLF (M.-M.), soieries,   Crefeld, Prusse.
WOITECH (F.),   id.   Vienne, Autriche.
WHRIG (S.-J.) et Cie, soies,   Derby, Angleterre.
WUNDERLI et NUSSBAUMER, soieries,   Zurich, Suisse.
WUNSTER (H.), soies,   Brunzlau-sur-Bober, Prusse.
ZAULI et SIGNANI, soie grége,   Modigliana, Italie.
ZAVAGLI (P.),   id.   Palazzuolo, id.
ZINGGELER, frères, soieries, Waedenschweil, Suisse.
ZUPPINGER (H.) DE GEROLD et Cie, bour. de soie,
                                           Eichtal, Suisse.
ZUPPINGER (J.), soieries,   Maennedorf, id.
ZURRER (J.)   id.   Hausen, id.

EXPOSITION ITALIENNE

de 1861

INDUSTRIE DES SOIES.

GREGES.

ABBARCHI (Caterina),	Borgo-San-Lorenzo.
ABBATI (Pietro),	Parme.
ACHIARDI (D' Aw. Giuseppe),	Pise.
ACQUAVIVA (conte Carlo),	Giulianova.
ADUCCI (Giuseppe di Angelo),	Rimini.
ALDANI (Luigi),	Urgnano.
ALBERGO (R.) dei Poveri,	Palerme.
ANTONI (Cesare DE),	Milan.
ARCANGIOLI (Agostino),	Pistoie.
ASCOLI (Abramo),	Terni.
Associazione agric. di Corto Palasio,	Lodi.
ASSOM (Tommaso et Ferdinando) fr.,	Villastellone.
BALDESI (Giuseppe et Francesco) fr.	Marradi.
BANCALARI GIÒ, ETTORE,	Chiavari.
BANDINI (Luigi) et frères,	Marradi.
BARTOLI (Michel) et Cie,	Pistoie.
BASSANI (Giovanni),	Marradi.
BATI (Enrico),	Lucques.

Bavazzano (Gio),	Alexandrie.
Bellini (Sébastien),	Pistoie.
Bellino frères,	Rivoli.
Beretta (Cav.),	Colle di San Ciriaco.
Beretta frères,	Padenghe.
Bernardi (Francesco),	San-Giovanni.
Bertarelli (Constantin),	Crémone.
Biondi et Ferreti,	Camerata.
Bolognini Rimediotti (A.),	Pistoie.
Bonacina frères,	Bernareggio.
Bozzetti (Cesare) et Cie,	Milan.
Bravo (Michel) et fils,	Turin et Pignerol.
Briganti Bellini frères,	Osimo.
Bruschi (Pietro),	Borgo-San-Lorenzo.
Cantini Borgognini et Cie,	Florence.
Cao (César),	Sondrio.
Capanni (Luigi) et fils,	Cascia.
Cardosi-Carrara,	Barga.
Carradori (comte Giuseppe),	Osimo.
Casali (Alexandre),	Asolo.
Casini (Antoine),	Ruffina.
Casissa (Francesco-Vincenzo) et fils,	Novi.
Cassago (Antoine),	Botticino Mattina.
Cecca Natale,	Terni.
Cecconi (Angiolo),	Jolo.
Ceriana frères,	Turin.
Ceriona frères,	id.
Chisoli (Antoine),	Brignano.
Civiniani (Ludovic),	Pistoie.
Coduri (Serafina),	Côme.
Cojani (Paul et Vincenzo),	Saliera.
Colombo (Francesco),	Ceva.
Comboni frères,	Limone.

COMUNE DE MONDOLFO,	Urbino et Pesaro.
CONTI (Onorato),	Grottazzolina.
CORNA (Giovanni) et RIZZI (Niccola),	Pisogne Valle Camonica.
CONTI frères,	Castano.
COSTA frères,	Mondovi.
COZZA (Giovanni),	Orvieto.
COZZI-ANDREI,	Sinalunga.
CRESTINI (Domencio et Angelo),	id.
CROS (Beniamino),	Pise.
DEFILIPPI MARZAGORA et SOCI,	Meina.
DELPRINO (Michel),	Vesine.
DENEGRI (Gio. Battista fu Antonio),	Novi.
DIENA (Joseph),	Modène.
DUMONTEL (Gilbert),	Carru.
FANTINI (Sébastien),	Tredozio.
FARAGLIA (Marius),	Terni.
FENILI (Charles),	Grottamare.
FERRI (Joseph) et fils,	Grosseto.
FERRARI (Francesco),	Codogno.
FILIPPI (Louis),	Cuneo.
FILIPPUCCI (Nicolo),	Osimo.
FORMIGLI PELEGRIN,	Vicchio.
FOSSI et BRUSCOLO,	Florence.
FOSSOMBRONE (comte de)	Fossombrone.
FRADELLONI,	Guglielmo.
FRANCHI frères,	San-Bartholommeo.
FUNGHINI (Vincenzo),	Arezzo.
GADDUM (F.-E.),	Torre Pellice.
GALATTI (Giacomo),	Villaggio del Faro superiore.
GALLINI (Fiorenzo),	Campiglia.
GAVAZZI (Pierre),	Desio.
GAZZOLINO (B.),	Cervicati.
GENOCCHI (Giovan-Batta),	Racenza.

Gentilini (Augusto),	Pescia.
Gherardi (Gherardo),	Barga.
Giannelli (Francesco),	Rocca San-Casciano.
Gianetti (Giustino) et frères,	Pistoie.
Giardinieri frères,	Osimo.
Giovanelli (Amatco),	Pesaro.
Giovannoni (Joseph),	Florence.
Gnecchi (fils de G.-A.),	Milan.
Gori (comte Auguste),	Sinalunga.
Govoni frères,	Pieve di Cento.
Grassi (Francesco et Louis),	Santa-Maria-Maggiore.
Grassi (Valentin).	Pistoie.
Greco (del),	Arezzo.
Gregori (Joseph),	Treviglio.
Guidi (Demenico),	Urbania.
Guidacci (Giovanni),	Arezzo.
Hoz (Corrado),	Fossombrone.
Jaeger et Cie,	Messine.
Instituto agrario di Corte,	Lodi.
Lamberti di Luigi Nicoti,	Codogno.
Lardinelli (Benedetto),	Osimo.
Lega (Michel),	Brisighella.
Levi (Elia ed Emanuel),	Vercelli.
Lombezzi (Filippo),	San-Sepolcro.
Lucchesi (Domenico) et Marinelli,	Arezzo.
Luzzi (Assunta),	Pieve San-Giovanni.
Maffei,	Volterra.
Maghini et Rovagli,	Marradi.
Magnani (Ernest),	Florence.
Magnani (Georges et Auguste .ils,	Pescia.
Mancini (Antoine),	Arezzo.
Mancini (Gaetano),	Osimo.
Manusi (Giulio),	Telgate.

Manzini (Pierre),	Marano.
Martinucci (Marguerite),	Pitigliano.
M/ ' (Olivo),	Capannoli.
M.... (Dominique),	Toscane.
Massina (Louis),	Calvenzano.
Mazza (Joseph),	Oleggio.
Mazzi (Marianna),	Ricci Meldola.
Mazzotti (Francesco),	Modigliana.
Menada (Giacomo),	Valenza.
Modena (Abram di Reggio),	Modène.
Mondelli (Joseph),	Còmo.
Montagno (Louis),	Parme.
Monte (Del) Vedaste,	Pesaro.
Montemagni (Philippe),	Pistoie.
Monti (Lorenzo),	Borgo-San-Lorenzo.
Mori (Cesare),	Fermo.
Moschetti (Angelo),	Boves.
Moschetti (Joseph),	Verzuolo.
Musumeci (Indelicato),	Acireale.
Natoli (Aiello Domenico),	Patti.
Feffetti (Angiolo),	Santa-Sofia.
Nicolai (Louis),	Rascina.
Nieri et Lemi,	Lucca.
Nigra (Joseph),	Sartirana.
Offi (Joseph),	Bologne.
Ottaviani (Laurent),	Messine.
Padoa (Pelegrin),	Cento.
Padovani frères,	Cologne.
Parodi (Pierre),	Savone.
Pasqui (Zarrobi),	Impruneta.
Pastacaldi (Federigo),	Pistoie.
Pazzi (Tito),	Rocca-San-Casciano.
Pedinotti (Giovanni),	Fossombrone.

PERINETTI (Carlo),	Piacenza.
PIANI et RAVAGLI,	Marradi.
PIATTI et Cie,	Piacenza.
PIAZZONI (Gio),	Bergame.
PICESA (Francesco) et Cie,	Canelli.
PICCALUGA (Emmanuele),	Centuriona.
PIERI (Nerli),	Sienne.
PINETTI et SAVOLDINI,	Martinengo.
PIZZETTI (Ferdinand),	Parme.
QUERCI (Michel),	Solajo.
RAGONESI et PAZZI,	Meldola.
RIGONE (Vincenzo),	Vigevano.
RIZZOLI (Giovanni),	Pieve di Cento.
ROCCETTI (Domenico),	Filottrano.
RAMANELLI (Antoine),	Arezzo.
ROMANI (Baldassare),	Borgo.
RONCHETTI frères,	Cambiago.
RONCHI (Ciro),	Meldola.
RONCIONI (Francesco),	Pise.
RONCONI (Louis-Joseph) et frères,	Modigliano.
RONCONI (Louis),	id.
ROSSI (Gaspard) et frères,	Pontassieve.
ROSSI fr., MAFFIO et frères ROSSI,	Sondrio.
ROSSINI (Giovanni),	Terni.
ROTA (Antoine),	Chiari.
RUSCHI frères,	Calci.
SALARI (Domenico),	Foligno.
SALIMBENI (comte Leonardo),	Modène.
SANDRUCCI frères,	San-Casciano
SANLEONINI (Gabriel),	Lupinari.
SARI (Baldassare),	Lucca.
SAVORELLI,	Côme.
SCERLERA SOPRANI (Marie),	Codogna.

Sciacca (Emmanuele),	Patti.
Scotti (Mejean) et Cie,	Pescia.
Segre (Sanson),	Vercelli.
Semenza (Louis),	Verolanuova.
Sessa di Pietro frères,	Milan.
Sicardi (Laurent),	Cève.
Silvestri et Tranquilli,	Ascoli.
Sinigaglia (Salomone) et Cie,	Busca.
Solari (Michel),	Chiavari.
Spano (Louis),	Cagliari.
Stabilimento (Serico),	Rossiglione.
Steiner (Giovanni) et fils,	Sala.
Tarditi (Philippe) et Cie,	Bra.
Tassinari et Fiorentini,	Dovadola.
Tenuta (R.),	Arezzo.
Test (Léopold),	Pistoie.
Tomasoni (Joseph),	Jesi.
Toni (Francesco),	Poreta.
Toti (Gaetano),	Montaltuzzo.
Treves (Samuel),	Vercelli.
Triulei (Antoine),	Sermezzo.
Turchini (Emile et Irénée),	Cafaggio.
Vagnone frères,	Pignerol.
Vannucci (Joseph),	Pontelungo.
Vecchi (Todi),	Reggio.
Velazzi (Louis),	Pesaro.
Venerandi (Gaetano),	id.
Vermigli (Raphaël),	Falerone.
Verza frères,	Canzo.
Viola (Giovanni-Notaro),	Cairo.
Zamaro (Francesco),	Batticino Sera.
Zanoli (Louis),	Cesena.
Zuppinger Siber et Cie,	Bergame.

SOIÈS OUVRÉES.

Albergo (R.),	Palerme.
Bisetti (Antoine),	Caserta.
Bozzotti (César) et Cie,	Milan.
Bravo (Michel) et fils,	Turin.
Bruni (Francisque),	Milan.
Cantini Borgognini et Cie,	Florence.
Carceri (Marie),	Chieti.
Ceriana frères,	Turin.
Colombo (Francesco),	Ceva.
Ferrari (Francesco d'Antoine),	Codogne.
Franchi frères, fu Attilio,	San-Bartolommeo.
Frontini (Saba),	Milan.
Gaddum (F.-B.),	Torre Pellice.
Gavazzi (Pietre)	Desio.
Guglielmini (Antoine),	Milan.
Gullotti (Artale),	Patti.
Kutti (Pierre),	Côme.
Mangano (Antoine),	Messine.
Mondelli (Joseph),	Côme.
Moschetti (Gio),	Boves.
Moschetti (Joseph),	Verzuolo.
Olivieri (Raphael),	Caramanico.
Porro (Pierre),	Vill'Albere.
Reller (Albert),	Turin.
Ronchetti frères,	Cambiago.
Scoti Méjean et Cie,	Pescia.
Sessa di Pietro frères,	Milan.
Simonetti et Rinaldo frères,	Osimo.
Sinigaglia (Salomon),	Cunéo.

Stabilimento serica La Providenza,	Rossiglione.
Surlera-Soprauli (Marie),	Milan.
Tani (Philippe),	Viesca.
Turchini (Emile et Irénée),	Cafaggio.
Turri (Félix),	Côme.
Vecchi (Todi),	Reggio.
Verri (L.) et Orseniga,	Milan.
Zuppinger Siber et Cie,	Bergame.

SOIERIES.

Albergo (R.),	Palerme.
Aldovrandi (Joseph),	Bologne.
Aliotta (Natale),	Palerme.
Arvolti (Joseph),	Rome.
Bedronici (F.),	Modigliano.
Bellacomba frères,	Turin.
Belletti (Girolamo),	Bologne.
Berizzi (Stephane),	Bergame.
Bertarelli (Constantin),	Cremone.
Bevilacqua (Marius) et fils,	Lucca.
Binda (Ambroise),	Milan.
Borgogni et Borgognini,	Florence.
Brivio (Ferdinand),	Milan.
Campana frères,	Gandino.
Cattaneo et Pettiti,	Turin.
Cecconi et Santini,	Lucca.
Chichizola et Cie,	Turin.
Comune di Mondolfo,	Urbino.
Corti (G.),	Côme.

Conti frères,	Costano.
Costa, Siravegna et Cie,	Turin.
Crestofari (Pierre) et fils,	Florence.
Devalle (Célestin),	Turin.
Ferrari frères,	Genève.
Fiorentino (A.-R.),	Florence.
Franceschini (Joseph),	id.
Franchi frères,	San-Bartolommeo.
Frullini (Francesco),	Florence.
Gallarini (Charles),	Milan.
Ghelli (Antoine),	Ravenne.
Ghersi et Cie,	Turin.
Ghiglieri et Cie,	Milan.
Giannini (Hippolyte),	Florence.
Girolimini frères,	Jesi.
Giussani (Philippe),	Milan.
Graffelder (Antoine),	Treviglio.
Guillot (Joseph) et Cie,	Turin.
Janin (Giovanni),	Zoagli.
Lazzeri (Rosa),	Lucca.
Liverani (Pierre),	Faenza.
Lunghetti (Joseph) et fils,	Sienne.
Manetti frères,	Navacchio.
Mangano (Antoine),	Messine.
Manufacture de Tasca (Louis),	Turin.
Massa (Francesco),	Imola.
Melloni et Cie,	Bologne.
Melloni (Ulysse),	id.
Meo (Francesco),	Messine.
Morvillo frères,	Palerme.
Mungai sœurs,	Lucca.
Musumeci (Francesco),	Acireale.
Osnago (G.-A.),	Milan.

Pappalardo (Raphaël),	Acireale.
Paradiso (Joseph),	id.
Peirano (Ambroise),	Chiavari.
Pennisi (Thomas),	Acireale.
Piatti et Cie,	Piacenza.
Piazzoni frères,	Bergame.
Pieri (Auguste),	Florence.
Rampoldi (Daniel),	Côme.
Riva (Francesco) et Cie,	Côme.
Rossi (Louis),	id.
Rossi frères,	Sondrio.
Royal Conservatoire d'Education,	Pistoie.
Sabbatini-Santi,	Jesi.
Société industrielle,	Terra di Lavoro.
Solei (Bernard),	Turin.
Tallinucci (Albina),	Barga.
Tantini (Girolamo),	Florence.
Travella et Casella,	Côme.
Valvo (Pascal),	Portici.
Varenna (Joseph),	Monza.
Viola (Rosario),	Acireale.
Viola (Rosavio) et Patané,	id.
Zavagli frères,	Palazzuolo.

PRIX DE REVIENT NET

Pour l'Acheteur des Soies Gréges 11/13 et Organsins 24/26, filées et ouvrées avec des Cocons du Levant, achetés à Marseille à la Commission.

PRIX D'ACHAT du kilog. de Cocons.	3 K. 500		3 K. 600		3 K. 700		3 K. 800	
	GRÉGE.	ORGANSIN.	GRÉGE.	ORGANSIN.	GRÉGE.	ORGANSIN.	GRÉGE.	ORGANSIN.
	Comptant.	Cond. de Lyon	Comptant.	Cond. de Lyon	Comptant.	Cond. de Lyon	Comptant.	Cond. de Lyon
16 »	68 25	89 25	70 »	91 25	71 50	93 »	73 25	95 »
16 50	70 »	91 25	71 75	93 25	73 50	95 25	75 25	97 50
17 »	71 75	93 25	73 50	95 25	75 25	97 50	77 »	99 50
17 50	73 75	95 75	75 50	97 75	76 25	98 50	79 »	101 75
18 »	75 50	97 75	77 25	99 75	79 »	101 75	81 »	104 »
18 50	77 25	99 75	79 25	102 »	81 »	104 »	83 »	106 50
19 »	79 »	101 75	81 »	104 »	83 »	106 50	85 »	108 75
19 50	80 75	103 75	82 75	106 25	84 75	108 50	87 »	111 »
20 »	82 75	106 25	84 75	108 50	86 75	110 75	88 75	113 »
20 50	84 50	108 25	86 50	110 50	88 75	113 »	90 75	115 50
21 »	86 25	110 25	88 50	112 75	90 50	115 25	92 75	117 75
21 50	88 »	112 25	90 25	114 75	92 50	117 75	94 75	120 »
22 »	89 75	114 25	92 »	117 »	94 25	119 50	96 75	122 50
22 50	91 75	116 50	94 »	119 25	96 25	121 75	98 50	124 50
23 »	93 50	118 75	95 75	121 25	98 25	124 25	100 50	126 75
23 50	95 25	120 75	97 75	123 50	100 »	126 25	102 50	129 »
24 »	97 »	122 75	99 50	125 50	102 »	128 50	104 50	131 50
24 50	98 75	124 75	101 25	127 75	104 »	130 75	106 50	133 75
25 »	100 75	127 »	103 25	130 »	105 75	133 »	108 50	136 »

RIX D'ACHAT du kilog. de Cocons.	3 K. 800		4 K. 000		4 K. 100		4 K. 200	
	GRÉGE.	ORGANSIN.	GRÉGE.	ORGANSIN.	GRÉGE.	ORGANSIN.	GRÉGE.	ORGANSIN.
	Comptant.	Crd de Lyon	Comptant.	Crd de Lyon	Comptant.	Crd de Lyon	Comptant.	Crd de Lyon
16 »	74 75	96 75	76 50	98 75	78 »	100 50	79 75	102 75
16 50	76 75	99 »	78 50	101 25	80 25	103 25	82 »	105 25
17 »	78 75	101 50	80 50	103 50	82 25	105 50	84 •	107 50
17 50	80 75	103 75	82 75	106 25	84 50	108 25	86 25	110 25
18 »	82 75	106 25	84 75	108 50	86 50	110 50	88 50	112 75
18 50	84 75	108 50	86 75	110 75	88 75	113 »	90 50	115 25
19 »	87 »	111 »	88 75	113 »	90 75	115 50	92 75	117 75
19 50	89 »	113 50	91 »	115 75	93 »	118 »	95 »	120 25
20 »	91 »	115 75	93 »	118 »	95 »	120 25	97 »	122 75
20 50	93 »	118 »	95 »	120 25	97 25	123 »	99 »	125 »
21 »	95 »	120 25	97 »	122 75	99 25	125 25	101 50	128 »
21 50	97 »	122 75	99 25	125 25	101 50	128 »	103 50	130 25
22 »	99 »	125 »	101 25	127 75	103 50	130 25	105 75	133 »
22 50	101 »	127 25	103 25	130 »	105 50	132 50	108 »	135 50
23 »	103 »	129 75	105 25	132 25	107 75	135 25	110 »	137 75
23 50	105 »	132 »	107 25	134 50	109 75	137 50	112 25	140 50
24 »	107 »	134 25	109 50	137 25	112 »	140 25	114 50	143 »
24 50	109 »	136 75	111 50	139 50	114 »	142 50	116 50	145 25
25 »	111 »	139 »	113 50	142 »	116 25	145 »	118 75	148 »

PRIX D'ACHAT du kilog. de Cocons.	4 K. 300		4 K. 400		4 K. 500		4 K. 600	
	GRÉGE.	ORGANSIN.	GRÉGE.	ORGANSIN.	GRÉGE.	ORGANSIN.	GRÉGE.	ORGANSIN.
	Comptant	Cond. de Lyon	Comptant	Cond. de Lyon	Comptant	Cond. de Lyon	Comptant	Cond. de Lyon
16 »	81 50	104 75	83 »	106 50	84 75	108 50	86 25	110 25
16 50	83 50	107 »	85 25	109 »	87 »	111 »	88 75	113 »
17 »	85 75	109 50	87 50	111 75	89 25	113 75	91 »	115 75
17 50	88 »	112 25	89 75	114 25	91 75	116 50	93 50	118 75
18 »	90 25	114 75	92 25	117 25	94 »	119 25	95 75	121 25
18 50	92 50	117 50	94 50	119 75	96 25	121 75	98 25	124 25
19 »	94 75	120 »	96 75	122 50	98 50	124 50	100 50	126 75
19 50	97 »	122 75	99 »	125 »	101 »	127 25	103 »	129 75
20 »	99 25	125 25	101 25	127 75	103 25	130 »	105 25	132 25
20 50	101 25	127 75	103 50	130 25	105 50	132 50	107 75	135 25
21 »	103 »	130 25	105 75	133 »	107 75	135 25	110 »	137 75
21 50	105 75	133 »	108 »	135 50	110 25	138 »	112 50	140 75
22 »	108 »	135 50	110 25	138 »	112 50	140 50	114 75	143 25
22 50	110 »	137 75	112 50	140 75	114 75	143 25	117 25	146 25
23 »	112 50	140 75	114 75	143 25	117 25	146 25	119 50	148 75
23 50	114 75	143 25	117 »	146 »	119 50	148 75	122 »	151 75
24 »	116 75	145 50	119 25	148 50	121 75	151 50	124 25	154 50
24 50	119 »	148 50	121 50	151 25	124 »	154 »	126 75	157 25
25 »	121 25	151 »	123 75	153 75	126 50	157 »	129 »	160 »

PRIX D'ACHAT du kilog. de Cocons.	4 K. 700		4 K. 800		4 K. 900		5 K. 000	
	GRÉGE. Comptant.	ORGANSIN. Cond. de Lyon.	GRÉGE. Comptant.	ORGANSIN. Cond. de Lyon	GRÉGE. Comptant.	ORGANSIN. Cond. de Lyon	GRÉGE. Comptant.	ORGANSIN. Cond. de Lyon
16 »	88 »	112 25	89 75	114 25	91 25	116 »	93 »	118 »
16 50	90 50	115 25	92 25	117 25	93 75	119 »	95 50	121 »
17 »	92 75	117 75	94 50	119 75	96 25	121 75	98 »	123 75
17 50	95 25	120 75	97 »	122 75	98 75	124 75	100 50	126 75
18 »	97 75	123 50	99 50	125 50	101 50	128 »	103 25	130 »
18 50	100 »	126 25	102 »	128 50	103 25	130 »	105 75	133 »
19 »	102 50	129 »	104 50	131 50	106 50	133 75	108 50	136 »
19 50	105 »	132 »	107 »	134 25	109 »	136 75	111 »	139 »
20 »	107 25	134 50	109 50	137 25	111 50	139 50	113 75	142 »
20 50	109 75	137 50	112 »	140 25	114 »	142 50	116 25	145 »
21 »	112 25	140 50	114 25	142 75	116 50	145 25	118 75	148 »
21 50	114 75	143 25	116 75	145 50	119 »	148 25	121 25	151 »
22 »	117 »	146 »	119 25	148 50	121 50	151 25	123 75	153 75
22 50	119 50	148 75	121 75	151 50	124 »	154 »	126 50	157 »
23 »	122 »	151 75	124 25	154 50	126 50	157 »	129 »	160 »
23 50	124 25	154 50	126 75	157 25	129 25	160 25	131 50	162 75
24 »	126 75	157 »	129 25	160 25	131 75	163 »	134 25	166 »
24 50	129 25	160 25	131 75	163 »	134 25	166 »	136 75	169 »
25 »	131 50	162 75	134 25	166 »	136 75	169 »	139 25	171 75

PRIX DE REVIENT NET

Pour l'Acheteur des Soies ouvrées à façon provenant des Grèges achetées à Marseille à la Commission.

BASES.

Achat à Marseille, comptant sans escompte, Commission d'achat 2 %. Courtage 1/3. %. Menus frais à Marseille, voiture au moulin, condition, emballage, voiture à destination, 0, 70 cent. par k°. Ducroire à l'ouvraison 1 %. Agio 60 jours, en moyenne 1 %.

PRIX DE FABRICATION.

PRIX des soies.	8 francs.		9 francs.		10 francs.		11 francs.	
	Compté.	Grand de Lyon	Compté.	Grand de Lyon	Compté.	Grand de Lyon	Compté.	Grand de Lyon
50	60 87	70 83	61 87	71 96	62 87	73 17	63 87	74 34
51	61 91	72 01	62 91	73 22	63 91	74 39	64 91	75 55
52	62 95	73 26	63 95	74 43	64 95	75 59	65 95	76 76
53	64 »	74 49	65 »	75 66	66 »	76 83	67 »	77 95
54	65 04	75 71	66 04	76 88	67 04	78 5	68 04	79 21
55	66 08	76 92	67 08	78 04	68 08	79 25	69 08	80 42
56	67 13	78 10	68 13	79 31	69 13	80 48	70 13	81 64
57	68 17	79 36	69 17	80 53	70 17	81 69	71 17	82 86
58	69 21	80 57	70 21	81 73	71 21	82 90	72 21	84 07
59	70 26	81 79	71 26	82 96	72 26	84 13	73 26	85 30
60	71 30	83 »	72 30	84 17	73 30	85 35	74 30	86 50
61	72 35	84 83	73 35	85 40	74 35	86 55	75 35	87 73
62	73 40	85 46	74 40	86 62	75 40	87 80	76 40	88 95
63	74 45	86 68	75 45	87 85	76 45	89 »	77 45	90 18
64	75 50	87 91	76 50	89 07	77 50	90 25	78 50	91 41
65	76 50	89 07	77 50	90 25	78 50	91 45	79 50	92 58
66	77 55	90 30	78 55	91 47	79 55	92 65	80 55	93 80
67	78 60	91 52	79 60	92 69	80 60	93 85	81 60	95 02
68	79 65	92 75	80 65	93 91	81 65	95 10	82 65	96 24
69	80 70	93 97	81 70	95 14	82 70	96 30	83 70	97 47
70	81 75	95 20	82 75	96 36	83 75	97 55	84 75	98 70
71	82 80	96 42	83 80	97 59	84 80	98 75	85 80	99 83
72	83 82	97 61	84 82	98 78	85 82	100 »	86 82	101 11
73	84 85	98 81	85 85	99 88	86 85	101 15	87 85	102 31
74	85 90	99 94	86 90	101 20	87 90	102 35	88 90	103 53
75	86 95	101 26	87 95	102 43	88 95	103 55	89 95	104 76

PRIX des pièces.	PRIX DE FABRICATION.							
	12 francs.		13 francs.		14 francs.		15 francs.	
	Chaque	Coût de bras	Chaque	Coût de bras	Chaque	Coût de bras	Chaque	Coût de bras
50	64 87	75 50	65 87	76 66	66 87	77 84	67 87	78 96
51	65 91	76 72	66 91	77 89	67 91	79 »	68 91	80 22
52	66 95	77 93	67 95	79 05	68 95	80 26	69 95	81 43
53	68 »	79 16	69 »	80 33	70 »	81 49	71 »	82 66
54	69 04	80 38	70 04	81 54	71 04	82 71	72 04	83 88
55	70 08	81 58	71 08	82 75	72 08	83 92	73 08	85 09
56	71 13	82 81	72 13	83 98	73 13	85 15	74 18	86 31
57	72 17	84 03	73 17	85 20	74 17	86 36	75 17	87 53
58	73 21	85 24	74 21	86 40	75 21	87 57	76 21	88 73
59	74 26	86 46	75 26	87 63	76 26	88 79	77 26	89 96
60	75 30	87 67	76 30	88 83	77 30	90 »	78 30	91 17
61	76 35	88 89	77 35	90 06	78 35	91 23	79 35	92 40
62	77 40	90 10	78 40	91 39	79 40	92 46	80 40	93 62
63	78 45	91 35	79 45	92 52	80 45	93 68	81 45	94 85
64	79 50	92 58	80 50	93 74	81 50	94 91	82 50	96 07
65	80 50	93 74	81 50	94 91	82 50	96 07	83 50	94 24
66	81 55	94 97	82 55	96 13	83 55	97 30	84 55	98 47
67	82 60	96 18	83 60	97 35	84 60	98 52	85 60	99 59
68	83 65	97 41	84 65	98 58	85 65	99 65	86 65	100 90
69	84 70	98 64	85 70	99 71	86 70	100 97	87 70	102 14
70	85 75	99 77	86 75	101 03	87 75	102 20	88 75	103 36
71	86 80	101 09	87 80	102 26	88 80	103 42	89 80	104 59
72	87 82	102 28	88 82	103 44	89 82	104 61	90 82	105 78
73	88 85	103 47	89 85	104 64	90 85	105 81	91 85	106 98
74	89 90	104 70	90 90	105 87	91 90	107 04	92 90	108 20
75	90 95	105 93	91 95	107 10	92 95	108 26	93 95	109 43

PRIX des céréales.	PRIX DE FABRICATION							
	8 francs.		9 francs.		10 francs.		11 francs.	
	Comptant.	Créd de Lyon	Comptant.	Créd de Lyon	Comptant.	Créd de Lyon	Comptant.	Créd de Lyon
76	88 »	102 49	89 »	103 66	90 »	104 80	91 »	106 »
77	89 05	103 72	90 05	104 85	91 05	106 05	92 05	107 22
78	90 10	104 94	91 10	106 11	92 10	107 25	93 10	108 44
79	91 15	106 17	92 15	107 33	93 15	108 50	94 15	109 66
80	92 17	107 36	93 17	108 53	94 17	109 70	95 17	110 86
81	93 20	108 56	94 20	109 72	95 20	110 90	96 20	112 07
82	94 25	109 78	95 25	110 95	96 25	112 15	97 25	113 29
83	95 30	111 »	96 30	112 18	97 30	113 35	98 30	114 50
84	96 35	112 24	97 35	113 40	98 35	114 55	99 35	115 73
85	97 40	113 46	98 40	114 62	99 40	115 80	100 40	116 96
86	98 45	114 68	99 45	115 85	100 45	117 »	101 45	118 18
87	99 50	115 91	100 50	117 08	101 50	118 25	102 50	119 42
88	100 50	117 08	101 50	118 25	102 50	119 45	103 50	120 58
89	101 55	118 30	102 55	119 48	103 55	120 70	104 55	121 80
90	102 60	119 54	103 60	120 70	104 60	121 90	105 60	123 03
91	103 05	120 75	104 65	121 91	105 05	123 10	106 05	124 14
92	104 70	121 97	105 70	123 14	106 70	124 30	107 70	125 47
93	105 75	123 20	106 75	124 26	107 75	125 55	108 75	126 71
94	106 80	124 32	107 80	125 59	108 80	126 80	109 80	127 93
95	107 80	125 59	108 80	126 80	109 80	128 »	110 80	129 09
96	108 85	126 82	109 85	127 98	110 85	129 20	111 85	130 31
97	109 90	128 04	110 90	129 20	111 90	130 40	112 90	131 53
98	110 95	129 26	111 95	130 43	112 95	131 60	113 95	132 76
99	112 »	130 49	113 »	131 66	114 »	132 85	115 »	134 »
100	113 05	131 72	114 05	132 90	115 05	134 05	116 05	135 22

PRIX DE FABRICATION.

PRIX des céréales.	12 francs.		13 francs.		14 francs.		15 francs.	
	Comptant.	Cond. de Lyon	Comptant.	Cond. de Lyon	Comptant.	Cond. de Lyon	Comptant.	Cond. de Lyon
76	92 »	107 16	93 »	108 33	94 »	109 49	95 »	110 66
77	93 05	108 39	94 05	109 55	95 05	110 72	96 05	111 90
78	94 10	109 60	95 10	110 77	96 10	111 95	97 10	113 11
79	95 15	110 83	96 15	112 01	97 15	113 17	98 15	114 33
80	96 17	112 04	97 17	113 20	98 17	114 36	99 17	115 53
81	97 20	113 23	98 20	114 39	99 20	115 56	100 20	116 73
82	98 25	114 45	99 25	115 60	100 25	116 79	101 25	117 95
83	99 30	115 67	100 30	116 84	101 30	118 »	102 30	119 18
84	100 35	116 90	101 35	118 06	102 35	119 24	103 35	120 40
85	101 40	118 12	102 40	119 30	103 40	120 46	104 40	121 62
86	102 45	119 36	103 45	120 52	104 45	121 68	105 45	122 85
87	103 50	120 58	104 50	121 74	105 50	122 91	106 50	123 97
88	104 50	121 74	105 50	122 91	106 50	123 97	107 50	125 24
89	105 55	122 97	106 55	124 03	107 55	125 30	108 55	126 48
90	106 60	124 09	107 60	125 36	108 60	126 54	109 60	127 70
91	107 65	125 41	108 65	126 59	109 65	127 75	110 65	128 91
92	108 70	126 65	109 70	127 81	110 70	128 97	111 70	130 14
93	109 75	127 87	110 75	129 03	111 75	130 20	112 75	131 36
94	110 80	129 09	111 80	130 26	112 80	131 42	113 80	132 59
95	111 80	130 26	112 80	131 42	113 80	132 59	114 80	133 77
96	112 85	133 82	113 85	132 64	114 85	133 82	115 85	134 98
97	113 90	132 70	114 90	133 88	115 90	135 04	116 90	136 20
98	114 95	133 94	115 95	135 10	116 95	136 26	117 95	137 43
99	116 »	135 16	117 »	136 33	118 »	137 49	119 »	138 65
100	117 05	136 39	118 05	137 55	119 05	138 71	120 05	139 88

LE
COMMERCE SÉRICICOLE

ONZIÈME ANNÉE

REVUE INDUSTRIELLE, COMMERCIALE ET AGRICOLE,

DONNANT LA CONDITION ET LA COTE DES SOIES DES DIVERSES PLACES, LE PRIX DES COCONS,

DES LAINES, DES COTONS, DES GARANCES, DES CUIRS, DES VINS ET ESPRITS

ET LE

TARIF DES MERCURIALES

CONTENANT EN OUTRE

LE MOUVEMENT DES OPÉRATIONS DE LA BOURSE DES PRINCIPALES
VILLES DE FRANCE ET DE L'ÉTRANGER,

Paraissant tous les Mardis.

PRIX DE L'ABONNEMENT : 15 FR. PAR AN.

On ne reçoit des abonnements que pour un an, au bureau
du Journal, à Valence (Drôme).

Pour l'Étranger, le port en sus.

REVUE DU LYONNAIS

PHILOSOPHIE, SCIENCES, HISTOIRE, LITTÉRATURE, BEAUX-ARTS,

PARAISSANT LE 5 DE CHAQUE MOIS.

PAR LIVRAISONS DE CINQ FEUILLES GRAND IN 8, EN FORMANT

DEUX BEAUX VOLUMES PAR AN.

LA REVUE DU LYONNAIS, la plus ancienne et l'une des plus sérieuses revues de la province, vient d'entrer dans la vingt-huitième année de son existence et, qu'il nous soit permis de le dire, les succès qu'elle a obtenus, comme les services qu'elle a rendus aux écrivains qui s'occupent de l'histoire de nos pays, ont réalisé et surpassé tout ce qu'avait rêvé son fondateur. Organe de l'Académie de Lyon, centre de tout ce qui, dans notre ville, étudie, pense ou écrit, elle compte parmi ses collaborateurs nos compatriotes les plus distingués par l'intelligence et le savoir. Les questions de critique archéologique et d'histoire locale, si ardemment étudiées de nos jours, y sont surtout traitées avec un soin qui en font une des publications les plus importantes de la France. Amour du sol natal, zèle infatigable pour tout ce qui intéresse notre cité et les contrées environnantes, dignité et respect de soi-même, voilà les principes qu'elle a suivis jusqu'à ce jour et qui lui donnent dans l'estime publique une place dont elle a le droit d'être fière.

On s'abonne à Lyon, chez Aimé Vingtrinier, directeur de la *Revue du Lyonnais*, rue Belle-Cordière, 14; chez Giraudier, place Bellecour; chez Philippe-Baudier, rue Saint-Dominique, et chez les principaux libraires.

A Paris, chez F. Savy, rue Bonaparte, 20; à Marseille, chez M⁻ Vᵉ Marius Olive; à Avignon, chez Roumanille; à Saint-Etienne, chez Chevalier; à Châlon-sur-Saône, chez Mulcey; à Mâcon, chez Mᵐᵉ Vᵉ Charpentier; à Villefranche-sur-Saône, chez Léon Pinet; à Bourg, chez Dufour; à Vienne, chez Joseph Timon.

PRIX DE L'ABONNEMENT :

Pour Lyon, un an......	20 fr.		Pour le dehors, un an...	24 fr.
— Six mois...	10 »		— Six mois.	12 »
Chaque livraison................			2 fr.	

Les nouveaux abonnés recevront la Table générale des matières de 1850 à 1860.

Les personnes qui ne voudront pas recevoir la *Revue du Lyonnais*, sont priées de la renvoyer au bureau du journal.

Les abonnements datent plus particulièrement de juillet et de janvier.

TABLE DES MATIÈRES.

—

Peluches et velours.

Plieurs.

Raseurs de velours.

Rubans (fabr.)

Soieries (marchands).

Soies à coudre et à broder (fabr.)

Soie, fil et coton pour remisses.

Soies grèges et ouvrées achetées à Marseille.

Teinturiers en soie.

Télégraphie.

Tourneurs pour la fabrique.

TABLE DES MATIÈRES.

Tribunaux de commerce.

Tulles, blondes et dentelles (fabr.)

Tuyaux pour la fabrique.

Ustensiles divers pour la fabrique.

FIN DE LA TABLE.

ERRATUM. — 4e partie, page 64 et suivantes, aux titres des tableaux, au lieu de *Prix de fabrication*, lisez *Prix de façon.*

www.ingramcontent.com/pod-product-compliance
Lightning Source LLC
Chambersburg PA
CBHW060957220326
41599CB00023B/3747